吉林外国语大学学术著作出版基金资助出版

本书受2023年度吉林省教育厅科学研究项目“ESG视域下吉林省资源产业绿色发展研究”资助，合同号：JJKH20231375SK

| 光明社科文库 |

“一带一路”倡议下中国煤炭城市经济高质量发展研究

张　丽◎著

光明日报出版社

图书在版编目（CIP）数据

"一带一路"倡议下中国煤炭城市经济高质量发展研究 / 张丽著．-- 北京：光明日报出版社，2023.1

ISBN 978-7-5194-7036-4

Ⅰ.①一… Ⅱ.①张… Ⅲ.①煤炭工业—工业城市—经济发展—研究—中国 Ⅳ.①F426.21

中国版本图书馆 CIP 数据核字（2022）第 252358 号

"一带一路"倡议下中国煤炭城市经济高质量发展研究

"YIDAI YILU" CHANGYI XIA ZHONGGUO MEITAN CHENGSHI JINGJI GAOZHILIANG FAZHAN YANJIU

著　　者：张　丽

责任编辑：史　宁　　　　责任校对：阮书平

封面设计：中联华文　　　责任印制：曹　诤

出版发行：光明日报出版社

地　　址：北京市西城区永安路 106 号，100050

电　　话：010-63169890（咨询），010-63131930（邮购）

传　　真：010-63131930

网　　址：http://book.gmw.cn

E - mail：gmrbcbs@gmw.cn

法律顾问：北京市兰台律师事务所龚柳方律师

印　　刷：三河市华东印刷有限公司

装　　订：三河市华东印刷有限公司

本书如有破损、缺页、装订错误，请与本社联系调换，电话：010-63131930

开　　本：170mm×240mm

字　　数：245 千字　　　　印　　张：17

版　　次：2023 年 1 月第 1 版　　印　　次：2023 年 1 月第 1 次印刷

书　　号：ISBN 978-7-5194-7036-4

定　　价：95.00 元

目 录

CONTENTS

序 章

2013 年，习近平总书记提出了“一带一路”发展的倡议，提出沿线各国应打造互利共赢的“利益共同体”和共同发展繁荣的“命运共同体”。2015 年 3 月，中国政府对外发布了《推动共建丝绸之路经济带和 21 世纪海上丝绸之路的愿景与行动》，明确阐述了多个中外合作的重点。其中，着重指出要加强能源基础设施的互联互通合作，要在煤炭、油气等化石能源资源的勘探开发领域加强合作，深化在清洁能源和可再生能源领域的合作，积极推动能源的就近就地加工转化，上下游联动形成能源资源的国际合作产业链，在能源深加工的技术和装备及工程服务领域加强合作。

习近平总书记在党的十九大上进一步指出，中国开放的大门不会关闭，只会越开越大，要以“一带一路”建设为重点，坚持“引进来”和“走出去”并重，遵循共商共建共享原则，加强创新能力开放合作，形成陆海内外联动、东西双向互济的开放格局。在共商模式下，“一带一路”倡议惠及了沿线国家的民生，促进了当地相关产业的可持续发展，体现了中国包容性的发展战略，契合了当代需求，为合作伙伴的共同利益做出了贡献。

从地理空间分布来看，“一带一路”沿线国家的能源产地与消费地存在一定的空间错位，这促进了“一带一路”沿线国家的能源贸易发展。中国、土耳其、印度、新加坡均是消费大国，俄罗斯、印度尼西亚、沙特阿拉伯等是能源出口型国家，其中中国的能源需求最大，中国基于“一带一路”沿线的能源贸易潜力巨大。

2020年新冠肺炎疫情在全球暴发，“一带一路”倡议也进入了后疫情时代。疫情的发生具有偶然性，但是世界的经济发展格局的调整具有必然性。2020年5月以来，习近平总书记多次强调加快形成“以国内大循环为主体、国内国际双循环相互促进”的新发展格局；2020年9月，习近平总书记在中央全面深化改革委员会第十五次会议中强调，要推动更深层次改革，实行更高水平开放，为构建新发展格局提供强大动力。加快形成以国内大循环为主体、国内国际双循环相互促进的新发展格局，是根据中国发展阶段、环境、条件变化做出的战略决策，是事关全局的系统性深层次变革。2020年，中国对“一带一路”沿线的国家投资高达178亿美元，促进了东道国的经济增长。

中国经济的外循环是经济全球化进程的一部分，在利用庞大而廉价的劳动力参与全球经济分工过程中获得了经济增长所必需的资本，通过加强技术投入，提高人力资本水平等方式，改变经济结构，从全球价值链下游攀升至中游。但是，当前中美两国竞争格局已发生改变，美国失去与中国保持原有分工的意愿，国内劳动力和资本状况发生了根本性变化，中国原有经济发展战略必须做出相应调整。

中国经济回归内循环看似是迫不得已的选择，但其实是大国崛起必经的关键一步。2020年新冠肺炎疫情暴发并在全球蔓延，贸易保护主义、民粹主义抬头，全球产业链、供应链布局加快调整。成本因素在全球产业链布局中的影响力下降，资源和技术可获得性的重要性明显上升，资源拥有量及各类资源的储存和进出口比例对经济内循环抵御和弥补国际贸易环境恶化的效率损失产生重要影响。中国应该利用丰富的自然资源，发挥对国际市场资源可获得性和议价权及国内经济健康运行的保障作用，经济内循环为中国资源产业带来新的发展机会，资源产业将迎来新一轮的繁荣期，全球经济增长充满了不确定性。

煤炭作为中国的主体能源是经济发展和人民生活的重要物质保障，关系到民生稳定和国家能源安全，对中国经济繁荣发展、改善人民生活和社会安定起到了至关重要的作用。中国是世界上煤炭资源较丰富的国家之一，煤炭的储量丰富、分布区域广而且煤种齐全。煤炭始终是中国的基础能源，煤炭消费占中国能源总消费的60%以上。煤炭产业发展有力地助推了中国国民经济发展，维护了国民经济安全，为中国的经济建设做出巨大贡献。煤炭及相关产业对经济发展的作用不可忽视。丰富的自然资源禀赋，既是经济发展的优势，也可能是一种无形的束缚。煤炭资源天然禀赋特征决定了中国经济对煤炭产业的依赖在较长一段时间内可能无法改变。煤炭作为一种高污染能源，在煤炭资源开采和利用的过程中会产生生态环境恶化问题，煤炭的不可再生性也导致很多中国煤炭城市因煤炭资源枯竭而走向衰退，煤炭产业无法继续在经济发展中起到主导作用，经济系统负担重。煤炭城市经济发展缺乏动力，陷入了经济发展停滞、社会问题突出和生态环境恶化的困境。

中华人民共和国成立以来，中国的煤炭产业取得了举世瞩目的快速发展，但是在发展的过程中也存在不平衡、不协调、不充分以及不可持续等问题。煤炭作为最重要的基础能源，推进煤炭产业高质量发展刻不容缓。煤炭产业高质量发展必须符合新的发展理念，以创新为动力，实现煤炭产业发展全过程、全要素、全周期、全方位的高质量和可持续发展。要实现可持续发展，科学界定发展强度，实现煤炭资源与市场、环境协调匹配，延长煤炭资源开发期限，实现高质量可持续发展。

当前中国对节能降耗工作高度重视，积极淘汰落后产能，不断优化能源结构，加快了产业调整，推进建设节能型社会，努力使中国能源产业进入新的发展阶段。新的发展阶段要求能源生产从传统能源加速转向新能源，能源结构从以原煤为主调整为多元化和清洁化结构。十八大之后，能源产业转变发展方式，实现了从粗放型发展向集约型发展的转变，提高了能源的利用效率，使节能降耗工作取得了新成效。十九大报告又进一步提出了推进能源生产及消费革命，构建安全高效、清洁低碳的能源体系的全新发展目标。

中国经济已经从高速增长阶段向高质量发展阶段转变，处在发展方式转变、经济结构优化、增长动力转换的关键时期，中国当前的发展战略目标是建设现代化的经济体系。中国改革开放以来，国民经济高速增长，实现了规模和数量的快速发展，中国经济进入高质量发展阶段。

在高速增长阶段，主要专注的是经济产出的供给量。40多年来，中国的经济总量大幅提高并且还将持续处于增长阶段，中国成为世界上第二大经济体。高速增长阶段取得了巨大成功，然而其内在积累的矛盾和问题也凸显出来了。中国当前社会的主要矛盾已转化成人民日益增长的对美好生活需要和不平衡不充分的发展之间的矛盾。

中国经济发展进入新常态，煤炭产能结构性过剩问题凸显，煤炭产业扩张过度，产业结构亟待转型升级。2013年国务院出台《全国资源型城市可持续发展规划（2013—2020年）》用以规范及指导资源型城市产业转型发展。煤炭城市的主要特征是经济发展过度依赖煤炭产业，产业结构的重型化现象非常严重；煤炭产业与其他产业之间关联程度偏低；接续产业、替代产业培育及发展过于缓慢，增加了地区产业结构升级的困难。煤炭城市不合理的产业结构抑制了其全要素生产率的增长，使得这些地区经济发展缓慢。

新冠肺炎疫情在全球蔓延，冲击全球经济发展，加剧了全球煤炭产业运行的波动性。2020年年初，中国煤炭产业的景气度一度跌至4年来的最低点，随着国内疫情防控工作的稳步推进，进入二季度后，煤炭产业全面复工复产并重新回到常态轨道。2020年年底，受到季节性需求拉动及国际市场影响，煤炭出现短期的供小于求，煤炭价格快速上涨。

当前中国处于复杂的国际政治经济环境，国际政治和军事对抗中，常通过破坏对方能源供给来达到打击对手的目的。近年来，中国油气资源对外依存度和进口量不断提高，疫情后，国际能源市场形势更加复杂，中国获取稳定油气能源供应的不确定性和难度增加。国内能源供给安全是能源发展的最基本要求，结合中国的能源分布特征，应该稳定煤炭产业发展，保障煤炭供应能力。

在新的国际形势下，"一带一路"倡议是中国加强与沿线国家经济合作的重要路径。煤炭是支持中国经济发展的重要基础能源之一。世界上很多发达国家正在实施的减煤化措施减少了煤炭需求，澳大利亚和印尼等国家不断释放产能增加了全球的煤炭供给，煤炭产业的环境规制也要求转变能源的生产和消费方式，都给中国煤炭产业的发展带来了巨大的压力。从国际竞争环境来看，短期内无法改变煤炭产业供给宽松和需求放缓的趋势，行业供大于求的局面将长期存在。国内煤炭产业供给侧改革加快，在“三去一降一补”的基础上，构建安全高效、清洁低碳的“四个革命、一个合作”现代能源体系，优化能源结构，实现煤炭产业的清洁低碳发展。

中国是煤炭资源的大国，煤炭资源在相当长一段时间内是经济发展的重要动力。高质量经济发展背景下，必须重新思考中国煤炭城市煤炭产业发展对其全要素生产率的影响，要考虑煤炭产业发展引发的产业结构演进以及要素配置效率改变可能带来的煤炭城市全要素生产率的降低。需要深入研究中国煤炭产业的竞争能力，充分发挥自身优势，弥补劣势，将目标导向和需求导向相结合，合理设计中国煤炭产业国际竞争促进煤炭城市全要素生产率的发展路径，利用“两个市场、两种资源”促进中国煤炭产业转型升级。

自然资源对经济发展效率的影响作用一直受到经济学界的关注，但是目前学术界对这一问题存在着截然不同的两种观点。早期大多数经济学家对自然资源在经济发展中的积极影响作用是持普遍认同的态度，将良好的自然资源禀赋视为工业化的基础，认为丰裕的自然资源是经济发展的动力源，在地区经济起飞的过程中起到了重要的影响作用。经济高速发展往往建立在丰裕的自然资源的基础上，对自然资源的消费总量一度成为地区经济发展程度的衡量标准之一。自然资源丰裕地区凭借对自然资源的开发取得了大量的财富，美国、阿联酋、挪威等国丰裕的自然资源成功带动了本国的经济起飞。

进入20世纪60年代，很多自然资源导向型国家和地区的经济发展普遍出现了衰退，相对应的是很多自然资源贫乏的国家经济发展速度惊人。学术界对这一异常现象进行了研究，进一步探讨了自然资源和经济发展的关系，发现自然资源的过度开发可能会阻碍地区经济发展，同时还会产生生态环境恶化、产业结构失衡和制度质量下降等一系列问题。学者们通过实证研究，提出了不同于传统经济学观点的“资源诅咒”假说，认为丰裕的自然资源天然禀赋并不是区域经济发展的有利条件，反而可能是一种限制。这一类的观点将自然资源对经济发展的正向影响视为“资源祝福”，将不利的影响视为“资源诅咒”。但是“资源祝福”和“资源诅咒”同时存在的现状始终困扰着学界，到目前为止自然资源与经济发展之间的关系仍然没有定论，将两种截然不同的观点纳入一个研究框架内进行综合研究的“有条件资源诅咒”是当前研究的新热点。“资源诅咒”假说中关于经济发展的刻画，也由传统的经济增长数量指标逐步转移至以全要素生产率为代表的增长质量指标。

结合上述研究的观点和自然资源与经济发展关系的现实状况，自然资源与经济发展的非线性关系是有可能存在的。现有的研究主要针对自然资源对经济发展的“资源祝福”或者是“资源诅咒”的研究，对于二者之间影响作用转变的机制研究还处于继续探索阶段。虽然已涌现出一些富有价值的文献和研究成果，但总体来看，目前相关研究还以经验和实证为主。除“荷兰病”及其修正模型以外尚未形成系统的理论体系，也没有很好地从理论上分析“资源祝福”向“资源诅咒”转变的传导机制。

目前相关研究的关键是要回答两个问题。第一个问题是自然资源和经济发展之间关系是什么，资源产业发展对经济发展是促进还是抑制，抑或促进和抑制并存？第二个问题是二者之间特定关系产生的原因是什么？即自然资源对经济发展影响的内在传导机制。学术界围绕第一个问题的理论和实证研究并没有能够得到明确的答案，不同时间段、不同地区、不同类型自然资源对经济发展的作用差异巨大。围绕第二个问题的研究主要集中于“荷兰病”效应、挤出效应和制度弱化效应等方面，自然资源和经济发展之间的内在作用机理和传导机制到底是什么并没有形成统一的认识。“资源祝福”和“资源诅咒”之间的转换过程是不是有条件的？转换条件是什么？这些问题仍然需要进行深入研究。

中国煤炭资源储量和经济发展程度呈现出了典型的逆向分布特征，地理分布上煤炭资源具有西富东贫、北多南少的特点，其中山西、内蒙古西部和陕西这“三西”地区的煤炭储量最多，占中国煤炭总储量的60%左右。进入21世纪，中国煤炭城市的煤炭产业经历了十多年的快速发展后，2012年煤炭价格出现大幅下降，同时煤炭产量仍然逐年增加，煤炭价格波动较大，煤炭产业运行情况不容乐观，煤炭城市的经济增长速度降低。

中国煤炭的主要供给和需求呈现空间上的错位，可推断出煤炭产业发展和经济发展从区位上呈现负向关系。中国很多煤炭城市在其经济发展过程中也确实遇到了各种困难和问题，而这些问题与煤炭产业发展具有一定的联系，可以认为在煤炭产业发展为煤炭城市带来巨额收益的同时，也产生了很多负面效应，甚至会引起“资源诅咒”。如何利用好丰富的煤炭资源，使其为整个国民经济做出贡献的同时，也能对煤炭城市的经济发展产生良好的推动作用，合理利用煤炭资源避免“资源诅咒”出现是当前亟待破解的难题。

由于存在技术与生产率差距，发展中国家具有经济的后发优势。可以通过资本、土地、资源等投入促进经济发展，而处于较高发展阶段的国家需要关注基于全要素生产率的经济发展。科学认识经济新常态，将发展的核心目标转向提高全要素生产率，推动国家的发展战略转型。在新常态背景下，经济增长速度应该由高速向中高速转变；发展方式由规模速度型向质量效率型转变；发展动力也要从自然资源或廉价劳动力驱动型向创新驱动型转变；中国经济由高速增长阶段过渡到高质量发展阶段。实现高质量发展，要求在坚持效益和质量提升的基础上，推动经济发展效率、质量及动力变革，增强经济的创造力和竞争力。

中国煤炭城市煤炭产业发展对其全要素生产率的影响不仅存在着“资源祝福”也存在着“资源诅咒”现象，既有并存关系，也有转换的事实，煤炭产业发展与全要素生产率的错位现象是客观存在的。本书旨在“一带一路”倡议背景下，通过研究中国煤炭城市煤炭产业发展对其全要素生产率的影响来探求中国煤炭城市经济高质量发展的路径，通过理论分析和实证检验发现中国煤炭城市煤炭产业发展对其全要素生产率存在倒U型非线性影响，并从产业结构演变和要素配置效率两方面系统分析了煤炭产业发展对全要素生产率非线性影响的传导路径。研究中国煤炭城市煤炭产业发展对其全要素生产率的影响，对于中国煤炭城市跨越"资源诅咒"陷阱，寻找中国煤炭产业的转型发展路径，推动经济高质量发展，全面构建和谐小康社会具有很强的现实意义。

第一章　煤炭产业发展与经济高质量发展的相关理论研究

自然资源对经济发展的影响一直是理论研究的重点，古典经济学、新古典经济增长理论和新经济增长理论都对自然资源与经济发展的关系进行了大量相关的研究。本书主要研究煤炭产业发展，属于有特定指向的研究范畴。本书将通过理论和实证分析来验证中国煤炭城市煤炭产业发展对其全要素生产率的非线性影响，并且从产业结构演变和要素配置效率两条传导路径探究这种非线性影响产生的原因。梳理与本研究相关的经济增长理论、“资源诅咒”假说、产业发展及产业结构理论可以为本书的分析论证提供坚实的理论基础。

目前在理论界关于煤炭产业发展对经济发展的影响关系存在争议，其中，变量和样本选取等差异也可能会导致研究结论不同。分析中国煤炭城市煤炭产业发展对其全要素生产率影响之前，首先要对相关概念进行界定以明确本书的研究边界。

第一节　煤炭产业发展与经济高质量发展的相关概念界定

煤炭作为自然资源的一个重要组成部分，一直以来对经济发展都产生着重要影响作用。在研究中国煤炭产业发展与经济高质量发展关系之前，先要厘清煤炭产业发展和经济高质量发展的相关概念。

一、煤炭产业发展的相关概念

煤炭产业以煤炭资源作为生产资料，想要界定煤炭产业概念就需要先从自然资源和煤炭资源的相关概念入手。

(一) 煤炭资源

自然资源特指煤炭、天然气、石油、非金属矿、金属矿、水利、土地、海洋、大气、生物等天然存在的资源[1]。自然资源是一个总体，存在共同的时空与数量分布特点和规律，具有区域性和整体性并存、物质性和两重性兼具以及潜力无限、数量有限和收益递减等特性[2]。自然资源可分为不可再生资源和可再生资源两大类，煤炭、石油、天然气等资源属于不可再生资源，土地、生物、水利资源等属于可再生资源。随着科技和生产力发展水平不断提高，人类社会对自然资源开发和利用的深度和广度也不断增加。科学利用可再生资源的重点和难点是适度开发和永续利用。而依靠不可再生资源发展起来的资源产业在发展过程中将面临自然资源日益枯竭的问题。因此，必须未雨绸缪，在合理控制资源产业发展程度的同时，自然资源富集地区应该及时培育接替产业，实现产业结构转型和升级。

Auty 将农业资源定义为散资源而矿产资源则为点资源。他认为点资源丰裕的国家比散资源丰裕的国家"资源诅咒"现象更为严重。由于各类矿产资源的可耗竭特征不同，不同的点资源对经济的影响能力和程度也有较大差异，因此会产生油气资源型、煤铁资源型两类资源型经济。

煤炭资源是不可再生的"点资源"，依据煤炭形成时间、煤化程度可分为褐煤、贫煤、烟煤和无烟煤。其中烟煤在中国的分布最广、储量最多；无烟煤形成时间长，煤化程度最高；褐煤和贫煤的煤化程度较低。丰富的煤炭资源是煤炭产业发展的基础。

(二) 煤炭产业

"Industry"一词可以泛指"产业""工业""行业"，但是在汉语中，这三个词所代表的意义是不同的，针对不同的研究目的，需要对产业的概念做出一个界定。众所周知，“产业”一词与人类社会的生产活动有着紧密联系，可以说，产业是人类生产力发展到一定阶段，伴随着社会化大分工而形成的一种生产组织集合。人类社会发展到今天，参与生产的主体、投入生产的要素、生产采用的方式、产出的产品或服务都呈现出多样化的特征，产业的内涵和外延都得到不断丰富。产业经济学所研究的产业概念可以分为广义和狭义两种，广义的产业是指国民经济中的各行业，即农业、工业、服务业等在内的一切行业，同类型企业的集合构成了具体产业。狭义的产业专指工业，是具有相同产品或生产技术特点的企业的集合，包括制造业内部的各工业部门或行业。本书所研究的是广义的产业概念范畴。

资源产业也可称为资源密集型产业，这是一种习惯使用但未被严格界定的概念。通过对现有文献的整理，本研究梳理出主流的两种界定视角。

从资源产业运行的范围出发，狭义的资源产业仅指对不可再生资源所从事的产业运营，包括对能源和矿产资源的勘探、开发和利用，属于第二产业，与中国的国民经济行业分类中的第二产业 B 类采掘业相对应。广义的资源产业包括对不可再生的矿产资源及可再生的动植物等资源的开发利用。

从资源产业活动出发，认为资源产业应包括对资源开采前、开采过程中以及开采后进行的所有经济活动，是生产和再生产的活动集合。

借鉴资源产业概念的界定思路，本书所研究的煤炭产业是狭义的资源产业范畴，产业活动包括对不可再生的煤炭资源开采前、开采过程中以及开采后进行的一切生产经营活动，具体可以分为洗选、加工、运输、利用等环节，是所有的生产及再生产的活动集合。因此煤炭产业可以定义为以煤炭资源的勘探、保护、开发利用等为基础，对煤炭资源进行开采、洗选、加工、生产、运输等一系列开发活动，围绕煤炭产业链，由众多产业、企业和组织组成的产业形态。

（三）产业发展

产业发展是指产业的产生、成长和进化过程。狭义的产业发展是单个产业进化的过程，广义的产业发展是国民经济中各产业总体的进化过程。产业发展规模受技术水平、要素供给及市场需求等因素的影响[3]。产业生命周期理论认为，产业的发展会经历形成期、成长期、成熟期和衰退期这四个阶段。产业扩张是产业进入成长期阶段后，市场规模增大，需求增长迅速，生产技术成熟和稳定，产业利润率高，大量企业进入，产业规模迅速扩张的过程。

一般来说，产业发展存在两种异常现象，即产业扩张不足和产业扩张过度[4]。产业扩张不足一般是因为落后的基础设施或基础产业约束限制了产业发展。煤炭产业发展受煤炭资源存量和分布特征影响，当一个城市发现煤炭资源，煤炭资源带来的资源红利很容易突破基础设施及基础产业的约束，煤炭产业快速进入扩张阶段。随着煤炭产业不断扩张，生产要素价格上涨，提高了煤炭产业生产成本，产业运行效率下降，但是由于煤炭产业的特殊性，关键的煤炭资源禀赋不具有可移动性，煤炭产业很难转移到生产成本低的区域，所以在煤炭产业发展过程中更易出现扩张过度的问题。

二、煤炭城市经济高质量发展的相关概念

（一）煤炭城市

对于煤炭城市的界定目前还没有官方的权威定义，煤炭城市是资源城市的一个重要组成部分，明确煤炭城市的概念，要先了解资源型城市的界定。当前中国对资源型城市的权威划分标准是2002年由国家发展计划委员会的宏观经济研究院课题组制定的。资源型城市的划分可以依据以下四个标准：采掘业产值规模地级市2亿元以上，县级市1亿元以上；采掘业产值占工业总产值超10%；采掘业从业人员规模地级市2万人以上，县级市

1万人以上；采掘业从业人员占全部从业人员比超5%。

为更好地规划和管理资源型城市，2013年国务院发布《全国资源型城市可持续发展规划（2013—2020年）》，明确了资源型城市的定义是以本地区矿产、森林等自然资源开采、加工为主导产业的城市。利用这一概念确定了262个资源型城市，其中有126个地级行政区，并且按照城市生命周期理论，将这262个资源型城市细分为成长型、成熟型、衰退型、再生型。

对于煤炭城市的概念、标准以及数量等方面的研究有很多。中国科学院地理研究所的李文彦（1978）最早利用统计数据对中国煤炭城市进行量化的概念界定，确定了四个划分指标：城市兴起是因为煤炭资源的开发；是大中型矿区，生产规模高于200万吨/年；煤炭产值比超15%；煤炭从业人员比超25%。利用这四个划分标准，李文彦确定出了24个煤炭城市。由于受当时的工业布局影响，这一批确定下来的煤炭城市大部分位于淮河以北。之后一些学者樊杰（1993）、史学义（2004）、周德群（2004）等也遵循了这种定义思路，并根据实际情况调整了统计指标。但是这种分类是受当时的统计数据和煤炭产业发展的实际情况限制，仅能作为参考，已经不能反映当前煤炭城市的发展现状。樊杰（1993）、田明（2004）、刘耀彬（2006）等学者在李文彦定义的基础上进行了调整，普遍使用煤炭产业增加值占城市GDP总值10%以上的标准来确定煤炭城市。

当前，学术界对于煤炭城市的概念界定主要有两种观点，一是以煤炭产业的产值和就业比重作为划分的主要依据，这种方法简单易行。二是将多个指标加权得到依存度指标，依据经验和研究需要确定划分标准，但是在分类过程中仍然受到统计数据的较大限制。因数据可获得性的限制，在现有煤炭产业的城际研究中基本都采用采矿业从业人员占比来度量煤炭产业发展。因此本研究也使用采矿业从业人员占比来刻画煤炭产业发展，为增加数据的代表性，将对中国煤炭城市进行界定。利用2013年全国第三次经济普查后，各城市公布的《经济普查主要数据公报》中原煤产量和煤炭及采选业工业生产总值的截面数据，对2013年《全国资源型城市可持续发展规划（2013—2020 年）》中确定的资源型城市进行筛选，借鉴 2002 年国家计委宏观经济研究院课题组的界定标准，用定性和定量相结合的方法界定煤炭城市的概念。

煤炭城市概念界定的难点是对于具体标准临界值的确定，作为煤炭城市其煤炭及选洗业应是城市的主导产业，就业吸纳率基准是判断区域主导产业的常用且有代表性的标准，本研究对煤炭城市的判断标准临界值可以参考就业吸纳率基准。2013 年全国采矿业就业吸纳基准为 3.51%，因此煤炭城市的煤炭及选洗业就业吸纳基准应该高于 3.51%。借鉴国家发展计划委员会的宏观经济研究院课题组对中国资源型城市的概念界定方法，本研究从定量和定性两方面界定了煤炭城市的划分标准。

从定量的角度来看，煤炭与选洗业生产总值与地区生产总值的比值应大于 10%；煤炭与选洗业从业人员应超过 2 万且占全市年末从业人员的比重不小于 3.51%；原煤产量高于 1000 万吨/年①。

从定性的角度来看，煤炭城市应该是源煤而生或源煤而兴的，是伴随着煤炭开采和选洗业而形成或发展的城市类型；煤炭城市应该具有独特的矿区结构。煤炭城市应该是一个动态变化的概念，城市对煤炭产业的依赖程度决定了城市的性质，所以煤炭城市的界定既需要从空间结构去判断也需要考虑历史时间因素。

（二）经济增长与高质量经济发展

以经济建设为中心是兴国之要。习近平总书记指出：“高质量发展就是体现新发展理念的发展，是经济发展从‘有没有’转向‘好不好’。”②新发展理念是管全局、管根本、管长远的导向。推动高质量发展是中国当前和今后一个时期确定发展思路、制定经济政策、实施宏观调控的根本要

---

① 中国煤炭工业协会定期发布原煤产量千万吨以上地市名单，故本研究将原煤产量超千万吨视为行业经验标准，将其作为产量标准纳入中国煤炭城市的概念界定中。

② 习近平：坚持新发展理念打好“三大攻坚战”奋力谱写新时代湖北发展新篇章［N］. 人民日报，2018-04-29（01）.

求，必须站在全局高度来深刻领会。当前，中国发展中的矛盾和问题集中体现在发展质量上，这就要求必须把发展质量问题摆在更为突出的位置，着力提升发展质量和效益。防范化解各类风险隐患、积极应对外部环境变化带来的冲击挑战，迫切需要加快转方式、调结构、优动能，推动中国经济质量变革、效率变革、动力变革，提高发展质量，提高国际竞争力，增强国家综合实力和抵御风险能力。

在新常态下，中国经济发展的环境、条件、任务、要求等都发生了新的变化，增长速度要从高速转向中高速，发展方式要从规模速度型转向质量效率型，经济结构调整要从增量扩能为主转向调整存量、做优增量并举，发展动力要从主要依靠资源和低成本劳动力等要素投入转向创新驱动。这些变化，是中国经济向形态更高级、分工更优化、结构更合理的阶段演进的必经过程。党的十九大进一步明确提出，中国经济已由高速增长阶段转向高质量发展阶段。

在中国这样一个经济和人口规模巨大的国家，由高速增长阶段转向高质量发展阶段并不容易。必须跨越常规性的长期性的关口，也就是要大力转变经济发展方式、优化经济结构、转换增长动力，特别是要净化市场环境，提升人力资本素质，提高国家治理能力。

经济增长（Economic Growth）是衡量一个国家、地区的经济发展的主要指标之一。从生产要素的角度来看，经济增长主要取决于生产要素数量的积累、质量的提升、结构的优化，具体体现为自然资源要素、劳动要素、资本要素、技术要素以及其他新要素数量的积累与质量的提升以及制度环境的改善。衡量经济增长的指标包括国内生产总值以及生产率水平。

1. 国内生产总值（GDP）

国内生产总值是衡量经济增长的重要指标。狭义的经济增长是指 GDP 增长或人均 GDP 增长。GDP 的增长是指一个国家或地区所生产的物质产品和劳务在一个较长的时间内的持续增长，即实际总产出的持续增长。人均 GDP 的增长是指按人口平均计算的实际产出，即人均实际产出的持续增加。两种定义在研究不同问题时具有各自的优越性。如果要研究一国或地区经济实力的变化，那么实际总产出的增长就更具代表性；如果要研究人民生活和经济发展水平的提高，那么人均实际产出的增长就更具说服力。实际上，经济实际总产出的增长率与人均实际产出的增长率是密切相关的。容易证明，人均实际产出的增长率等于实际总产出的增长率减去人口的增长率。若人口增长率保持不变，那么人均实际产出的增长率将随着实际总产出增长率同比变化；若实际总产出增长率保持不变，那么人均实际产出的增长率将随人口增长率的提高而按相同的比率下降。

2. 生产率水平（Productivity）

生产率指每单位劳动生产的产品或服务的速率，或指投入和产出的比率。按照生产要素的数量进行考察时，可以分为单要素生产率、多要素生产率和全要素生产率。全要素生产率（Total Factor Productivity，TFP）考虑全部资源投入所计算出的生产率，即产出量与全部资源投入量之比。1961 年美国经济学家肯德里克（Kendrick）在其专著《美国生产率趋势》一书中从生产率的角度考察国民经济运行质量，他认为全要素生产率是“经济增长中要素投入增长以外的部分”，即技术进步、资源的高效配置和管理水平的提高等带来的经济增长。

当前中国的经济发展由高速增长转向高质量发展阶段，保持经济健康持续发展的关键是推动高质量发展。经济增长包括数量和质量两个维度，数量维度的经济增长重点关注增速，质量维度的经济增长关注增长的品质属性和优劣程度。可持续的经济增长方式、协调的经济增长结构、高效并稳定的经济增长是实现高质量经济发展的必要条件。经济高速增长和高质量发展二者的关系是辩证统一的，如果经济没有数量增长，就没有发展经济质量的基础，反之，没有质量的经济增速也无法持久。当前，中国经济正处于转变经济发展方式的关键期，但是这并不意味着中国不追求高速增长，低效的经济增长速度无法从根本上提升经济发展质量。在高质量发展的新阶段，中国将重点放在提升经济发展的质量但也不允许经济过低增长甚至陷入停滞，应保持符合中国经济新时代潜在增长率要求的中高增速[5]。

高质量经济发展的具体表现包括产业结构由资源和劳动密集型产业向技术、知识密集型产业转变；产品结构由技术含量和附加值低的产品向技术含量和附加值高的产品转变；经济效益由低效益、高成本向高效益、低成本转变；生态环境由高污染、高排放向环境友好型的循环经济转变。

（三）全要素生产率（Total Factor Productivity，TFP）

生产率是一个抽象概念，反映每单位劳动在生产产品或服务时的速率，也指投入产出比。生产率用来衡量生产要素投入所获取的产出绩效，依据投入要素的范围可以将生产率分成单要素生产率和多要素生产率以及全要素生产率。单要素生产率如资本生产率、劳动生产率等，主要分析产出与投入的单一要素的比值，它可以有效衡量单一的、具体的要素在投入中获取的产出效率，生产率测算是相关实证研究的基础，但单要素生产率必然包含了其他投入要素对产出的贡献。全要素生产率可以系统地衡量经济运行的整体绩效，从本质上反映生产率的经济概念，为分析经济发展的效率问题提供可行的思路。

经济增长理论中高度强调了所谓的投入要素，指出了其在经济增长方面所发挥的巨大的推动作用[6]。所以，生产率理论的发展形势较好，不管是它的理论应用，还是其方法的使用，普遍实现了向全要素生产率的转变。很多学者主张单要素生产率这一概念，但是仅局限于部分要素投入所起到的作用，难以从根本上实现对中国的经济生产率的全面反映。随着全要素生产率的提出，此方面的缺陷得以弥补，促进了生产率理论的普及与使用，这对于中国生产率计算方法的更新具有深远的意义。

全要素生产率通常被视为总产出中不能被各要素投入解释的那部分剩余的效率。这部分剩余被称为全要素生产率。全要素生产率是涵盖了全部要素投入的基础上计算出的生产率，是产出与全部要素投入量之间的比值。全要素生产率反映了生产函数中要素投入效率以外的那部分，是高效配置生产要素、技术进步和提高管理水平等经济行为推动的经济增长。

全要素生产率能使用不同的增长模型来进行理论推断。在市场运行机制中，因为存在要素配置的帕累托最优，使得众多的厂商必须通过对全部投入要素的合理分析来获取最佳规模报酬。全要素生产率可以用来分析经济发展的源动力，除了可以分析各种要素投入效率以外还可以分析技术进步和管理能力等对经济发展的贡献，深究经济发展的主要动力源是要素积累还是效率提高。全要素生产率还是政府制定长期的可持续的经济政策的基础。通过比较全要素生产率与要素积累对经济发展的贡献，可以作为出台经济政策的判断依据。

在当前中国经济背景下研究全要素生产率具有极强的现实意义。世界经济处于下行周期，叠加中国经济的结构性问题，中国的可持续经济发展压力较大，中国经济增长率持续下降。现有研究对中国经济增速放缓的分析没有得到一致的结论，但有学者认为可以从全要素生产率视角来解读经济下行趋势。中国经济需要寻找新的竞争优势和增长点，由于技术和生产率差距的存在，正处于初级发展阶段的国家和地区具有后发优势，能够依托资本、土地、资源等投入促进经济发展。而处于较高发展阶段的国家需要关注基于全要素生产率的经济增长。2015 年，全要素生产率的概念第一次在中央经济工作报告中提出，为了充分认识中国经济的新常态，应该以全要素生产率提高为核心，转变国家发展战略。中国经济结构应该从增量扩能向做优增量和调整存量转变，发展动力由要素积累向创新驱动的全要素生产率转变。

综上所述，本研究的主要内容为分析中国煤炭城市煤炭产业发展对其全要素生产率的非线性影响及其传导机制研究，对中国全要素生产率维度的"有条件资源诅咒"假说进行再检验。

第二节 煤炭产业发展影响经济发展的相关理论

一、经济增长理论

（一）古典经济学理论

古典经济增长理论中，自然资源并不是影响经济增长的重要因素，而是认为自然资源为经济增长提供物质基础。认为自然资源和劳动力、人力资本、物质资本、技术进步、制度创新等都是驱动经济增长的因素。

大卫·李嘉图的比较优势理论认为地区应集中力量生产并输出有比较优势的商品，输入本地区存在比较劣势的商品，这种分工可以使各地区都获得比较利益，比较优势理论为落后地区的经济发展指出了方向。李嘉图认为自然资源是相对稀缺的，随着资本积累和人口增加，土地由优到劣，边际收益出现递减的趋势，边际报酬递增的劳动分工和技术进步对生产率的贡献会被边际报酬递减的自然资源消耗消减，最终减缓经济增长速度。认为自然资源约束限制了经济长期发展，技术进步可以减轻自然资源约束对经济增长的负面效应。但是，李嘉图并没有进一步探索和研究自然资源对经济增长影响的内生机制。

约翰·斯图亚特·穆勒认为任何生产都必须具备两个要素：劳动和相应的自然物体，即现实中已经存在或者自然成长的物体。经济增长取决于自然物体、资本和劳动这三要素的数量和性质，三要素的增长放缓，经济增长也会失去动力。他的静态经济理论认为自然资源、物质资料、人口应处于零增长状态，通过提高道德水平来获得更高的生活品质。

古典主义经济增长理论对于自然资源和经济增长关系的研究还处于萌芽阶段，并不是研究的重点也没有形成较系统的相关理论。

（二）新古典经济理论

在古典经济学之后，经济学家倾向于将自然资源作为生产成本来研究，提出自然资源的“中性假说”，认为自然资源不会影响资本、劳动和技术，随着技术的进步，资本和劳动能替代自然资源对经济增长的作用。

新古典经济学派认为自然资源是影响经济发展的外生变量，自然资源可以分为绝对稀缺与相对稀缺。绝对稀缺是指自然资源数量短缺，相对稀缺是指自然资源对经济的约束可以通过对外贸易、技术进步以及人力资本积累等因素来缓解。马歇尔认为生产要素主要包括土地、资本及劳动。其中土地是指包括自然资源在内的一切影响经济的自然力量，土地报酬递减并不是永恒的，随着知识积累及新技术、新方法的应用和技术进步带来的报酬递增会抵消自然资源在经济中的边际报酬递减作用。他对“马尔萨斯陷阱”提出了质疑，认为通过对外贸易可以缓解自然资源的稀缺，经济的外部性能使财富的增长超越人口的增长。但是马歇尔的这一观点只是基于一国经济的立场，对于全世界而言，对外贸易并不能使自然资源短缺有所改善。

（三）新经济增长理论

新经济增长理论在研究自然资源对经济发展的影响时产生了争议，一部分经济学家认为自然资源禀赋是天然财富，是自然红利，这些自然资源构成经济增长的基础。Heckscher-Ohlin 基于比较优势理论建立了资源禀赋模型，认为各国拥有生产要素的丰富程度不相同，生产不同的商品所需的生产要素也不同，一国如果大量使用本国区域内具有天然禀赋的生产要素去生产某种商品，此商品就能获得比较优势。这一模型将自然资源看作决定经济运行和对外贸易的关键性要素。但是，进入 20 世纪中后期，很多资源导向型经济模式出现问题，另外一些自然资源贫瘠地区经济却得到高速增长，经济学家开始关注自然资源禀赋对经济增长的影响作用，得出与传统理论相矛盾的结论，认为在较长时间内，自然资源禀赋与经济增长存在负相关关系，自然资源优势不再是经济增长的“福音”，甚至是“诅咒”。“资源诅咒”假说兴起，自然资源与经济增长关系研究的重点集中于自然资源禀赋对经济增长影响的实证研究、“资源诅咒”效应的传导机制及“资源诅咒”的证伪等。

20世纪70年代出现了石油危机，大部分工业化国家的经济增长增速放缓，“新马尔萨斯主义”提出经济增长存在极限。罗马俱乐部指出生态系统对经济增长产生制约，经济发展过程中，自然资源会耗尽，使经济陷入停滞。随着一系列环境问题日益严重，经济学家对自然资源开发与环境问题的重视程度上升。

Romer和Lucas在新古典的区域增长理论基础上，将人力资本和知识引入经济增长模型中，提出了内生技术变化的新增长理论，重新界定了经济增长动力。Romer认为知识的积累促进技术进步，知识积累与技术进步存在的溢出效应减弱自然资源在生产中边际报酬递减的倾向，人力资本积累可以提高技术水平，因此人力资本和技术都是经济增长的关键影响因素。Romer在生产函数中加入了自然资源变量，认为当产出增长率与资本增长率相等时，平衡增长路径存在。虽然自然资源制约经济增长，但技术进步可以弥补自然资源限制对经济增长造成的损害。内生经济增长理论认为不可再生资源对经济增长的约束可以靠人力资本积累、技术和知识打破。

随着人力资本、技术和制度等因素日益得到重视，经济增长理论关于自然资源的研究已经不是重点。经济增长理论认为经济增长是技术、资本、劳动、人力资本等投入要素的函数，而自然资源是能够被其他生产要素替代的。古典经济学理论中所关注的自然资源约束经济增长的问题被视为生产成本问题；自然资源的稀缺性可以利用价格、技术、创新等方式弥补，自然资源禀赋的作用仅仅降低了生产成本和提高劳动生产率。一部分学者认为技术、人力资本和制度要素可以无限地替代自然资源。可是全世界的自然资源总量是固定的，其他的生产要素不能无限度地替代自然资源，而且这些要素的积累本身也需要消耗自然资源。随着对自然资源需求的增大以及资源产业发展引起的一系列问题对经济发展的限制作用越来越强，主流经济增长理论还不能很好地回答资源环境与经济协调发展的问题。

二、“资源诅咒”假说

古典经济学将资源视为一个国家或经济体经济和社会发展的关键物质基础。自然资源是一国的重要经济来源，通过对自然资源进行开发和利用可以实现资本的快速积累，丰富的自然资源为经济发展提供了必需的原料、能源和资本，从而促进了该地区的经济增长。然而，随着现代经济发展模式的兴起，到了20世纪中后期，自然资源丰裕的国家和地区经济发展速度放缓甚至出现负增长。

（一）“资源诅咒”的提出

1993年Auty首次提出了“资源诅咒”的概念，他发现自然资源丰裕的国家没有能够有效地利用资源去促进经济增长，这些国家的经济增长率低于自然资源相对贫乏的国家，自然资源甚至限制了一些国家的经济增长。自然资源优势与经济发展并不呈正相关，而是出现了明显的负相关关系，这说明自然资源禀赋不仅没有促进地区经济发展，而且起到了阻碍作用。他将这一现象定义为“资源诅咒”。多位学者分别进行了大量的实证研究，证明资源丰裕度与经济增长的负相关关系普遍存在。国内学者对“资源诅咒”现象的研究起步晚于国外，国内学者将研究的重点集中于省际或城市层面，主要证明中国是否存在“资源诅咒”与“资源诅咒”效应的传导机制，以及资源型产业占主导的区域如何进行转型。

根据Auty对“资源诅咒”的定义，很多人将自然资源对经济发展的正向影响现象定义为“资源祝福”。“资源诅咒”假说提出以后得到了很多学者的认可，但是也有部分学者认为“资源诅咒”假说是伪命题，这只是一种假象，因为许多其他不利于经济发展的因素的影响作用被归咎于自然资源。一部分学者扩展了对自然资源对经济发展影响的分析视角，得出了不同的结论。

“资源诅咒”的观点一直存在争议，在现实中，“资源诅咒”和“资源祝福”同时存在的矛盾现象让学者们重新审视自然资源与经济发展之间的关系：比较多的研究结论认为两者之间不只是简单的线性关系，而应该是一种非线性关系。他们认为“资源祝福”表现为自然资源对经济发展具有正向的影响，“资源诅咒”状态是自然资源对经济发展产生了负向影响。从“资源祝福”向“资源诅咒”状态转变的过程是有条件的。至此，“有条件资源诅咒”的研究随之兴起。

（二）“资源诅咒”的传导机制

对“资源诅咒”现象的深入研究主要集中在“资源诅咒”现象的传导机制。大量研究表明，“资源诅咒”传导机制包括“荷兰病”效应、挤出效应和制度弱化效应。

“荷兰病”效应是指初级的资源产业异常繁荣导致区域内劳动力和要素成本攀升，抑制其他产业特别是制造业发展的现象。20 世纪 60 年代，荷兰探查到了储量极其丰富的天然气，并且立刻对天然气进行了开发和利用，大量的天然气出口带来国民收入的急剧增长，经济出现繁荣景象。但是也带来了一系列影响国民经济正常运转的问题。多数资源型国家，如澳大利亚、沙特阿拉伯、委内瑞拉、墨西哥、尼日利亚、挪威和英国等都经历过自然资源繁荣引发经济停滞的发展困境，是一种比较普遍的现象。

“荷兰病”（Dutch Disease）这一概念最早于 1977 年出现在英国的《经济学家》期刊上，澳大利亚经济学家 Corden 和 Neary 于 1982 年共同发表论文提出了“荷兰病”模型，在新古典经济增长理论框架下建立三部门的经济模型，分析了小型开放经济体内，资源部门的发展对于制造业规模和利润率及居民收入分配的影响，模型解释了资源产业发展引发的制造业衰退。1995 年 Auty 提出“资源诅咒”概念后，“荷兰病”模型广泛地应用于“资源诅咒”的研究中。

挤出效应表现为政府重点扶植资源产业，抢占了教育、科研和创新等方面的投入，挤出了其他要素的投入。资源产业的高利润会引起政府腐败、贫富不均，引发区域冲突，致使该地区的制度弱化效应。但是，在中国自然资源的所有权和开发权主要归属于政府，对于一个中央集权且长期处于和平状态的国家，制度弱化效应的解释缺少合理性。

资源对经济发展“诅咒”的研究已扩展到更多的维度。针对资源产业依赖和全要素生产率增长关系的研究出现在2005年。不同经济环境、不同区域以及不同时期，资源产业依赖与全要素生产率之间可能会表现出不同的特征和演化趋势。

三、产业发展理论

产业发展理论主要研究产业发展规律、政策、周期及产业转移等影响产业发展的一系列问题，产业发展规律重点研究产业的进化过程，既包括单一产业的进化也包括国民经济全产业的进化，进化是不以人的意志为转移、存在内在逻辑、由低级向高级演进的结构变化过程，产业处于不同发展阶段会表现出不同的发展规律，处于相同发展阶段的不同产业也会表现出不相同的发展过程。研究产业发展规律，有助于政府决策部门依据产业发展规律制定科学的产业政策，促进经济发展。产业发展与经济发展关系紧密，经济发展包含了产业发展，而产业发展也是经济发展的基本前提。煤炭产业在本书主要以研究生产端产业为主，属于有特定指向的研究范畴，煤炭产业发展的相关理论主要包括产业生命周期理论及产业扩张理论。

（一）产业生命周期理论

产业生命周期的发展规律很早就被经济学家们所认识。库兹涅茨利用龚柏兹曲线和逻辑曲线拟合了不同部门产量与产品价格变动的长期趋势线，发现产业增速呈现出规则性的变动。亚瑟·伯恩斯认为产业增长率与产业年龄具有反向变动关系；范杜因认为产业达到成熟阶段前存在S型的增长模式。20世纪80年代后，以产品生命周期理论为基础，学者们对产业生命周期理论展开了系统研究。

1966年，费农首次提出了产品生命周期理论，认为产品与人的生命一样，也存在形成期、成长期、成熟期和衰退期这四个主要发展阶段，相同产品在不同国家周期出现的时间和过程是不同的，主要受国家科技进步的影响，反映了一个国家在国际贸易中的竞争地位。通过该标准可以将国家分为最发达国家，一般发达国家和发展中国家。同样一种产品，在技术水平落后的发展中国家，此产品还处于成长阶段，但在发达国家，由于人们的生活水平和技术水平较高，该产品可能已经处于衰退阶段了。该理论可以一定程度解释产业在全球范围内转移的原因。

产品存在生命周期，那生产该产品的产业应该也存在同样的生命周期。20世纪70年代之后，经过Abernethy和Utterback、Gort和Klepper等经济学家对产品生命周期理论的不断推演和融合最终形成了一套较为系统和完善的产业生命周期理论。

产业是在生产核心产品的基础上发展起来的，所以产业生命周期理论也采用了产品生命周期各阶段的划分方法，按照某一具体产业在国民经济全产业中的占比大小及增速变化情况，可以把产业生命周期分为投入期、成长期、成熟期和衰退期这四个主要发展阶段，从产业发展的演化历史来看，真正消亡的产业并不多见。相反的，也有许多产业通过政府援助、技术创新、商务模式创新等手段走出了衰退困境，实现了再生。

就多数传统产业来说，因为核心产品市场需求、技术影响、厂商流动与分布影响、国际贸易与投资影响等原因会导致不同产业在投入期的发展速度存在差异，有的产业在投入期发展速度较快，而有的却发展得较为缓慢。尽管不同产业的生命周期曲线形状呈现出些许差异，但总体而言，处于投入期的产业市场需求容量还很小，在整个产业系统中所占的比重也较低。

产业的生产技术进一步发展而日趋成熟，产业发展进入高速增长阶段。当产业发展速度超过国民经济整体产业发展的平均速度时，该产业从投入期进入成长期。既有的产业结构平衡被打破了，成长期的产业市场需求容量急剧扩大，而且往往代表着新的社会需求和整个经济系统动能转换的新方向，不但对整个经济社会的运行和发展起到了非常重要的带动作用，而且还能引领现代科学技术产业化的新水平和新高度。因此，处于成长期阶段的产业会成为整个区域产业系统中的先导产业，甚至是主导产业。

但是产业经过了迅猛增长的成长期，它发展的速度将逐渐放缓。一方面，该产业的市场容量已经逐渐趋于饱和与稳定，相比于其他阶段而言，社会对该产业产品的需求到达了顶点，在整个产业系统中所占的市场份额也达到了最大化，处于成熟期的产业保持着长期而稳定的产出和收入。另一方面，该产业对整个产业系统结构变动发挥了重要的影响作用。成熟期的产业的营收在整个区域内产业系统中占有较大比重，能对其他产业发展产生影响，该产业在整个区域内经济中的支柱地位凸显出来。处于成熟期的产业可以被视为整个产业系统乃至经济系统发展的支柱产业。

（二）产业扩张理论

产业扩张出现在产业生命周期的成长阶段。它决定了产业的最终发展规模，是产业发展极其重要的一个阶段。研究产业扩张对制定企业经营战略和产业政策都具有重要意义。

产业扩张方式可以分为内涵式和外延式两种，内涵式的产业扩张是通过技术进步和提高生产要素的利用效率来实现的，技术工艺水平提升、产品升级换代、管理水平提高以及产业组织结构合理化等因素都能推进内涵式的产业扩张。外延式的产业扩张是通过生产要素投入的增加来实现的，增加企业数量、扩大资产规模和劳动力投入、扩大产业区域范围等都是外延式的产业扩张途径。两种扩张方式都扩大了产业综合生产能力，在地域空间上实现了产业扩展，产业内部各个部门和产业组织得到了扩充。

但是，产业不可能无限扩张，受要素供给、技术水平和市场需求的约束，产业扩张到一定的限度会进入成熟期和衰退期，产业扩张停止。产业扩张机制不是一般地分析产业发展与自然资源状况、市场需求、技术、劳动力、资本等要素供给的关系，而是要对产业扩张过程中市场需求和要素配置特征进行综合分析。

产业扩张规模受自然资源禀赋影响。有限的自然资源直接影响产业扩张的规模和速度。特别是那些以自然资源为生产对象或依赖于自然环境而发展起来的资源及其相关产业，如本书所研究的煤炭产业发展受煤炭资源禀赋及其分布特征的制约就很严重。依据资源产业与自然资源的联系紧密程度，可以把资源产业分成两个层级，其中，煤炭及采选业是第一级资源产业，煤气、炼焦和煤制品业是第二级资源产业。自然资源存量及分布特征决定一级资源产业的扩张规模。二级资源产业是对一级资源产业的产品进行加工，产品的可移动性决定了二级资源产业在空间布局上具有可选择性。因此，二级资源产业扩张受自然资源存量和分布特征的约束降低。资源产业扩张还受自然资源利用的深度和广度影响。一级资源产业内部的加工深度和产业链上增加的对一级资源产业产品需求都会提高自然资源利用的深度。自然资源利用的广度与工业化水平有关，在工业化初期，对自然资源需求增加，受产能限制，一级资源产业增长快，但二级资源产业增长慢。在工业化中期，由于勘探、开采能力提高，加工深度增加以及替代技术和产品出现，一级资源产业增速减缓，二级资源产业增速加快。工业化水平进一步加深，资源产业稳定增长，然后逐渐进入成熟期甚至衰退期。

产业扩张受市场需求的影响。人口和收入等因素决定了市场需求，国民收入水平及其分配方式会影响需求总量，并通过对总产出的要求而对产业产生影响，消费与投资需求的增加对产业扩张也产生影响。当社会总产出一定时，消费需求与投资需求是此消彼长的关系，二者的比例关系会影响产业扩张规模。

技术创新对产业扩张也具有十分重要的影响作用。技术创新可以满足不断变化发展的社会经济和市场需求，为其提供具有新效用、新功能和新的使用价值的商品，降低生产成本，提高企业生产效率和经济效益。产业扩张阶段，技术创新通过提高劳动生产率、提升产品质量、降低成本、降低能源消耗等方式起到提高利润率以及激发新的市场需求的作用，技术创新扩展了产业扩张的边界。同时，技术创新可以改变自然资源禀赋对资源产业扩张的影响，随着技术的进步，之前难以开采的自然资源可以得到利用，可以通过提高自然资源作为原材料的利用率而减少对自然资源的需求，甚至可以寻找合成资源的替代品，扩展产业扩张边界。

劳动力供给影响产业扩张。产业经济运行的基本要素是劳动力、劳动对象和劳动手段，劳动力通过价格波动对产业扩张产生影响。经济发达国家因为劳动力价格过高，大量劳动密集型产业被迫转移到劳动力价格相对低的发展中国家和地区。劳动力价格及流动成本高，促进发达地区劳动密集型产业的衰退和落后地区劳动密集型产业的扩张。同时，劳动力的供给结构也会对产业扩张产生影响。低素质的简单劳动力的大量存在可以促进初加工产业和劳动密集型产业扩张，而大量高素质的人力资本供给则有利于技术集约型产业和制造业的扩张。对现代经济而言，劳动力素质对产业竞争力的影响越来越大，人力资本积累对产业扩张越来越重要。

产业扩张是通过资本运行实现的，资本运行包含两个环节，即储蓄和投资。在市场经济条件下，储蓄和投资大多是分离的。产业扩张过程中，运作资本的实体是企业。市场机制比较成熟的国家和地区，更多地依赖于直接融资机制，企业直接发行证券从资本市场获取资金。相反，市场体制落后的国家，资本的供给主要来自间接融资，银行在这个过程中起到了中介作用。在未来较长的一段时间里，中国产业扩张仍然需要以间接融资为主，资本市场的运行机制和资本供给水平和成本也会限制产业扩张规模。

四、产业结构理论

产业结构也被称作国民经济中的部门结构，反映了国民经济中各产业部门间及部门内部的构成情况，研究的范畴包括国民经济的产出构成和各产业部门间的技术经济联系及其联系方式，广义的产业结构的研究范畴还包括了产业关联。本书研究的是狭义的产业结构，即以一二三产业的分类为基础，研究产业结构演变的规律。

从动态角度来看，产业结构变动过程的研究重点是主导或支柱产业部门不断转换和替代的规律及相应的结构效益和效应。产业结构理论主要研究在社会再生产的过程中，国家或地区不同产业间分配要素的状态，产业发展的水平及产业间相互影响的作用。产业结构变动与产业发展相关，产业发展水平随着经济的发展逐渐由低向高转变，产业间的联系和影响也会逐渐向复杂化的方向演进，产业发展水平的提升和产业间影响的复杂化推动了产业结构发展。

（一）三次产业间的演进规律

世界经济发展的历史经验表明，随着经济发展和国民收入水平提高，产业结构也发生了鲜明的规律性变化，由低水平均衡向高水平均衡阶段演进。其中产业结构的调整受国民收入水平的影响，其背后的传导机制是，不同国民收入水平存在不同的产品需求弹性，收入水平变化会引起需求结构变化，需求结构的变化推动了供给结构演进。产业结构演变对经济发展有重要影响作用，大量学者研究了产业结构演变规律，总结出了系统的产业结构演变理论，经济学家们总结了某个阶段某国家或地区产业结构演变遵循的规律。

霍夫曼（1931）在研究工业化早中期的经验数据时，总结了工业化进程中工业结构的变动规律。设定了霍夫曼比例，利用消费品与资本品的工业净产值比例，把工业化的过程分为四个阶段。在第一阶段中，制造业以消费资料工业为主，资本资料工业不发达。进入第二阶段时，消费资料工业增速放缓，资本资料工业快速发展，资本资料工业与消费资料工业之间的规模差距缩小。第三阶段资本资料工业规模上升到与消费资料工业持平的状态。第四阶段资本资料工业比重持续上升，净产值超过消费资料工业。并提出了国家的工业化水平与霍夫曼比例成反比的霍夫曼定律。

科林·克拉克（1940）对威廉·配第的国民收入与劳动力流动关系理论进行深入研究，提出了配第-克拉克定理。他认为全社会的人均国民收入水平提高过程中，就业人口产生规律性的转移，发展初期，劳动力由第一产业转移至第二产业，随着人均国民收入水平的进一步提高，劳动力开始大量转移至第三产业。

库兹涅茨（1985）以威廉·配第和科林·克拉克等人的研究成果为基础，进一步探究了产业结构变动与经济发展的关系并得出结论。他在产业部门划分的基础上，提出产业结构受人均国民收入影响，产业结构及劳动力部门结构随着经济发展水平的提高而发生变化。随着经济发展，在整体的国民收入和就业中，农业部门的国民收入比重和社会就业比重持续下降；工业部门的国民收入比重上升，工业部门的社会就业比重基本不变或者小幅上升；服务业部门的国民收入比重基本保持不变或者略微上升，而服务业部门的社会就业比重上升。

钱纳里（1995）在研究发展经济学理论时提出了标准结构理论，将制造业的发展阶段分成初期、中期和后期三个时期，同时按不同时期将制造业分为三种不同的产业类型。经济发展初期主要发展食品、纺织、皮革等产业；经济发展中期的主导产业是包括煤炭、石油、非金属矿产品、化工等产业；经济发展后期的主导产业是包括机械制造、服装、日用品、印刷出版等产业。为对应发展模式制定了不同阶段的经济结构标准值，称为钱纳里标准，该标准成为研究产业结构演变规律的基础，为产业结构变动趋势研究提供了依据，为产业结构转换政策制定提供了参考。

世界各国产业结构演变的历程显示，主要演变趋势是三次产业结构由“一、二、三”向“三、二、一”结构转变，这种趋势分别可以在产值结构、劳动力结构等方面得到反映。三次产业结构的演变趋势是随着经济发展、国民生产总值和劳动力在第三次产业间移动而进行的。这种产业结构演进主要受需求结构的拉动和供给结构的推动影响。

（二）三次产业内的演进规律

国民经济的三次产业之间结构存在产业发展阶段、生产要素转移和主导产业转换等多方面的演进规律。而三次产业的内部演进也具有一定的规律，国民经济一、二、三产业内部的演进会引发三次产业之间演化。

随着农业产业结构的调整和升级，以农业为主的第一产业内部结构从以粮食生产为主的生产结构向以畜牧业为主的结构转变，畜牧业在第一产业中的占比逐步提高。同时第一产业的生产方式也会发生变化，从技术短缺的粗放型农业生产发展为技术集约型的农业生产，并逐渐向生物、生化、环境、生态等高技术含量的生态农业、绿色农业转变。从产业化发展的视角看，农业生产机制也在不断完善，农业生产组织、农业产业链和农业生产效率都在不断完善和提高，市场导向的现代农业飞速发展，逐步在第一产业中占据了主导地位，第一产业的生产模式从分散化向规模化经营转变。

以制造业为主，包含采掘业、煤气业和电力等行业的第二产业，在国民经济发展中占据了举足轻重的位置。第二产业特别是制造业的发展是一个国家或地区的战略和支柱产业。第二产业的内部演进趋势表现为从轻纺工业向基础型工业转化，再向加工型重化工业发展，最终达到技术信息集约化工业的发展阶段。从要素投入变动情况来看，第二产业发展是从劳动密集型产业向资本密集型产业发展，并逐渐向技术知识密集型产业发展的过程。而从市场开放角度看，第二产业的结构从封闭型向进口替代型、出口导向型转变，逐渐发展为全球化的自由贸易市场。

以服务业为主的第三产业内部结构的演变规律是从传统服务业向多元化服务业发展，经过现代服务业发展阶段，最终向知识型产业和信息产业为主导的第三产业演进的趋势。要素投入方面，第三产业经历了从劳动力密集型向知识密集型转变的过程。

三次产业之间和三次产业内部的产业结构演变路径是相互促进、相互依存的整体，随着技术的不断进步，逐渐向产业结构高级化演进的过程。这种演进是先从行业内部结构变动开始的，逐渐扩展到一、二、三产业内部结构变动，推动产业内部转型升级，并最终实现产业间的结构调整优化。随着国民经济的不断发展进步，一、二、三产业内部和三次产业间的产业结构也随之调整和升级，产业结构的演变对经济发展产生促进作用。

第二章　自然资源对经济发展效率影响的前期研究

目前对自然资源与经济发展关系的主流研究主要集中在自然资源促进经济发展、自然资源抑制经济发展、自然资源对经济发展的促进和抑制作用并存的三方面。早期的研究主要偏重于自然资源对经济发展起到促进作用的研究，大部分研究结论都认为自然资源禀赋作为工业化的物质基础助推了经济发展。美国、澳大利亚、迪拜、挪威等国丰裕的自然资源成功带动了本国的经济起飞。进入 20 世纪的中后期，大量资源型国家和地区普遍出现经济增长衰退现象。经济学者运用“荷兰病”模型对这一现象进行了研究，后期又提出了“资源诅咒”假说，对自然资源抑制经济发展现象进行了深入研究。由于现实中“资源祝福”与“资源诅咒”现象并存，因此对自然资源与经济发展的促进和抑制作用并存的“有条件资源诅咒”逐渐成为研究的新热点。早期关于自然资源对经济发展影响的研究大都是从经济增长的视角展开的，相关文献非常丰富翔实，但是从全要素生产率视角研究二者关系的文献是进入 21 世纪以后才开始的。

第一节 自然资源对经济发展影响的研究

一、自然资源促进经济发展

自然资源禀赋与经济发展的关系是现代经济学中一个重要的研究领域，诸多学者的研究都证明，在经济发展过程中，自然资源是必要的生产投入要素之一。丰富的自然资源被认为是“天赐神粮”，是地区实现财富积累的重要渠道，同时也为地区经济发展提供了资源保障。

自然资源对经济发展产生正向效应的现实例子有很多，美国、加拿大作为自然资源丰裕的代表性国家，长期保持了与其自然资源禀赋相匹配的经济发展水平。Wright（1990）通过研究美国工业制成品贸易的投入要素含量，发现出口的工业制成品中不可再生资源的投入密集较高，这要归功于美国工业化过程中加大了自然资源的投入并且通过技术提高了自然资源的利用效率。Ferranti 等（2002）认为澳大利亚、美国和芬兰等国的经济快速增长是依托于本国丰富的自然资源，其中美国的工业化就根植于资源密集型制造业的基础上。

20 世纪后期，“资源诅咒”假说被更多的学者接受，此后自然资源促进经济发展的相关研究的切入点变为对“资源诅咒”的证伪，一些学者认为“资源诅咒”是一种假象，因为在研究过程中将许多经济发展的阻碍因素也归咎于自然资源的影响作用之中。Lederman 和 Maloney（2008）质疑了“资源诅咒”现象的长期性，他认为在工业化过程中自然资源发挥了积极作用，仅通过 20 世纪后期的数据进行的实证分析而得出的结论不具备可信性，他们利用跨国数据进行了一系列的实证研究，认为“资源诅咒”不存在。张亮亮、张晖明（2009）也认为中国并不存在“资源诅咒”效应，中国各地区经济增长差异产生的主要原因不是自然资源禀赋，而是由人口规模、地理区位差异和制度差异引发的，自然资源作为投入要素对经济发展起到了促进作用。

Haber 和 Menaldo（2011）在排除地区异质性和时间不变异质性的基础上通过规范分析发现，在很多情况下自然资源具有“福音”效应。Betz 和 Partridge（2015）分析了美国现代煤炭开采业对经济发展的影响，认为美国的煤炭产业没有“资源诅咒”现象，经济增长与人口增长和企业家精神和与未来经济增长相关的措施有一致的反向关联。Nawaz，Lahiani 和 Roubaud（2019）分析了1972—2017年巴基斯坦自然资源、金融发展水平与经济增长的关系，他们认为金融发展为国内生产提供了资本保证，促进了经济增长，同时验证了自然资源对经济增长存在正向的反馈效应。

邓可斌、丁菊红（2007）在实证检验中控制了政府干预和地理区位等因素的影响作用后，自然资源丰裕度与经济增长负向影响不成立。胡尧、严太华（2019）也认为自然资源依赖并不会显著带来地区长期经济增长的差异，传统增长式“诅咒”并不存在，自然资源依赖显著恶化了贫困、收入不平等等福利水平，存在自然资源福利陷阱，自然资源依赖显著降低了经济增长的减贫弹性，阻碍了增长对农村贫困群体的涓滴效应。

早期很多利用省际数据的实证研究支持了“资源诅咒”假说，而利用地市层面数据却发现“资源诅咒”效应并不成立。景普秋、王清宪（2008）利用山西省的地级市和县域两个层级数据验证了煤炭产业发展与经济增长存在正向关系，煤炭资源的开发增加了山西省内各地县级区域非农化就业比例的提高，加快城镇化进程，快速提高了人均居民收入水平。安虎森等（2012）利用中国城市面板数据，也得出了在中国城市层面不存在“资源诅咒”效应的结论。冯宗宪等学者（2014）构建了具有制造业部门和资源部门的两部门分析模型，利用所有建制城市的面板数据验证了中国资源型城市的经济发展存在“资源福音”现象，证明了可耗竭的自然资源产生了正向的收入水平效应。

进入21世纪以后，在“资源诅咒”的证伪研究中，对于经济发展的度量逐渐偏重使用全要素生产率。很多学者在“资源诅咒”的研究中使用全要素生产率代替了 GDP 增长来研究自然资源对经济发展的影响，

Greasley 和 Madsen（2010）利用经济合作与发展经济体成员国的跨国数据进行实证研究，在控制了国际知识溢出的影响作用以后，发现不同的自然资源类型对全要素生产率的影响存在差异。其中以土地为代表的“散资源”对全要素生产率产生负向影响，而以矿产资源为代表的“点资源”对全要素生产率产生了正向影响。从新经济地理学研究视角来看，矿产资源丰富国家所特有的资源型经济集聚效应，显著地促进了知识创新，通过提高劳动生产率来促进全要素生产率，有利于经济发展。Eugenio 和 Enrique（2010）认为丰富的自然资源并不会对经济体内的制度质量产生负向影响，对自然资源的合理利用能够促进绿色全要素生产率。Tugcu 和 Tiwari（2016）利用金砖国家的数据研究了不同类型能源消耗与全要素生产率的关系，结果表明可再生能源消耗与全要素生产率提高之间的因果关系不显著。而不可再生能源消耗可以产生积极的外部效应，不仅为经济发展提供物质基础还促进了全要素生产率。钟成林和胡雪萍（2016）认为在中国全要素生产率维度的“资源诅咒”并不存在。王云霞和韩彪（2018）研究发现当地区资源产业与技术水平协调发展时，自然资源禀赋能对绿色全要素生产率产生促进作用。

二、自然资源抑制经济发展

20 世纪 60 年代之后，很多自然资源导向型国家普遍出现经济衰退问题，相对应的是大量自然资源贫乏型国家取得经济的快速发展。Gelb（1989）和 Auty（1993）等一批学者开始思考自然资源禀赋和资源型产业发展对经济发展来说是福还是祸。Auty（1993）率先提出了“资源诅咒”概念，此后自然资源抑制经济发展的研究成为主流。早期关于“资源诅咒”的研究集中于自然资源对经济发展的研究，此后学者们认识到仅仅分析自然资源对经济发展的影响，并不能真正地明确自然资源禀赋对地区带来的影响，之后开始用多视角的分析方法扩展了对“资源诅咒”内涵和传导机制的研究。Sachs 和 Warner 在 1995 年、1997 年、1999 年、2001 年连续发表了多篇文章来试图全面解释“资源诅咒”的成因，建立了研究“资源诅咒”理论的经典SW模型。此后关于“资源诅咒”的研究基本都以SW模型为基础展开分析的。

国内的学者借鉴了“资源诅咒”的研究范式，将研究重点放在国内的区域比较检验上。徐康宁等（2006）是较早在中国开展“资源诅咒”实证研究的学者，他们认为自然资源在中国经济发展过程中没能发挥应有的引擎作用，其主要原因是自然资源过度开发带来了制度弱化和制造业衰退等问题。邵帅等（2009，2010，2011）为“资源诅咒”在中国的实证研究做出较大贡献，早期的一系列实证研究支持了自然资源抑制经济发展的观点，后期转向“有条件资源诅咒”的实证研究。孙永平和叶初升（2011）首先提出了在研究自然资源与经济增长关系时应控制地理区位差异，并验证了自然资源依赖对经济增长的负向关系。孙永平、张平、叶初升（2016）又从“干中学”效应、人力资本和FDI三个维度分析了区域创新能力在自然资源依赖抑制经济增长过程中的中介传导作用。

随着理论的拓展和实践的要求，对“资源诅咒”的研究向多角度分析的方向发展。随着经济发展方式转变，学者们开始关注自然资源与全要素生产率驱动型经济发展的关系。Ng（2005）首先将“资源诅咒”的研究扩展到全要素生产率的视角，认为自然资源依赖与全要素生产率之间呈现负相关。Rodriguez和Arias（2008）分析了西班牙煤炭产业资源耗减、产能利用和规模报酬等因素对全要素生产率的影响，认为资源耗减是全要素生产率损耗的主要原因。Zidouemba和Elitcha（2018）认为非资源部门发展落后生产率水平低的资源型国家，生产要素会大量流入资源产业部门，但是资源部门对全要素生产率的贡献更低，影响技术吸收及创新能力，会影响FDI对全要素生产率的促进作用。

黄建欢等（2015）从生态效率视角对比研究了自然资源开发型和自然资源利用型区域的“资源诅咒”，结果表明省际层面“资源诅咒”是存在的，并且通过分析发现，资源开发地区“诅咒”现象产生的原因并非自然资源开发本身，而在于自然资源丰裕环境下的自然资源浪费行为。李江龙和徐斌（2018）将“资源诅咒”的研究扩展到能源环境绩效的视角，研究发现自然资源丰裕程度对地区绿色经济增长呈现出显著的负面影响，自然资源丰裕度越高，绿色经济增长水平越低。张野等（2018）将人类发展指数引入“资源诅咒”的研究中，对金砖五国的“资源诅咒”问题进行了研究，证实了自然资源依赖程度对人类发展存在“诅咒”现象，各国呈现出不同的“诅咒”程度。任阳军等（2020）实证检验了产业的空间集聚对绿色全要素生产率的负向影响，并分析了其外溢效应。

三、自然资源对经济发展的促进和抑制作用并存

近年来，针对“资源诅咒”是否成立的争议仍然存在，在研究过程中一些学者认为两种观点并不一定是完全对立的，“资源诅咒”可能是在某些特定条件下才存在的，自然资源类型、经济发展时期、经济要素的影响不同，自然资源对经济发展的作用也存在差异，因此认为“资源诅咒”假说只是特定条件下的结论。在现实中，“资源诅咒”和“资源祝福”的现象同时存在的矛盾现象也启发了学者们从新的研究思路重新审视自然资源与经济发展之间的关系，两者之间并非只是简单的线性关系，“资源诅咒”只有在某种条件下才存在。

（一）不同自然资源类型论

Auty（2001）在研究“资源诅咒”问题时，将自然资源分为点资源和散资源，他认为煤炭、石油、天然气等点资源的“诅咒”效应比以农业为代表的散资源更加严重也更具普遍性，点资源会导致集中性的生产和收益模式，更易产生寻租等非生产性活动，带来“资源诅咒”。所以在分析自然资源对经济发展产生的影响时，一定要预先分析自然资源的属性。Murshed（2004）也认为正是自然资源经济类型的差异才导致“资源诅咒”和“资源祝福”同时存在的矛盾，点源型经济单纯依赖自然资源的生产和出口，以自然资源为主的初级产业在国内生产总值中占绝对比例，而且资本、劳动等生产要素被锁定在资源行业内，导致其他产业部门没有壮大的可能性。点源型的经济体无论现在发展有多好，一旦赖以发展的自然资源

枯竭或被其他新兴资源所取代，那么对于一国或区域经济将会是致命性的威胁。

（二）不同时期论

Collier 和 Goderis（2008）认为在资源产业发展的导入期和成长期阶段，资源产业的发展会明显地促进经济增长；进入成熟期后，资源产业扩张过度则会抑制经济增长，进而产生"资源诅咒"，导致资源产业最终走向衰退。Gerard（2011）通过对 1970—1999 年美国 50 个州数据的实证研究，结果发现，在不同时期自然资源依赖和全要素生产率之间呈现完全相反的关系。在 1979 年以前，自然资源依赖和全要素生产率之间是正向关系，1979 年后，自然资源依赖转而抑制了全要素生产率。闫磊（2017）以中国西部为研究对象，分析了政策门槛的转换机制，认为"一带一路"发展战略出台以后，中国西部的"资源诅咒"现象得到减缓，"资源福音"效应增强。

（三）不同经济要素条件论

Kurtz 和 Brooks（2011）采用 1979—2007 年的跨国样本验证了"有条件资源诅咒"假说，证实了人力资本和经济开放程度是"资源诅咒"发生的条件变量。万建香和汪寿阳（2016）从社会资本的视角研究"资源诅咒"问题，得出结论认为加速社会资本积累和技术创新能切断"资源诅咒"的传导，且两者存在门槛效应，一旦跨过门槛，"资源诅咒"将转化为"资源祝福"，技术创新、社会资本和政府效率等因素都是打破"资源诅咒"的关键。马宇和程道金（2017）发现了技术进步在"资源诅咒"与"资源祝福"中的转换机制，其研究认为能源型企业在发展初期享有"资源祝福"，当企业发展规模达到一定门槛值后，"资源诅咒"现象就会出现。郭根龙和杨静（2017）从金融视角切入进行研究，发现当金融发展脱离实体经济的支持会对"资源诅咒"产生传导作用。资源产业发展带来的资本积累通过金融机构的中介功能被大规模配置在虚拟经济里，会产生

"资源诅咒"，如果资本积累被配置到实体企业，这种金融配置路径可以缓解"资源诅咒"。Haider 和 Ganaie（2017）研究了能源效率和能源强度与全要素生产率的动态联系，控制了碳排放量和贸易开放度的影响作用后，发现能源效率与全要素生产率呈负相关，而能源强度与全要素生产率呈正相关。

（四）不同的经济发展视角

"资源诅咒"假说中关于经济发展的刻画，也由传统的增长率指标逐步转移至全要素生产率为代表的发展质量指标。Pertto 和 Valente（2011）认为正是因为人力资本和自然资源在资源型中间产品生产过程中的替代弹性不一致，才导致了自然资源对全要素生产率产生不同影响。当两者为替代关系时，自然资源带来的资本积累和制造业产品供需都会显著增长，而相比资源部门，制造业部门的技术贡献率和生产效率更高，人力资本流向制造业部门，具有"干中学"技术溢出效应的制造业部门，能促进创新水平提高，最终推动全要素生产率；但是当这两个要素互补时，自然资源的繁荣会阻碍全要素生产率的提高。邵帅等（2013）研究了资源产业依赖对经济发展的非线性影响及其形成机制，发现市场化程度的门槛效应是资源产业依赖与全要素生产率倒 U 型关系的成因。战炤磊（2014）认为自然资源对全要素生产率具有双向影响，从短期静态视角来看，自然资源禀赋可以带来成本、规模和需求方面的优势，从而提高全要素生产率；从长期动态视角来看，自然资源禀赋优势带来的要素错配、创新乏力等问题，又对全要素生产率的提高产生阻碍。孙慧和朱俏俏（2016）实证检验了中国资源产业集聚与全要素生产率之间稳定的倒 U 型关系，资源产业适度集聚会发挥规模效应促使全要素生产率提高，但是过度集聚又会产生拥塞效应，不利于全要素生产率的提高。杜克锐、张宁（2019）的研究着眼于资源丰裕度对绿色全要素生产率的影响，认为二者之间也存在非线性的关系，当自然资源丰裕度处于 8%~15%的范围内时，能促进绿色全要素生产率提升；而当资源丰裕度过高或者过低时，又会对绿色全要素生产率产生负作用。

综合以上研究可见，不同类型、不同时期、不同经济条件下，自然资源和经济发展呈现出不同的趋势和特征，两者之间并非简单的线性关系。表2-1整理了自然资源对经济发展影响研究的相关文献，可以发现从经济增长的视角研究自然资源与经济发展关系的文献非常翔实，但是从全要素生产率视角研究二者关系的文献是进入21世纪以后才开始的，近几年成为学者们研究的新方向，仍然有很大的研究空间。从这两个视角展开的相关研究对于自然资源与经济发展的关系仍存在争议，只有继续选取适合方式来进行深入研究，才能有助于更细致地分析这一问题。

表2-1 不同视角下自然资源对经济发展影响研究的文献整理

主要观点	经济增长	全要素生产率
自然资源促进经济发展	Wright（1990）、Ferranti（2002）、Lederman，Maloney（2008）、Haber，Menaldo（2011）、Betz，Partridge(2015)、Nawaz，Lahiani，Roubaud（2019）、邓可斌，丁菊红（2007）、景普秋，王清宪（2008）、张亮亮，张晖明（2009）、安虎森等（2012）、冯宗宪等（2014）、胡尧，严太华（2019）	Greasley，Madsen（2010）、Eugenio，Enrique（2010）、Tugcu，Tiwari（2016）、钟成林，胡雪萍（2016）、王云霞，韩彪（2018）
自然资源抑制经济发展	Gelb（1989）、Auty（1993）、Sachs，Warner（1995，1997，1999，2001）、徐康宁等（2006）、邵帅等（2009，2010，2011）、孙永平等（2011，2016）	Ng（2005）、Rodriguez，Arias（2008）、Zidouemba，Elitcha（2018）、黄建欢等（2015）、李江龙，徐斌（2018）、张野等（2018）、任阳军等（2020）
自然资源对经济发展的促进和抑制作用并存	Auty（2001）、Murshed（2004）、Collier，Goderis（2008）、Gerard（2011）、闫磊（2017）、Kurtz，Brooks（2011）、万建香，汪寿阳（2016）、马宇，程道金（2017）、郭根龙，杨静（2017）	Haider，Ganaie（2017）、Pertto，Valente（2011）、邵帅等（2013）、战炤磊（2014）、孙慧，朱俏俏（2016）、杜克锐，张宁（2019）

数据来源：根据文献分析研究整理得出

第二节 自然资源影响经济发展的传导机制研究

抛开自然资源对经济发展影响的争议问题，学者们将更多的研究集中在明晰自然资源禀赋没有对经济发展产生促进作用的原因上，并试图找出相应的破解方法，也就是自然资源抑制经济发展的传导机制的研究。其研究主要可以分为三大类：一是在“荷兰病”模型的基础上研究产业结构演变对资源产业发展与经济发展关系的传导机制；二是分析要素配置效率对资源产业发展与经济发展关系的传导机制，主要包括对人力资本、技术、金融资本、物质资本等重要投入要素的挤出效应研究；三是从资源产业发展引发的寻租和腐败等制度弱化效应入手，研究对经济发展影响的传导机制。

一、产业结构演变的传导机制

20 世纪 60 年代，荷兰探查到了储量极其丰富的天然气资源，并且立刻对天然气进行开发和利用，大量的天然气出口带来了国民收入急剧增长，经济出现繁荣景象，但是也带来了一系列影响国民经济正常运转的问题。这种资源部门异常繁荣不利于经济发展的现象，被称为“荷兰病”。Corden 和 Neavy（1982）构建的“荷兰病”模型假设所有经济部门的产出都仅来自劳动力这一种生产要素的投入，通过研究劳动力在资源、制造业和服务业三部门间的流动，来分析资源部门引发的产业结构演变，证明了资源部门的发展对于居民收入分配以及制造业规模和利润率的影响。Matsuyama 及 Sachs 和 Warner 先后对“荷兰病”模型进行了修正。

以初级产品生产和出口为主的产业部门与其他产业部门的关联性低，而且会导致技术溢出的正外部效应减弱，同时自然资源开采对劳动力素质基本没有过高要求，因而如果一个国家走上以牺牲本国其他产业来促进资源产业发展的道路，会导致该国对资源产业的过度依赖。其中，对制造业的挤出效应已经被大量的理论和实证研究证明。Behzadan（2017）认为自然资源财富的分配不均，即便是在制造业具有初始优势的地区，最终也会抑制制造业发展，使区域经济陷入"荷兰病"的困境。中国目前利用"荷兰病"模型对"资源诅咒"传导机制进行理论分析的相关文献不多，大部分学者都是利用实证检验"荷兰病"模型中推断的自然资源部门发展对制造业的挤出效应，认为中国资源型地区"荷兰病"效应的主要症结是对制造业劳动和资本投入的挤出，而忽视了对服务业发展传导作用的研究。

自然资源对产业结构的影响是双向的，也是变化的。在产业布局和地区分工的初始阶段，自然资源作为稀缺的生产要素有利于为本地区形成比较竞争优势，会促使自然城市将生产要素布局到资源产业中；随着地区经济发展过程中对自然资源的开发和利用，资源产业成为地区的主导产业，并逐步固化下来，使得产业结构进一步转型升级困难化。

刘耀彬（2010）通过比较中部地区煤炭城市动态产业结构效益，发现煤炭城市产业转型之前，主导产业是第二产业，产业发展的路径依赖和锁定效应，增加了煤炭城市产业结构转型升级的难度。梁斌和姜涛（2016）进一步验证了自然资源对于三次产业发展程度的影响，结果发现丰裕的自然资源会降低第一产业和第三产业在国民生产总值中的占比，提高第二产业的比重。孔翠英和薛建兰（2017）通过分析第二产业和第三产业的税收情况，发现资源型地区产业税负不均衡、产业税负过重，产业结构调整提高了税收与经济的协调性。张生玲等（2016）认为地区经济发展对第二产业增长的路径依赖较强，其他产业无法扭转资源型产业的衰退趋势。

蔡飞（2014）认为资源型企业的超常利润将生产要素锁定在资源产业内，不利于市场机制发挥产业结构调整的作用。资源产业对管理、人才、技术等要素需求少且专用性强，限制了先进的管理方法、高素质的人才以及高新技术的发展空间，增加了地区经济发展对资源产业的依赖。资源产业关联效应低，产业繁荣无法带动其他产业发展，影响工业化进程。李虹、邹庆（2018）研究发现，资源型城市的自然资源禀赋水平不断上升会影响产业结构的高级化和合理化的提升。

二、要素配置效率的传导机制

目前研究要素配置效率对资源产业发展与经济发展关系的传导机制的文献多是从实证出发，研究了资源产业发展对人力资本、金融发展、技术创新、物质资本和贸易开放度等影响要素配置效率的关键变量产生挤出效应。

人力资本区别于简单劳动，能起到提高劳动配置效率的作用。人力资本通过提升创新能力、提高煤炭资源就地转化能力，进而有效规避“资源诅咒”。Sachs 和 Warner（1995）认为自然资源开发和初级产品生产对于劳动力并不需要较高的技能，而且会带来大量的短期利益，所以资源型城市的政府和家庭都忽略了对教育的投入，使得人力资本积累被弱化，高技术人才增长缓慢，最终导致经济增长停滞。自然资源丰裕的国家对劳动力技能要求较低，人力资本投入相对不足，人力资本积累大幅度减少，失去经济发展动力。胡援成和肖德勇（2007）从理论上证明了人力资本是“资源诅咒”存在的关键影响因素，人力资本具有门槛效应，提高人力资本投资可以破解“资源诅咒”。杨莉莉和邵帅（2014）将人力资本的流动引入“资源诅咒”的研究中，分析发现人力资本外流增加了“资源诅咒”的发生概率。宋德勇和杨秋月（2019）认为环境规制通过提升人力资本而间接地打破了“资源诅咒”，推动经济高质量发展。

金融发展水平是影响资本配置效率的关键，近几年，金融发展在自然资源对经济发展影响过程中所起到的传导作用受到学者们的关注。自然资源丰裕地区必然集中力量发展资源产业，资本市场发育落后，不利于投资和储蓄的增长，限制了金融发展。Sarmidi、Law 和 Salleh（2012）使用门槛模型发现自然资源开发和金融发展间存在非线性关系，资源产业发展初期带来的资本积累会促进金融发展，但是随着资源产业规模扩大，对金融发展的抑制作用显现。金融发展水平会影响自然资源与经济发展的相关关系这一观点也被部分学者证实，刘耀彬（2015）从金融发展非线性门槛的角度去分析自然资源如何影响“资源诅咒”。Gylfason 和 Zoega（2001，

2006）认为不发达的金融体系会加剧"资源诅咒"，而有效的金融发展可以缓解这一现象，进而通过实证分析得出，金融发展增加储蓄投资率，通过提高资本配置效率来消除"资源诅咒"。薛晴等（2013）利用四部门内生增长模型对中国西部六个代表性资源型地区进行实证检验，得出结论认为在不考虑"资源诅咒"时，民间金融有利于资源型区域的经济发展，但随着对资源产业依赖的加强，"资源诅咒"效应开始凸显，民间金融的发展会加剧"资源诅咒"现象。汤吉军（2019）从行为金融学的视角研究，认为沉淀成本会扭曲金融资源配置。

资源产品具有替代性差且更新频率低的特点，其市场竞争力主要取决于资源禀赋差异，资源产业科技创新需求少，资源产业的发展会对技术创新产生挤出效应，自然资源丰裕的国家和地区，自然资源的短期收益会对创新产生抑制，减弱了产业和经济的可持续发展能力，不利于经济发展，容易产生"资源诅咒"现象。邵帅和杨莉莉（2011）对于自然资源开发活动如何对技术创新和地区经济增长产生影响的内在机制进行了探讨，结果发现能源依赖度确实会挤出区域创新投入和产出，但是研究结果显示当市场化程度提高，要素配置效率得到改善时，这种技术创新挤出效应会得到缓解甚至被消除。万建香和汪寿阳（2016）在模型中将技术创新与社会资本内生化，认为社会资本积累加速会将劳动力引向技术创新部门，消减资源产业发展对技术创新产生的挤出，阻断了"资源诅咒"效应的传导。马宇和程道金（2017）发现资源产业不同的发展阶段会对技术进步产生不同影响。资源产业发展初期会显著地促进技术进步，当资源产业发展规模扩大以后，会抑制技术进步，给经济发展带来不利影响。

赵康杰和景普秋（2014）还分析了资源产业发展对物质资本的挤出，资源产业发展影响了物资资本的配置导致长期经济增速放缓。人力资本与物质资本不足还会制约技术创新，这是中国省际"资源诅咒"产生的原因。薛雅伟（2019）的研究分析了物质资本过度投资对人力资本积累造成的"侵蚀"效应，最终表现为对经济增长的抑制作用。

三、制度弱化效应

学者分析制度弱化在“资源诅咒”中的传导机制时，认为自然资源所有权归属于国家，滋生于资源产业超额利润的腐败行为是“资源诅咒”产生的重要原因。中国矿产资源产权和经营权分离容易滋生腐败和寻租行为，不合理的制度及制度变迁中的恶性路径依赖导致制度弱化，产生了“资源诅咒”的后果。

Mehlum 等（2006）认为在制度不完善的国家或地区，现有的制度很大程度上可以决定自然资源丰裕度对经济发展的作用。解晋（2019）认为政府治理中激励设计的扭曲是中国“资源诅咒”问题的根本原因，自然资源市场的扭曲水平对自然资源充裕和资源产业发展之间的关系产生调节作用，是导致资源依赖的重要条件。以晋升制度安排及经济绩效为主的晋升考核标准是催生地方政府扭曲自然资源市场的主要动机。在自然资源充裕地区，扭曲的自然资源市场有助于拉动短期经济增长，美化官员政绩，长期将阻碍经济增长，产生“诅咒”效应。Salaimartin 和 Subramanian（2013）的研究认为矿产资源的开发会引发寻租活动，降低区域内的制度质量，对经济增长产生负面影响。Robinson 和 Torvik（2014）认为高质量的制度会使企业家成为生产商，低质量的制度则会使企业家成为寻租者。Saramidietal（2012）对传统的阈值估计方法进行创新，研究了政府效率、腐败等代表的制度变量在“资源诅咒”中的门槛效应。认为制度质量水平超过临界点后，自然资源对经济增长的影响才会为正，而且制度质量越低的国家资源产业发展的程度则会越高。Ross 和 Michael（2015）对 2001 年以来关于政治的“资源诅咒”相关文献进行研究，总结出石油资源对国家治理的三种影响。认为石油资源的富足会使独裁政权更加持久，会增加某种类型的腐败，触发中低收入国家的暴力冲突。何雄浪和姜泽林（2016）将自然资源存量及制度要素都引入新古典增长模型中，从理论视角对制度问题在“资源诅咒”中的作用进行了机理分析，在此基础上，又通过计量模型对这一机理进行了验证，发现较差的自然资源分配制度和产权制度与

“资源诅咒”形成了恶性循环。

Brunnschweiler（2007）利用政府效能来刻画制度因素，在验证了自然资源对经济增长的正向作用基础上，分析了制度的健全程度对二者之间正向关系的促进作用。Adam 和 Harris（2019）通过对加纳和乌干达的政府雇员的实验调查发现政府官员可能会以最小化“资源诅咒”的方式支持或限制政治支出，应该让公务员参与到避免或遏制“资源诅咒”的努力中来。但是，在中国自然资源的所有权和开发权主要归属于政府，对于一个中央集权且长期处于和平状态的国家，制度弱化效应关于自然资源引发战争和动乱的解释缺少合理性，中国学者关于制度弱化效应的研究主要集中于自然资源产生的寻租和腐败行为对经济发展的影响。

自然资源为经济发展提供了物质基础，是经济发展的驱动要素。可对自然资源进行开发的过程中会通过多种传导机制对经济发展产生负面的影响。国外学者多侧重于从产业结构演变和制度弱化效应来分析“资源诅咒”传导机制，而国内学者对“资源诅咒”传导机制研究多侧重于挤出效应和产业结构演变。

第三节 全要素生产率的影响因素研究

在索洛的增长核算基础上，发展经济学认为经济发展得益于要素积累和要素生产效率的提高。前期的大量研究认为中国的经济发展是源于要素积累，但进入 20 世纪 90 年代以后，很多研究发现要素积累无法解释各国之间不断扩大的收入差距，全要素生产率的差异是地区间经济发展非均衡的根本原因。全要素生产率可以用来分析经济发展的源动力，除了可以分析各种要素投入效率以外，还可以分析技术进步和管理能力等对经济发展的贡献，深究经济发展的主要动力是来源于要素积累还是效率提高。全要素生产率还是政府制定长期的可持续的经济政策的基础，通过比较全要素生产率与要素积累对经济发展的贡献，可以作为出台经济政策的判断依据，因此越来越多的学者开始深入研究全要素生产率的影响因素。

一、产业结构演变影响全要素生产率

产业结构演变影响全要素生产率主要是通过两个途径实现的。一是通过产业结构优化，重新配置要素投入，降低产业运行成本，提高产业发展水平，利用有限生产要素投入获取更高的产出，提高全要素生产率。二是通过提高产业集聚水平来提升全要素生产率，产业集聚可以增加区域内经济的专业化和多样化，提高劳动生产率，在不增加要素投入的情况下，提升全要素生产率。目前对于产业结构影响全要素生产率的理论研究不多，多数学者是从实证出发进行相关研究的。

李优树等（2018）利用经验数据进行实证检验，证明了产业结构与全要素生产率存在正相关关系。刘伟和张立元（2018）认为国民经济中的三个产业部门间的人力资本转移和全要素生产率差异会形成结构效益，为了解释中国全要素生产率持续增长而三个产业部门全要素生产率水平相对较低甚至出现负增长的矛盾现状，运用数理逻辑和跨国数据分析并验证了产业结构演变的结构效益和产出增长率效应对全要素生产率的影响。刘伟和李绍荣（2002）认为产业结构可以影响经济增长方式，第三产业的结构扩张会降低第一产业和第二产业对经济规模的正效应，因此只有通过提高第一产业和第二产业的效率才能获得长期稳定的经济增长。中国仍处于产业结构的升级和转换时期，这种转换可能使得中国经济增长中的主导产业由第二产业转变为第三产业。在工业化持续推进和经济发展水平稳定提高的条件下，中国经济进入后工业化阶段，第三产业仍会保持较快增长而第二产业增幅下降。全要素生产率概念下所涵盖的技术进步是广义的技术进步，全要素生产率并不全是由技术进步推动的。刘伟和张辉（2008）把技术进步和产业结构演变从全要素生产率中分解出来，认为产业结构演变和技术进步都是全要素生产率的重要组成部分，技术进步对全要素生产率的促进作用是被普遍认可的，而产业结构演变可以通过影响要素配置效率来对全要素生产率产生影响。

学者们对产业集聚影响全要素生产率也进行了实证分析，但是影响作用的结论存在差异。李金滟和宋德勇（2008）利用城际数据验证了与多行业的产业集聚相比较，单行业集聚对全要素生产率的影响更大。范剑勇等（2014）利用县级数据验证了单行业集群可以通过改善技术效率来促进全要素生产率提高，而多行业集聚对全要素生产率提高的促进作用不显著，因为多行业集聚仅提升了整体技术效率，但是前沿技术进步对全要素生产率提高的促进作用不强。

二、要素配置效率影响全要素生产率

Wu（2000）将全要素生产率提高分解为要素配置效应和技术进步效应，认为要素配置效率会对全要素生产力产生促进作用，但是这一促进作用会随着经济发展的程度加深而递减。经济发展起步阶段，全要素生产率提高的主要动力是要素配置，经济发展到一定阶段以后，技术进步对全要素生产率提高的贡献占主导。中国产业结构演变引导生产要素从生产率低的部门流入生产率高的部门，要素配置效率提高促进全要素生产率提高。当要素配置出现扭曲时，将对全要素生产率产生抑制作用，资本与劳动投入比率和要素配置过程中的摩擦因子限制了要素的自由流动，会降低要素配置效率。市场机能完善可以引导生产要素流向边际生产率更高的部门，当资本和劳动配置扭曲现象缓解，将有助于提高全要素生产率。

Hiseh 和 Klenow（2009）最先关注了要素配置对全要素生产率的影响，在 Melitz（2003）研究的基础上利用中国和印度的制造业微观数据对比检验了生产要素市场配置扭曲对全要素生产率的影响，认为发展中国家与美国全要素生产率差异的产生原因是劳动和资本配置效率低。Hayashi 和 Prescot（2002）分析了 20 世纪 90 年代日本的经济发展数据，认为政府干预资本市场运行，给予“僵尸企业”的补贴是无效率投资，会使资本带动作用下降，资本错配抑制全要素生产率，经济发展陷入低迷状态。王林辉和袁礼（2014）构建了不完全市场的多部门模型，利用 1978—2010 年中国代表性产业面板数据分析并检验了资本配置效率下降造成的全要素生产率损失，认为金融系统垄断，市场发育不良不利于资本自由流动，引致各产业间资本错配。安强身和姜占英（2015）利用宏观动态视角进行分析，认为中国资本配置效率损失不利于全要素生产率，资本配置方式由动员式转为市场化配置、降低所有制歧视、提升金融机构的运营效率可以提高资本配置效率。

劳动力错配也会引发全要素生产率损失。Brandt（2012）认为，20 世纪 90 年代以来，中国要素配置偏误不断恶化，其中劳动力市场要素配置扭曲是问题的关键。袁志刚和解栋栋（2011）利用中国宏观经济数据验证了劳动要素的配置效率低对全要素生产率产生不利影响。盖庆恩等（2013）认为中国的户籍等制度约束阻碍了农业剩余劳动力的自由转移，劳动力市场没有起到应有的配置作用，降低了全要素生产率。邓明等（2020）建立了农业部门与非农业部门的两部门模型，分析了劳动配置效率与全要素生产率的关系及作用机制，认为劳动力在两部门间的配置扭曲不利于农村劳动力的自由流动，并且还阻碍了中国向非农业经济转型的进程，抑制了全要素生产率。

林毅夫和苏剑（2007）认为中国经济增长方式转变需要改革要素价格体系。蔡昉（2013）认为中国经济增长方式向全要素生产率驱动型转换需在中国经济内部使用“雁阵”模型并利用政策对经济进行“创造性毁灭”调整，提高要素配置效率。樊纲等（2011）阐述了市场化对要素配置效率的改善作用，认为市场化改革有助于提高全要素生产率。

梳理了国内外关于自然资源对经济发展影响及其传导机制的相关研究后，我们发现实证研究中最常用的被解释变量是经济量增类的指标，多数是用 GDP 相关数据来度量的，在物质欠发达时期，经济发展的首要任务是经济总量的提高，所以学者们将 GDP 增长是作为代理变量来重点研究自然资源与经济发展的关系。进入高质量经济发展阶段，保持经济健康可持续发展成为必然要求。新常态下，中国经济发展的条件、任务、环境和要求都已经变化，经济增速放缓，经济发展方式从规模速度型转为质量效率型，经济发展的主要动力由要素积累转为效率提高。现实的经济形势要求自然资源禀赋对经济发展影响的实证研究中，应选取能够反映高质量经济发展的产出变量。从全要素生产率视角研究二者关系的文献是进入21世纪以后才开始的，目前已经成为学者们研究的新方向，仍然有很大的研究空间。

自然资源与经济发展关系的研究重点应该是分析二者关系产生的原因。破解“资源诅咒”的关键是发现自然资源对经济发展产生抑制作用的根本原因，只有将原因分析得更加细致透彻才能更有效地对自然资源进行利用，使其更好地促进经济发展，实现高质量经济发展目标。但是自然资源丰裕地区陷入“资源诅咒”的原因是多方面的，现有的关于自然资源影响经济发展的研究，还不能完全解释“资源诅咒”的成因，基于国际视角研究得出的传导机制，也不适合用来解释中国具体资源产业发展的传导路径。

大量的实证研究证明了产业结构演变会影响全要素生产率，而现有的产业结构演变传导机制的相关文献也证明了产业结构在自然资源与经济发展关系中产生重要作用。因而有必要将产业结构演变纳入煤炭产业发展对全要素生产率影响的传导机制分析范畴中。产业结构演变的传导机制研究大部分是以“荷兰病”模型为理论基础的，但是“荷兰病”模型假设所有经济部门的产出仅来自劳动力这一种生产要素的投入，通过研究劳动力在资源、制造业和服务业三部门间的流动，来分析资源部门对第二产业内部结构以及与第三产业之间的产业结构演变。理论分析中，生产要素变动即为劳动力变动，这与煤炭产业的运行实际不相符合，同时也不利于继续分析要素在各部门之间的配置效率在煤炭产业发展对全要素生产率影响中的传导作用。后期的学者如冯宗宪等（2010）对“荷兰病”模型进行了修正，将资本也纳入生产要素中，分析自然资源繁荣对于资本市场的影响，得到了和劳动力市场一致的结论。但是他的研究重点仍然是能源产业对制造业的影响，和大多数相关研究一样忽视了服务业即第三产业在产业结构演变中的影响作用。而在“荷兰病”模型分析中资源产业发展的转移效应抑制了服务业的发展，支出效应又促进了服务业的发展，所以服务业的综合效应是不确定的，无法通过理论分析明确资源产业发展对服务业的影响效果，需要利用实证去检验服务业的综合效应。有些学者还认为，如果繁荣的资源部门资本和技术具有较强的专业性（如石油），产业繁荣也不需要从其他产业大量转移生产要素，那么资源部门的转移效应不强，对经济发展影响更大的是对服务业部门需求增加所引发的支出效应。所以有必要将资本也作为生产要素引入模型中，结合煤炭产业的特殊性对“荷兰病”模型进行修正，分析产业结构演变在煤炭产业发展对全要素生产率影响中的传导作用，并利用样本数据验证煤炭产业发展对制造业和服务业的影响而引发的产业结构演变。

要素配置效率是影响全要素生产率的关键因素，这一观点也得到了普遍认可。目前研究要素配置效率的传导机制的相关文献多是从实证出发，通过对自然资源抑制经济发展的“资源诅咒”假说进行再检验来研究对影响要素配置效率的经济变量的挤出效应，一部分学者得出结论认为“资源诅咒”的根源在于资源经济的路径依赖。邵帅（2003）等运用非线性门槛模型从 GDP 增长和全要素生产率两个维度研究了资源产业发展对经济发展的影响，是验证“有条件资源诅咒”假说存在性的经典文献，但是此研究的结论源自经验分析，控制变量的选取缺乏理论支撑。胡援成和肖德勇（2007）首次从理论上分析了人力资本在自然资源与经济发展关系中的门槛效应。刘耀彬等（2015）在胡援成等人的研究基础上，在分析中增加了金融部门，利用模型验证了金融发展在自然资源对经济发展影响中具有门槛效应。但是这些研究都没从理论上解释人力资本和金融发展为何会成为门槛变量，门槛效应的现实背景和理论基础是什么。宋冬林和汤吉军（2004）从沉淀成本角度分析了资源型城市转型的障碍，认为沉淀成本与信息不完全的结合会在很大程度上扭曲要素配置，导致产业结构刚性，降低经济效率和福利水平。汤吉军（2019）从行为金融学的视角研究，认为沉淀成本会扭曲金融资源配置。他们的分析为自然资源影响经济发展的理论研究产生重要的启示作用，但是相关研究并没有利用样本数据进行实证检验。

因此本书以具有“干中学”效应的内生增长模型为基础，结合煤炭产业特征，建立数理模型，将煤炭产业发展抑制或促进全要素生产率这两种可能纳入同一个研究框架中，建立煤炭产业发展对全要素生产率影响模型来进一步分析二者之间的关系。借鉴 Sachs 和 Warner、Matsuyama 及冯宗宪等学者的“荷兰病”模型的修正方法，将劳动力和资本作为生产要素引入模型对“荷兰病”模型进行进一步的修正，分析产业结构演变的传导机制。从劳动力市场和金融市场发育不良产生的沉淀成本的视角来分析要素配置效率的传导机制。在理论分析的基础上，利用 2003—2017 年，44 个煤炭城市面板数据对中国煤炭城市煤炭产业发展对其全要素生产率影响及其传导机制进行实证检验。

第三章　“一带一路”倡议下中国煤炭产业发展现状

随着“一带一路”倡议的提出及能源项目的不断推进，中国能源经济，特别是煤炭产业又一次迎来了经济发展的机遇期。“一带一路”倡议的提出为中国煤炭经济的发展指明了新的战略方向，并为中国煤炭产业发展提供了相应的政策支持，中国经济发展正处于转型的关键期，更应清楚地认识到，中国煤炭产业在发展过程中面对的不仅是挑战也有机遇，要准确判断和分析当前的经济发展形势和国内外环境变化，在发展煤炭产业的过程中，积极寻求战略合作机会，使中国煤炭产业实现战略转型，促进中国煤炭城市的高质量发展。

中国煤炭储量和煤炭资源分布特征反映了煤炭资源禀赋情况，煤炭产业必然成为煤炭城市的主导产业，煤炭产业发展过程中还引发了产业结构演变。分析中国煤炭产业发展现状及存在的问题，有助于为理论和实证分析提供现实依据。

第一节　中国煤炭产业现状

受中国煤炭资源禀赋影响，煤炭消费在能源消费中一直占有较大比重，中国煤炭产业发展对经济发展和人民生活起到了能源保障的作用。随着国家能源消费结构的调整，自2007年起，中国一次能源消费占比中，煤炭消费占比持续下降，2017—2020年，中国煤炭的消费占比由60.4%降至57%，而非化石能源的消费占比从13.8%升至15.8%。但是，煤炭作为中国主体能源的现状短时间内不会改变。

一、中国煤炭资源禀赋现状

能源是现代化的基础和动力，中国能源结构具有“富煤，贫油，少气”的特点。受自然资源禀赋的影响，较长一段时间以来，煤炭始终是中国的基础能源，占能源总消费的60%左右，煤炭资源对国民经济的发展和安全做出了卓越贡献。中国是世界上煤炭资源最丰富的国家之一，煤炭储量大、种类齐全、分布广。从变制程度高的无烟煤到低变制程度的褐煤均有储存。从质量来看，北方出产的煤炭含硫较低，高硫煤主要集中在西南和中南地区。

（一）中国煤炭储量

中国属于煤炭资源较为丰富的地区，数据表明，截至2017年全球探明的煤炭储量总计10350亿万吨，而中国煤炭资源的储量为1388亿万吨，占全球总量的13.41%，位居世界第三位。如图3-1所示，2006—2017年，世界和中国煤炭探明总量的变化波动不大，总体趋势为平稳向上。这表明煤炭能源的供给会保持较长时间的平稳，煤炭在全世界范围内仍会是主要的能源构成。

中国的能源分布特征是“多煤、少油、缺气”，煤炭是中国的战略性矿产，是重要的主力能源，在中国的能源体系起到“稳定器”和“压舱石”的作用。同时，相较于石油和天然气而言，煤炭也是最经济的，煤炭产业是中国国民经济的基础产业。自从20世纪80年代中期，中国的煤炭生产超越了苏联和美国后，就一直是全世界最大的煤炭生产国。

从全世界的煤炭生产情况看，2002年时，中国煤炭产量的世界占比就已经达到31.1%，到2007年就突破了40%的关口，达到了41.27%；2020

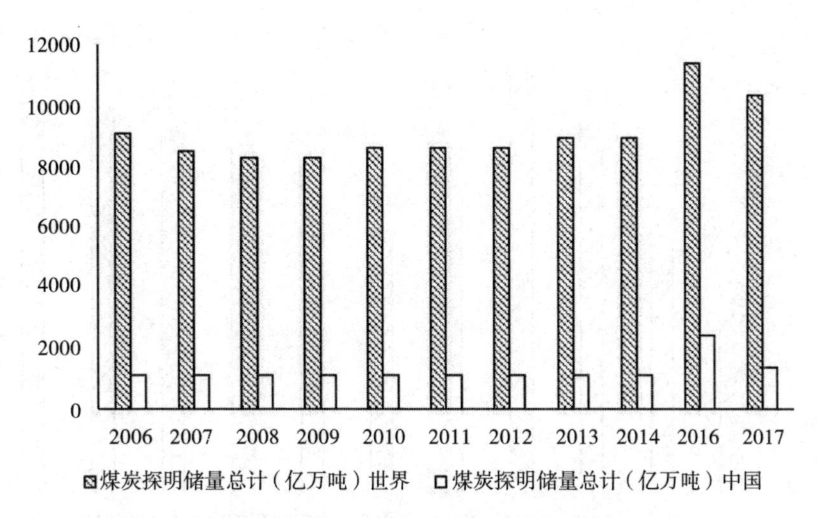

图 3-1 2006—2017 年世界与中国已探明煤炭储量变化图

数据来源：《BP 世界能源统计年鉴》

年更是突破了 50%的关口，上升到 51%。从全世界的煤炭消费情况来看，中国为煤炭进口国，煤炭消费量占比略高于煤炭产量占比。1996 年中国的煤炭消费量的世界占比就已经突破 30%的关口达到 30.5%，2005 年中国煤炭销量的世界占比达到 42.6%，到了 2011 年就已经突破了 50%的大关，之后进行了能源消费侧的变革，随着节能减排工作的有序推进，2018 年中国煤炭销量的世界占比控制为 50.5%，但是仍高出世界平均水平 32%，短期内在中国能源结构中，煤炭仍具有无法替代的地位。

虽然中国煤炭储量较大，但人均占有量仅相当于世界平均水平。中国城镇化进程加快，用电量增加，煤电是电力供应中最重要的组成部分。2008 年以来，中国持续加大基础设施与房地产投资，增加钢材需求，而煤炭是炼钢的重要原料，也带动了对煤炭的需求。2008 年起，中国由原煤出口国变为原煤进口国，2010—2015 年，中国煤炭进口量先增后降。2015 年为近 10 年进口量最低值。2015—2020 年，中国煤炭进口量波动上涨。2020 年中国煤炭进口为 3.04 亿吨，比 2019 年同比增长 1.5%。2010—2020 年中国原煤进口量变化图如图 3-2 所示。

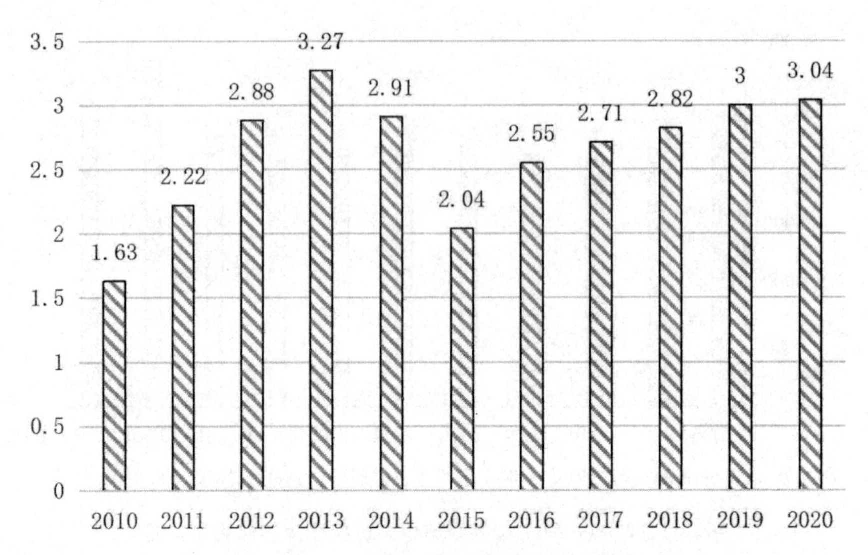

图 3-2　2010—2020 年中国原煤进出口量对比图

数据来源：国家统计局

（二）中国煤炭资源分布

中国煤炭资源地理分布差异大，呈现出“西多东少，北富南贫”的特征。其中，储量最丰富的是集中了中国 60%左右煤炭资源的“三西”地区，即山西、内蒙古西部、陕西。近几年，新疆的煤炭探明储量也呈逐年增长趋势。将 2018 年全国 27 个省际煤炭储量数据进行整理得到表 3-1。其中，煤炭储量超过 100 亿吨的省份包括山西、内蒙古、陕西、新疆、贵州 5 省区，总储量占全国的 75%。

表 3-1　2018 年中国省际煤炭储量（亿吨）

排名	省份	储量	排名	省份	储量	排名	省份	储量	排名	省份	储量
1	山西	916	8	山东	76	15	辽宁	27	22	广西	3
2	内蒙古	510	9	黑龙江	62	16	青海	12	23	湖北	3
3	陕西	163	10	云南	60	17	江苏	10	24	海南	1
4	新疆	162	11	四川	53	18	吉林	10	25	浙江	0.4

续表

排名	省份	储量	排名	省份	储量	排名	省份	储量	排名	省份	储量
5	贵州	111	12	河北	43	19	江西	10	26	广东	0.2
6	河南	86	13	宁夏	37	20	湖南	7	27	西藏	0.1
7	安徽	82	14	甘肃	27	21	福建	4	总计	全国	2468

数据来源：东方财富 Choice 数据库，由作者自行整理所得

从表 3-1 中可以发现，大部分经济发达省份煤炭储量不足，无法满足自身经济发展对能源的需求，中国省际煤炭储量与经济发展水平存在区域分布错位的现象。2018 年，GDP 总量排名前 10 的省份占全国 GDP 总量的 63%，而这些省份的煤炭储量仅占全国总量的 11%（见图 3-3）。其中，煤炭资源相对丰富的河南省 GDP 总量占全国的 5.4%，煤炭储量占比却仅为 3.4%。全国仅有 10 个省份的煤炭储量占比高于其 GDP 总量占比，且 GDP 排名前 12 名的省份煤炭储量占比均未超过其 GDP 总量占比，可是 GDP 排名后 10 位的省份中有 7 个省份的煤炭储量占比超过其 GDP 总量占比。这种煤炭储量分布和经济发展区域错位的现状导致“西煤东运”“北煤南运”的运输格局，增加了煤炭运输的难度和成本。国内煤炭的供需呈现出了空间上的错位，据此可以初步判断，煤炭资源的富集和经济发展从区位上呈现

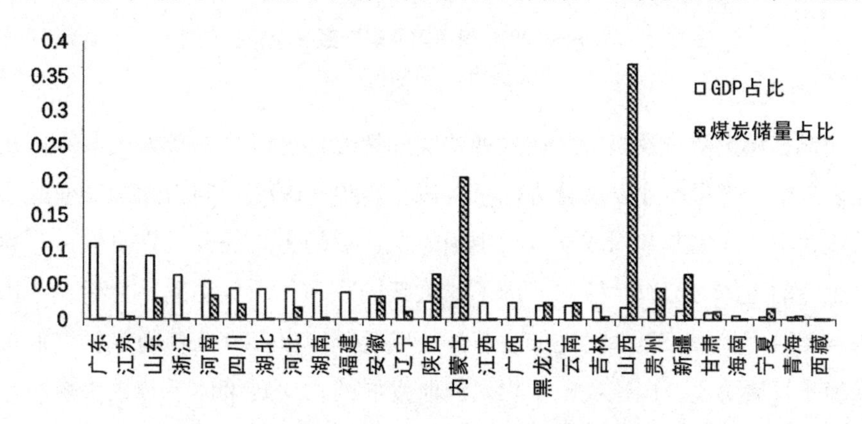

图 3-3　2017 年中国各省 GDP 占比与煤炭储量占比图

数据来源：东方财富 Choice 数据库，由作者自行整理所得

负相关的关系，从表象上印证了在中国省际范围内存在煤炭“资源诅咒”。

二、中国煤炭产业发展历程

1949 年中国原煤产量仅为 0. 3 亿吨，经过 70 年的发展，到 2020 年原煤产量已经增至 38. 4 亿吨，增长了近百倍，年均增长率高达 7%左右。2017 至 2020 年，中国原煤产量波动较大（见图 3-4），2010—2015 年为一个显著的先增后降周期，到达产量的低谷后，2016—2020 年间又波动式恢复增长，2020 年我国原煤产量为 38. 4 亿吨。

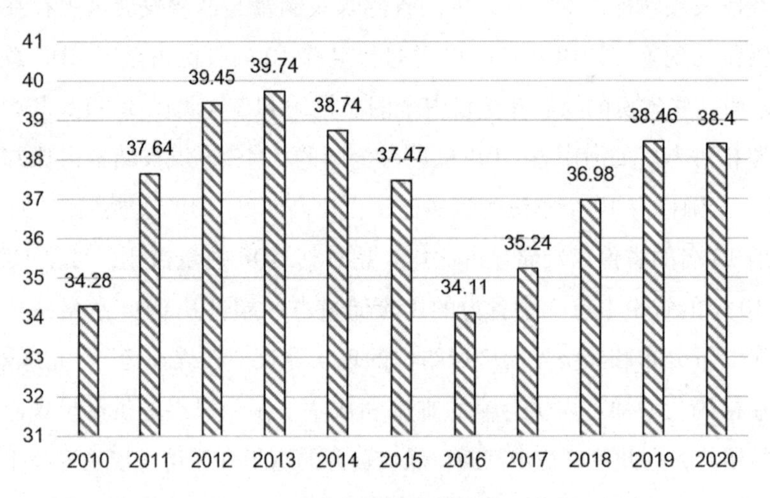

图 3-4　2010—2020 年间中国原煤产量（单位：亿吨）

数据来源：国家统计局

根据煤炭消费及煤炭产业发展的实际情况，可以将中华人民共和国成立以来中国煤炭产业发展分为四个阶段。1949—1977 年间为煤炭产业起步阶段，中华人民共和国成立以后中国煤炭产业的主要任务是恢复发展，煤炭生产的主体为国有企业，经历了“大跃进”和“十年动乱”之后，中国煤炭产量逐步增长至 6 亿吨。改革开放以后，1978—2000 年间煤炭产业进入稳步发展阶段，国家规范了煤炭产业发展的相关政策体系并推进煤炭产业技术进步，煤炭产量增至 14 亿吨。2001—2013 年间煤炭产业进入快速发展阶段。中国加入世贸组织后工业蓬勃发展，城镇化进程加速，能源需求增加，煤炭产业得到快速发展。这一时期中国煤炭产量从 15 亿吨迅速攀升至 40 亿吨，年均增长率在 8.5%。21 世纪以来，中国煤炭产业经历了“黄金十年”，煤炭价格波动大，2012 年煤炭价格大幅下跌，煤炭产业发展进入低谷期。相对于其他能源，煤炭具有开采难度大、污染环境、热值偏低等缺点，中国优化调整经济结构过程中，不断降低煤炭在能源消费中的比重。2013 年至今煤炭产业进入高质量发展阶段，煤炭产业从追求产量逐渐转向追求质量，这一时期煤炭产量呈下降趋势，煤炭的高效清洁利用成为煤炭产业发展的主题（见图 3-5）。

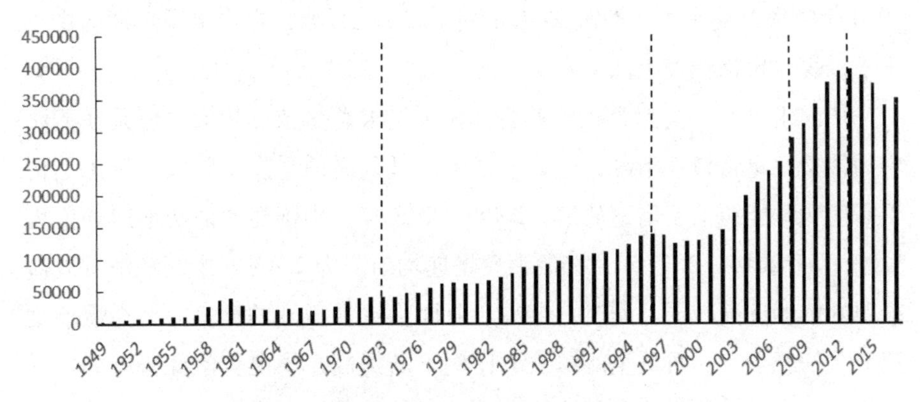

图 3-5 中国煤炭产量历史趋势图（单位：万吨）

数据来源：中国国家统计局

中国正处于转变经济发展方式和调整产业结构的关键期，中国的能源自然禀赋特征决定了煤炭在能源消费中始终占比第一。建国初期，煤炭几乎是唯一的能源构成，原煤产量占能源总产量的 96.3%。随着能源勘探技术和开采能力的提高，原煤产量占比逐年下降，到 2020 年煤炭在能源总产量中的占比降到了 57%。未来，煤炭产销在中国能源中的比重还将持续降低，煤炭产业发展前景不容乐观。

从供给侧看，全国煤炭产能仍然过剩，结构不合理的问题较突出，落后产能占比较大。2016 年以来，煤炭产业积极贯彻党中央国务院推进结构性改革的决策部署，努力完成“去产能”任务，不断提升煤炭供给能力和质量。2016—2019 年，加快淘汰落后产能，共关停近 3000 处不合格煤矿，

2019年超额完成"去产能"任务。同时以大型现代化煤矿为重点，按照先进、智能、高效煤矿的标准，新建、改扩建先进煤炭产能，推进煤炭基地建设，实现煤炭产业高效、安全、绿色发展。随着煤炭供给能力提升，煤炭供应形势总体由平衡转向略有宽松[7]。进入2020年，新冠肺炎疫情对全球经济产生巨大冲击，中国将面临更加复杂的国际能源环境，丰富的煤炭资源是中国能源安全的基础保障。煤炭行业供给侧结构性改革取得阶段性成果，高效的煤炭产能有序释放。2020年年初为保障疫情期间能源安全，煤炭企业产量增速大于需求，煤炭产业仍处于供大于求的市场状态。2020年年底，受到季节性需求拉动及国际市场影响，煤炭出现短期的供小于求，煤炭价格快速上涨。

从需求侧看，受能源禀赋影响，煤炭需求总量依然较大，但是在能源中的消费比重将持续下降，随着中国经济进入高质量发展阶段，能源结构不断优化，能源消费增速放缓。2008—2013年，中国能源消费增速均值为5.0%；而2014—2019年，能源消费增速均值降为2.4%，中国经济发展对能源的依赖逐渐减弱。同时，煤炭产业面临更加激烈的竞争，电力需求增速放缓的背景下，可再生能源发电比例不断提高，煤电竞争优势减弱。尽管很多燃煤电企为了摆脱环境约束，通过技术升级实现了超低排放，但是非化石能源替代能力仍然增强。2014—2019年煤炭消费量在39.5亿~41.2亿吨，波动幅度始终保持在1%以内，表现出了明显的平台期特征。

三、中国煤炭产业存在的问题

不可再生的煤炭资源储量是硬性约束，这意味着煤炭产业必然走向衰退。煤炭产业因资源优势而繁荣起来并不断发展，随着自然资源枯竭而进入衰退期并被新的主导产业替代，这是煤炭城市产业结构演变的过程。在煤炭产业生命周期的各阶段，产业扩张与退出机制不同且与新兴主导产业之间的转换关系存在差异，导致煤炭产业发展与经济发展的关系发生转变，煤炭产业的衰退期与潜导产业的培育期和成长期的衔接是产业结构优化升级的关键，研究煤炭产业存在的问题，可以为中国煤炭城市煤炭产业发展对其全要素生产率非线性影响及传导机制的研究提供分析依据。

中国经济发展模式由粗放型向集约型转变，经济增长方式由数量型转为质量型，产业结构调整，提高全要素生产率，是中国煤炭产业与现阶段经济环境协调发展的必然要求。近年来，煤炭产业负担重，运行效率低、集中度低、产业链延伸不足等问题突出，具有产业扩张过度的表征。这些发展困境对煤炭产业的转型升级提出了更高的要求。

（一）产业运行效率低

近年来，中国经济增速放缓，煤炭产能过剩的同时煤炭需求持续下降，煤炭产业面临着结构性过剩的问题。中国煤炭消费量自 2014 年起开始下滑，2010—2018 年，中国煤炭开采和洗选业的企业数量由 9016 家减至 4435 家。理论界认为企业的资产负债率在 40%~60%是比较合理且安全的，可是，样本期内煤炭企业的资产负债率不断攀升，由 56%上升至 68%，资产负债率偏高（见图 3-6）。

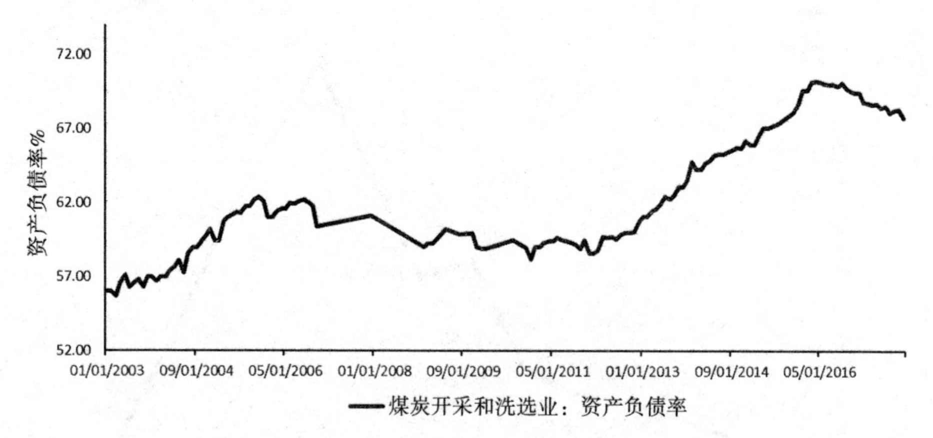

图 3-6　2003—2017 年煤炭开采和选洗业资产负债率

数据来源：CEIC 数据库

2011 年年底开始，中国煤炭价格大幅下挫，煤炭产业进入下行阶段，煤炭产业利润波动较大，增加了经营风险，许多中小型煤矿经营效益低，甚至出现亏损。但是煤炭产业产权不明晰和要素市场发育不良产生的沉淀成本等问题导致亏损的煤炭企业经营陷入困境。2011 年，煤炭开采和洗选业企业的营业利润高达 3785.49 亿元，但是短短几年时间就发生断崖式的下降，至 2015 年营业利润逆转为-41.63 亿元。受 2020 年新冠肺炎疫情影响，国际油价暴跌，煤炭需求下降趋势明显，未来的煤炭价格仍将承压下调，大量煤炭生产企业将面临亏损风险[8]。煤炭企业的经营受价格波动影响较大，煤炭产业发展出现困境，产业运行效率低，具有产业扩张过度的表征。2020 年中国煤炭产业盈利能力进一步下降，全年累计实现利润 2222.7 亿元，较 2019 年同比下降 21.1%。比 2019 年同期的降幅增加了 18.7%。煤炭产业运行效率进一步下降的同时，经营风险却在不断攀升。2020 年年底，中国煤炭产业的应收账款达到了 2675.5 亿元，较 2019 年同比增长了 16.3%，较 2019 年同期增速快了 19.3%。2020 年，中国煤炭产业的固定资产投资总额为 3609 亿元，出现负增长，同比下降 0.7%，与 2019 年同期相比，增速下降了 30.3%。截至 2020 年年底，中国煤炭产业的从业人数为 268 万人，同比下降了 4.7%。

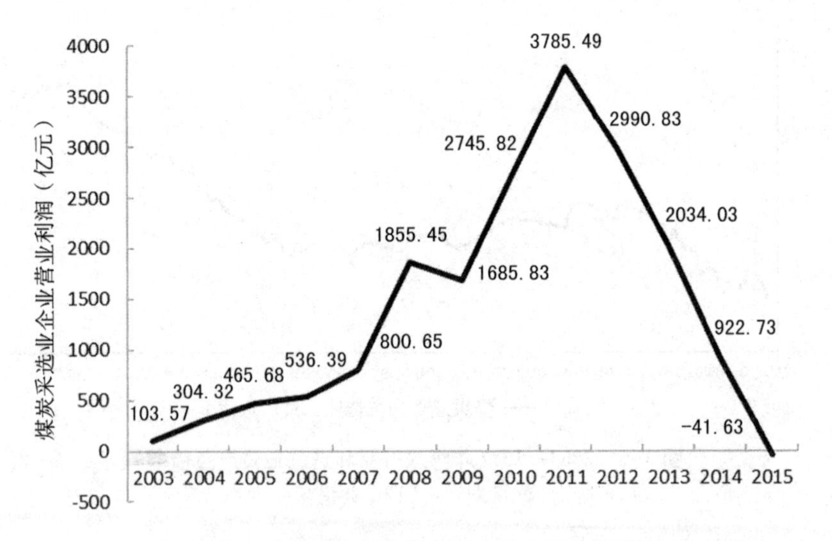

图 3-7　2003—2015 年煤炭开采和选洗业企业营业利润变化趋势图

数据来源：中国煤炭数据库

(二) 煤炭产业集中度较低

行业集中度指数可以用来度量产业的集中度，用煤炭产业内规模最大的前 n 家企业产量占产业总产量的比值来刻画煤炭产业集中情况，贝恩利用产业集中度将产业的市场结构划分为 $CR_8 \geq 40\%$ 的寡占型市场结构和 $CR_8 < 40\%$ 的竞争型市场结构，计算公式为：

$$CR_n = \sum_{i=1}^{n} X_i / \sum_{i=1}^{N} X_i \tag{3.1}$$

X_i 表示排在第 i 位的企业产量；n 表示产量规模排在 i 企业前面的企业数量；N 表示中国煤炭采选业的企业数量。

大部分煤炭资源丰富的国家，如澳大利亚、美国、印度和俄罗斯等国家的煤炭产业集中度（CR_8）都超过了 60%，为寡占型市场结构。而 2003—2018 年间，中国煤炭产业集中度 CR_8 从 21%增至 40%[9]，中国煤炭产业市场结构为竞争型。

中国煤炭产业集中度偏低会导致产能过剩的问题，煤炭企业为争夺原料、要素和市场而进行无序竞争，增加中小企业库存，无法充分利用设备产能[10]。市场经济中存在适度的产能过剩是一种正常现象，是市场竞争的必然结果，但过度的产能过剩，会诱发恶性竞争，导致产品价格下跌，企业经营陷入困境，降低产业发展效率影响经济发展质量。

(三) 煤炭产业链延伸不足

现代经济竞争更多地体现在产业链之间的竞争，产业链延伸是城市产业结构升级、企业良性发展的有效方式，有利于形成产业集群，产生区域竞争优势[11]。电力、钢铁、建材和化工是煤炭产业主要的下游行业，占煤炭总需求的 90%以上。其中，电力行业是煤炭的主要需求方，用煤量约占总需求的 54%，钢铁行业用煤量约占总需求的 17%[12]。中国煤炭产业链延伸较短且煤炭资源利用方式较为落后，将煤炭作为燃料的电力和钢铁业是煤炭的主要需求来源，以煤炭作为主要原料的炼焦、炼油及煤制油、制气和煤制品加工业的煤炭需求量较少。

煤炭深加工产业关乎煤炭产业链的未来，但是其终端产品直接与石油化工行业产品竞争，市场竞争力与煤炭和石油价格比密切相关。新冠肺炎疫情期间，国际原油市场价格暴跌，降低了中国经济的能源成本，但这只是短期市场价格波动，中国能源禀赋结构决定了未来能源安全和能源产业发展的方向。煤炭在能源产业延伸中占有重要的战略位置，培育高端煤炭产业链是促进煤化工产业平稳发展的关键。由于太阳能、风能、天然气以及其他低成本、低排放新能源技术的出现，煤炭产品作为能源的市场空间逐年收缩，向材料化方向发展已经成为煤炭产业链高质量发展的核心。发展煤炭深加工产业，满足国民经济对烯烃类、醇类产品的需求，降低石油进口的依存度，有助于发挥中国煤炭资源禀赋优势，实现国家能源战略转型。

中国30个省区中拥有较为完整的煤炭产业链的省区仅有山东省、山西省、内蒙古自治区、陕西省、安徽省和宁夏回族自治区。其中，发展煤制油的省区仅有5个，发展煤制气的省区为16个，发展煤制品加工的省区仅15个（见表3-2）。

表3-2 2018年中国各省区煤炭资源加工转换投入产出量（万吨）

	火力发电	供热	洗选煤	炼焦	炼油及煤制油	制气	煤制品加工
河北	-9050.48	-1906.22	-1611.9	-6953.19	-	-	-1.32
山西	-12112.49	-1948.13	-10893.75	-11161.29	-83.83	-95.03	-5.14
内蒙古	-21592.94	-3105.86	-1774.91	-4308.75	-410.34	-576.34	-
辽宁	-7020.6	-3623.13	-594.5	-3080.18	-	-17.37	-
吉林	-3835.11	-2114.47	-75.2	-411.73	-	-	0.05
黑龙江	-3984.44	-2694.37	-1008.03	-1091.28	-	-65.4	-
江苏	-15943.34	-3310.57	-149.01	-2831.53	-	-2.8	-
浙江	-8938.05	-2637.84	-	-317.85	-	-1.21	66.08
安徽	-9109.51	-433.03	-632.35	-1421.07	-15.43	-92.5	-

续表

	火力发电	供热	洗选煤	炼焦	炼油及煤制油	制气	煤制品加工
福建	-4479.89	-346.4	-0.49	-206.55	-	-2.88	1.82
江西	-3506.89	-113.7	-57.71	-824.99	-	-	-3
山东	-18701.98	-5328.94	-1108.07	-5463.27	-	-81.6	1.02
河南	-10957.1	-1470.53	-1965.69	-3028.43	-	-203.91	-
湖北	-3723.94	-484.96	-5.43	-1250.16	-	-	-
湖南	-2856.76	-295.64	-406.09	-911.71	-	-	-
广东	-11510.59	-1030.93	-	-859.13	-	-82.53	60.79
广西	-2314.05	-567.11	0.65	-991.87	-	-158.83	0.38
四川	-1247.42	-213.24	-886.39	-1514.98	-	-	-1.01
贵州	-6605.04	-1.87	-795.81	-710.36	-	-	0.64
云南	-1169.37	-60.7	-652.16	-1317.82	-	-34.38	5.13
陕西	-6126.58	-680.4	-2665.56	-6544.36	-420.71	-	0.99
甘肃	-3156.5	-617.28	-175.56	-631.08	-	-11.25	-
青海	-717.25	-212.1	-21.55	-222.73	-	-	-
宁夏	-5665.01	-700.47	-359.91	-1049.01	-637.97	-14.27	-0.37
新疆	-11289	-2041.67	-277.56	-2693.44	-	-432.78	-

数据来源：中国国家统计局，由作者自行整理

解决好煤炭产销与产业深加工的关系，协调好煤炭产业与上下游产业的关联关系，依托大型煤炭企业培育产业集群，有利于煤炭产业转型升级，促进城市经济发展。煤炭产业链的延伸，从根本上来讲是生产要素优化配置及技术升级而引发的一系列由低级向高级转变的产业结构演变过程[13]。

（四）煤炭产业扩张过度

产业扩张过度是某一产业发展规模长期严重超出市场需求的状态，表

现为产业中企业数量过多导致产能过剩，出现普遍且持续的低效益甚至负效益。通过对中国煤炭产业的发展现状及问题分析，发现中国煤炭产业具有明显的产业扩张过度表征。

煤炭城市是因煤炭资源繁荣而兴起的，丰富的煤炭资源禀赋使煤炭产业必然成为该地区的主导产业。计划经济时期，煤炭城市被国家规划为能源基地，形成了煤炭产业主导型产业结构。在煤炭城市中，煤炭产业既是主导产业，也是支柱产业，具有高度的非均衡性。由于缺乏对产业结构的战略性调整，很多煤炭城市在发展过程中过度地强调煤炭产能提高，大力发展煤炭产业，导致煤炭型经济锁定的现象。煤炭产业扩张过度引发了经济效益差，居民人均总产值水平较低，城市基础设施落后，其他产业优势没有得到充分发挥等问题，使煤炭城市社会经济发展受到阻碍。如山西省作为中国最重要的煤炭产区，煤炭产业在工业总产值中占比达到25%以上，产业结构不合理，煤炭产业扩张过度影响了全要素生产率的提高。

三次产业的结构合理性是衡量城市经济发展水平和发展质量的重要标准之一。中国煤炭城市以煤炭产业为主，劳动力主要集中于第二产业，从表3-3中列举的2018年中国主要煤炭城市三次产业就业结构数据中可以发现，中国煤炭城市产业结构比例不合理。从三次产业就业结构来看，煤炭城市的第二产业就业比重均值为45.42%，远高于全国28.11%的平均水平，特别是鹤壁市第二产业比重高达66.25%，其中阳泉、晋城、淮北、鹤壁、焦作的第二产业就业比例都超过了60%。而第一产业的就业比重均值却仅为2.81%，除呼伦贝尔、鸡西、鹤岗能接近国家平均水平的26.98%以外，其他样本煤炭城市的第一产业就业比都远远低于全国平均水平。第三产业的就业比重均值为51.77%，略高于全国平均水平的44.92%。从数据上看，煤炭城市的三次产业结构失衡现象较为严重，主要表现为煤炭产业扩张过度对第一产业的明显挤出，同时小幅提升了第三产业的就业比重。"荷兰病"模型中的支出效应解释了煤炭产业发展带来的资源红利增加了对不可贸易的服务业部门的需求，服务业的发展从可贸易的制造业部门转移劳动力，导致产业结构演变。

虽然煤炭城市的第二产业就业比重高于全国平均水平，但煤炭产业属于第二产业，因此还需要进一步地分析第二产业内部的就业结构特征。从数据上就可以显著地发现煤炭产业发展导致第二产业结构失衡，主要表现为煤炭产业对制造业的挤出。煤炭城市采矿业就业比的均值为 18.16%，远远高于全国 2.58%的采矿业就业比均值。同时煤炭城市制造业发展受到了抑制，就业比重的均值仅为 16.04%，比全国平均水平低 10%左右。“荷兰病”模型也认为煤炭产业发展会挤出具有“干中学”特征的制造业，表 3-3 的数据说明中国煤炭城市存在“荷兰病”效应的表征，煤炭产业扩张过度挤出了具有技术溢出的制造业发展，这样的产业结构演变将会对全要素生产率产生抑制作用。

表 3-3 2018 年中国主要煤炭城市三次产业就业结构

	三次产业就业比			采矿业就业比	制造业就业比		三次产业就业比			采矿业就业比	制造业就业比
唐山	2.17	42.58	55.25	11.15	24.66	徐州	1.35	55.42	43.23	5.64	21.48
邯郸	0.27	37.15	62.58	8.22	16.60	淮南	1.87	48.27	49.86	26.18	7.82
大同	0.33	50.68	48.99	34.52	9.41	淮北	0.00	63.08	36.92	36.95	16.00
阳泉	0.13	62.37	37.51	41.99	10.34	萍乡	0.30	52.05	47.65	5.25	32.53
长治	0.32	51.84	47.84	28.97	16.70	枣庄	0.10	56.24	43.66	16.03	20.10
晋城	0.38	61.67	37.95	38.64	17.14	济宁	0.10	57.48	42.42	20.66	21.91
朔州	0.51	42.02	57.47	23.10	6.28	泰安	0.33	57.14	42.54	10.08	25.85
鄂尔多斯	0.81	45.53	53.67	19.92	17.21	平顶山	0.08	54.64	45.28	19.80	21.88
晋中	0.32	39.96	59.72	22.65	10.09	焦作	0.07	60.55	39.38	5.16	48.88
吕梁	0.21	42.80	56.99	23.16	16.01	鹤壁	0.05	66.25	33.70	12.14	41.95
呼伦贝尔	26.14	20.65	53.21	6.43	4.04	三门峡	0.29	50.95	48.75	25.41	15.43
临汾	0.92	33.72	65.36	17.15	10.05	郴州	0.53	37.21	62.26	6.08	13.79

续表

	三次产业就业比			采矿业就业比	制造业就业比		三次产业就业比			采矿业就业比	制造业就业比
忻州	0.96	27.04	72.00	12.70	4.63	达州	0.84	45.47	53.69	9.44	13.74
双鸭山	4.58	29.79	65.63	17.38	4.51	六盘水	0.27	46.00	53.73	28.08	9.16
赤峰	4.74	29.21	66.05	7.33	11.57	昭通	0.68	23.83	75.50	4.75	6.64
抚顺	1.71	50.58	47.71	12.74	25.06	曲靖	0.24	54.03	45.73	11.40	19.54
阜新	1.93	33.93	64.13	13.14	6.46	铜川	0.16	44.24	55.61	20.00	16.45
辽源	1.80	54.83	43.37	13.56	35.39	渭南	1.32	39.62	59.07	9.63	17.20
鸡西	25.80	29.03	45.17	16.14	5.42	延安	0.72	41.68	57.59	22.85	7.95
鹤岗	29.75	34.40	35.85	19.03	7.90	榆林	0.95	41.16	57.88	16.43	14.98
乌海	0.18	49.71	50.11	25.61	27.75	平凉	1.78	37.67	60.55	16.00	2.55
七台河	4.66	50.76	44.58	39.45	6.68	全国均值	26.98	28.11	44.92	2.58	26.23
						煤炭城市均值	2.81	45.42	51.77	18.16	16.04

数据来源：中国国家统计局，由 EPS DATA 整理

总体上看，中国煤炭产业在发展过程中，不断进行调整，已经取得了长足的进步并且具有一定的特色。为中国的经济发展提供了资源保障，需求相对稳定，“小、乱、散、差”的问题得到了改善。但是，仍存在很多问题，未达到煤炭产业的高质量发展的要求。特别是在生产要素的配置问题上，长期存在煤炭资源配置不合理的问题，开采浪费现象非常严重；产业技术革新投入少、速度慢；人才结构问题突出，具有高端技术的人力资本缺乏，劳动力剩余且老龄化严重；生产主体缺乏货币资本、商品资本和生产资本；缺乏转化过剩产能的生产要素投入，融资困难等问题仍很突出；市场化程度不高，政府、企业和市场的关系仍需进一步理顺。

四、煤炭产业发展与全要素生产率相关指标测算

中国煤炭城市凭借丰富的煤炭资源禀赋，在改革开放后的较长一段时间内经济高速发展，但近年来这些地区经济发展显露颓势。例如，成长型的煤炭城市呼伦贝尔，在2004—2012年GDP以惊人的两位数高速增长，但2012—2017年其GDP增速持续下降，2017年GDP增速仅为0.1%，2019年呼伦贝尔市地区GDP为1193.03亿元，出现负增长，与2018年相比减少了59.87亿元。东北地区在过去的30年里也经历过经济的高速增长阶段，但如今GDP增速位居全国末位。其中，辽宁省的阜新市作为煤炭资源衰竭型城市的代表，2015年、2016年的GDP增速甚至还出现了负增长，分别为-6%和-12.3%。煤炭资源大省山西也风光不再，吕梁市、朔州市、长治市、临汾市2013年以来均出现过GDP的负增长。再从煤炭资源分布与经济发展的关系角度分析，中国东部地区经济发展水平高于西部，而中国的煤炭资源分布却集中在西部地区，由此便暗含了煤炭资源禀赋对经济发展的抑制作用。上述分析初步证实了中国煤炭产业存在“资源诅咒”的表征。因此有必要进一步利用样本煤炭城市数据进行实证分析和检验。

（一）样本选择和数据来源

研究中国煤炭城市煤炭产业发展对其全要素生产率的影响，需要测算煤炭产业发展和煤炭城市全要素生产率这两个重要的指标，现有的城际统计年鉴不报告煤炭开采和洗选业的数据，仅有采矿业从业人数相关数据，在煤炭产业发展的城际研究中基本都采用采矿业从业人数占从业总人数比重来表示煤炭产业发展，为了弥补这一缺陷，筛选以煤炭产业为主导产业的煤炭城市作为样本数据来增加样本的代表性。

借鉴国家发展计划委员会的宏观经济研究院课题组对中国资源型城市的概念界定方法，本研究从定量和定性两方面界定了煤炭城市的划分标准。

从定量的角度来看，煤炭与选洗业生产总值与地区生产总值的比值应

大于10%；煤炭与选洗业从业人员应超过2万且占全市年末从业人员的比重不小于3.51%；原煤产量高于1000万吨/年①。

从定性的角度来看，煤炭城市应该是源煤而生或源煤而兴的，是伴随着煤炭开采和选洗业而形成或发展的城市类型；煤炭城市应该具有独特的矿区结构。煤炭城市应该是一个动态变化的概念，城市对煤炭产业的依赖程度决定了城市的性质，所以煤炭城市的界定既需要从空间结构去判断也需要考虑历史时间因素。

依据这一标准，本研究将《全国资源型城市可持续发展规划（2013—2020年）》中确定的126个资源型地级市名录作为样本框，利用各城市的数据进行初步筛选，考虑到再生型和衰退型资源型城市的特殊性，将定量标准进行适当地放松，最终确定煤炭城市46座，去除严重缺失统计数据的黔西南布依族苗族自治州和海西蒙古族藏族自治州，最终选定44座煤炭城市（见表3-4）作为本书的研究对象。

表3-4 中国地级煤炭城市

城市生命周期类型	地级煤炭城市
成长型（6个）	朔州、呼伦贝尔、鄂尔多斯、六盘水、延安、榆林
成熟型（23个）	邯郸、大同、阳泉、长治、晋城、忻州、晋中、吕梁、临汾、赤峰、鸡西、宿州、淮南、济宁、泰安、平顶山、鹤壁、三门峡、郴州、达州、曲靖、渭南、平凉
衰退型（12个）	乌海、抚顺、阜新、辽源、鹤岗、双鸭山、七台河、淮北、萍乡、枣庄、焦作、铜川
再生型（3个）	唐山、徐州

数据来源：作者自行整理所得。

其中，《全国资源型城市可持续发展规划（2013—2020年）》确定了呼伦贝尔、鄂尔多斯、六盘水、榆林为煤炭后备基地。

---

① 中国煤炭工业协会定期发布原煤产量千万吨以上地市名单，故本研究将原煤产量超千万吨视为行业经验标准，将其作为产量标准纳入中国煤炭城市的概念界定中。

因2003年以前的城市数据缺失严重，而研究期内《中国城市统计年鉴》仅发布了2017年以前的统计数据。所以将研究时间确定为2003—2017年，样本量660个。本书的样本数据主要来源于《中国城市统计年鉴》和《中国统计年鉴》，其中少量缺失数据通过所在省份统计年鉴、城市统计公报或使用线性插值法补齐。本研究对变量中与价格相关的原始数据以2003年为基期利用GDP平减指数进行平减处理，换算为可比价格。

（二）煤炭产业发展的测算

目前在自然资源对全要素生产率影响的研究中，对于自然资源禀赋水平的度量一直是学界争论的一个焦点问题。邵帅和杨莉莉（2010），孙永平和叶初升（2012）等认为现有的度量指标可以分为两种，一种是自然资源丰裕度指标，另一种是资源产业发展指标。

自然资源丰裕度反映了区域内自然资源的存量情况，它决定了自然资源的开发利用规模并会影响区域经济的发展方向。自然资源丰裕度的主要测量指标包括自然资本占国家财富的比重、自然资源产品出口额与GDP的比值、自然资源租金与GDP的比值、人均自然资源储量等。资源产业发展更倾向于刻画自然资源富集区内对于自然资源的开发利用一系列经济行为，常用的测量指标包括资源部门就业比、资源部门产值与GDP比值、采掘业固定资产投资占比等。

邵帅和杨莉莉（2010）在对两个概念进行区分后通过实证研究发现丰裕的自然资源对经济发展具有积极影响，自然资源丰裕度并不是引发“资源诅咒”的根本原因，自然资源富集区会优先发展资源产业，容易形成资源主导型经济，导致的资源产业依赖是“资源诅咒”发生的根源。因为本研究是从产业经济学的视角研究煤炭资源与全要素生产率的关系，所以应选取煤炭产业发展指标作为研究的对象。

现有的城际统计年鉴并不报告煤炭开采和洗选业的关键数据，中国城际数据仅有采矿业的从业人员数，在煤炭产业与经济发展的城际研究中基本都采用采矿业从业人数占比来度量煤炭产业发展。而本研究因数据限制也使用采矿业从业人员比重来度量煤炭产业发展，测算公式为：

$$RD = \frac{CL}{YL} \tag{3.2}$$

其中，*RD* 表示煤炭产业发展，*CL* 表示采矿业人数，*YL* 表示年末单位从业人员数。

测算结果利用 stata15.0 绘制 2003—2017 年间 44 个样本城市煤炭产业发展（*RD*）变量的时间趋势图（见图 3-8），发现各城市的煤炭产业发展水平比较平稳，总体表现为稳中向下趋势，个别城市出现一定的数据波动，有明显的煤炭产业繁荣期。

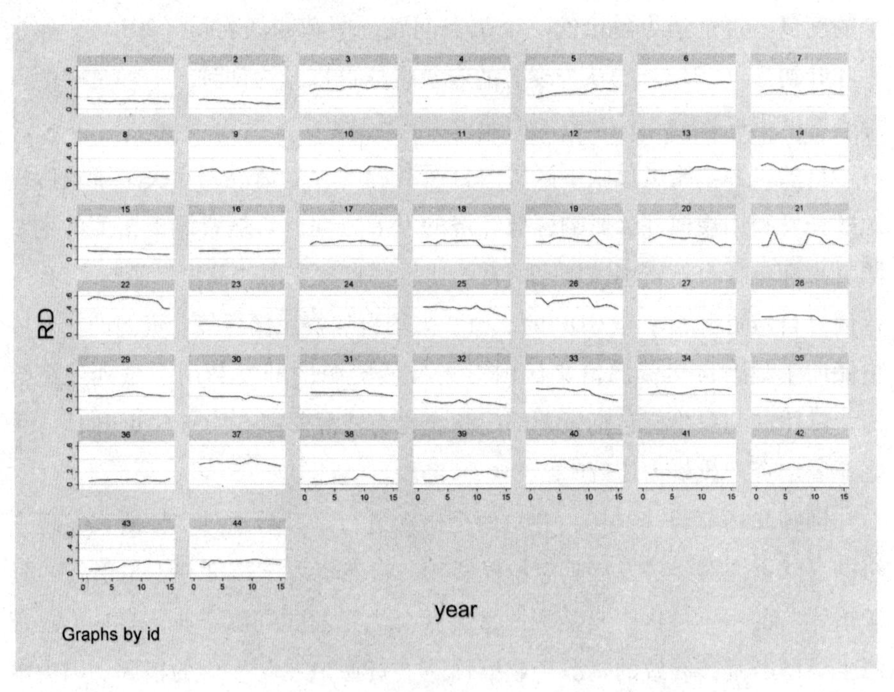

图 3-8 2003—2017 年煤炭产业发展（*RD*）样本时间趋势图

数据来源：作者使用 stata15.0 绘制

（三）煤炭城市全要素生产率的测算

全要素生产率（Total Factor Productivity，TFP）反映了主要经济投入

要素转化为最终产出的总体效率水平，有利于全面分析经济发展，是制定长期可持续经济发展政策的重要依据。当前主流的测算方法可以分为参数法和非参数法两种，参数法包括索洛余值法及拓展的索洛余值法、随机前沿生产函数等方法，非参数方法包括指数法、数据包络分析法等。

1. 全要素生产率的测算

“索洛余值”是从Cobb-Douglas生产函数演绎推导出来的，是经济增长中要素投入无法解释的那部分剩余。本书第四章基本上是以Cobb-Douglas生产函数为基础进行的理论分析，只有使用索洛余值法来估算全要素生产率才能验证理论分析中所得出的结论。因此本研究将基于索洛的新古典增长理论估算全要素生产率，以验证在第四章的理论分析中提出的假设。

假设生产函数为Cobb-Douglas生产函数：

$$Y = AL^{\alpha}K^{\beta} \tag{3.3}$$

其中，α、β是劳动与资本产出弹性，Y表示总产出，L为劳动，K为资本。假定规模报酬不变，即$\alpha + \beta = 1$。在公式（3.3）的两边取对数，可得：

$$\ln(Y/L) = \ln A + \beta \ln(K/L) \tag{3.4}$$

全要素生产率g_A可以表示为：

$$g_A = g_Y - \alpha g_L - \beta g_K \tag{3.5}$$

以公式（3.4）为基础，建立计量模型，运用最小二乘法可以估计α、β值，将α、β值代入索洛余值法的公式（3.4），得到$\ln A$的值并能计算出全要素生产率的增长g_A[14]。

因为索洛余值法基于严格的数理推导与经济理论，逻辑更严谨，索洛余值法理论具有基础成熟、实践应用广泛、自身计算简单、意义明确、结果清晰并且有良好的经济学意义等优点而被很多学者所采用。经济合作与发展组织（OECD）鼓励发达国家使用索洛余值法来核算经济增长。

2. 变量选择以及数据来源

本研究测算2003—2017年的中国煤炭城市全要素生产率。选用GDP

作为产出变量，选择资本和劳动作为投入变量。

产出指标 GDP 数据为样本期内国内生产总值的全市数据，为剔除价格因素的影响，利用各样本所在省份的平减指数，以 2003 年为基期对 GDP 进行平减处理，求得实际 GDP。投入指标中的劳动投入为单位从业人员数与城镇私营、个体劳动者数据之和。用物质资本存量作为资本投入的指标[15]。利用永续盘存法对样本期内各样本城市的资本存量进行估算，估算公式为：

$$K_t = I_t/P_t + (1-\delta)K_{t-1} \tag{3.6}$$

其中，K_t 为第 t 期的资本存量；I_t 为第 t 期的固定资产投资额；P_t 为第 t 期固定资产投资价格平减指数，用来将当期价格的投资额换算成以 2003 年为基期的不变价投资额；δ 为资本折旧率，参考一般文献的做法以 9.6%作为平均折旧率[16]。基期资本存量的计算公式为：

$$K_{2003} = \frac{I_{2003}}{g+\delta} \tag{3.7}$$

其中，g 为样本期内 GDP 的平均增速，δ 为平均折旧率。

利用索洛余值法测算全要素生产率对公式（3.4）进行回归，得到 $\alpha=0.7983$，$\beta=0.2017$，从回归结果可以发现，中国煤炭城市的全要素生产率主要依赖劳动投入的贡献，而资本投入贡献不大，煤炭城市大多数分布在经济落后地区，和经济发达区域相比，资本投入较少，主要是依靠劳动投入来促进经济的发展，提高全要素生产。煤炭产业是劳动密集型产业，煤炭资源具有“天降神粮”的特点，对资本的需求不大，煤炭产业的资源红利，有利于资本的积累，煤炭城市的全要素生产率不存在严重的资本约束，应该将研究的重点放在劳动力投入约束上。

利用 stata15.0 绘制 44 个煤炭城市全要素生产率增长在 2003—2017 年的时间趋势图（见图 3-9），发现各样本城市的全要素生产率数据较为平稳，仅平凉市在数据出现较大的波动，因为平凉市 GDP 总量较低，个别年份的劳动和资本投入变化会引发较大的数据波动。

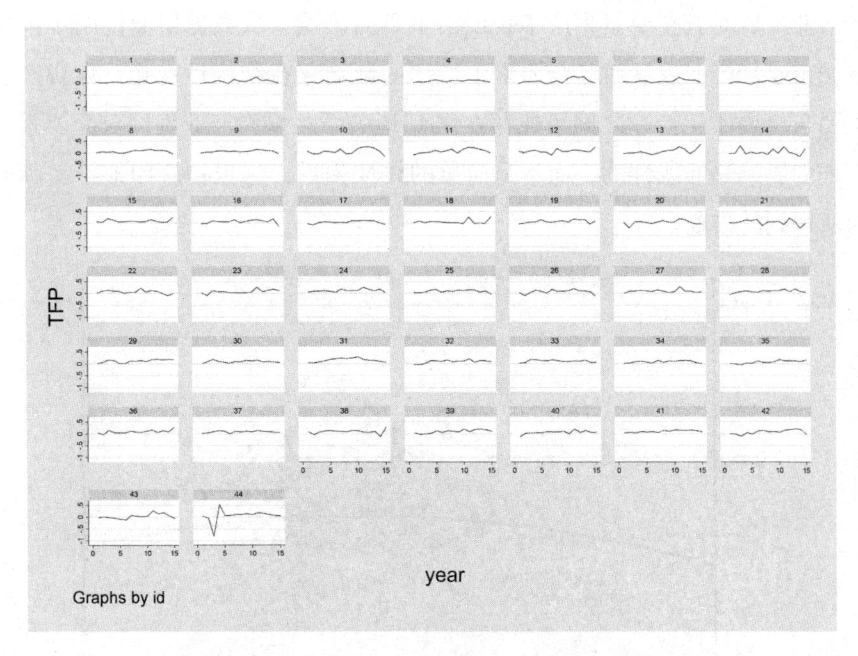

图 3-9　2003—2017 年全要素生产率增长的时间趋势图

数据来源：作者使用 stata15.0 绘制

（四）中国煤炭城市煤炭产业发展与其全要素生产率的事实数据关系

现有的研究针对煤炭产业发展对全要素生产率的影响还存在分歧，但大量的相关研究已经证实，“资源诅咒”并非必然，煤炭产业发展对全要素生产率的影响并不是简单的线性关系而应是具有非线性特征的。在测度了样本城市煤炭产业发展和煤炭城市全要素生产率的基础上，本章还进一步分析了二者之间的数据特征，利用事实数据进行统计观察，这种非线性关系在中国煤炭城市层面是否同样存在呢？为后续理论分析和实证检验奠定了现实基础。

选取 2003—2017 年中国 44 个样本煤炭城市数据，绘制煤炭产业发展与全要素生产率的散点拟合图（见图 3-10）。图中的拟合曲线也呈现出较为明显的倒 U 形曲线关系，在曲线的拐点前，中国煤炭城市煤炭产业发展对其全要素生产率表现出正向影响，在拟合曲线拐点后，中国煤炭城市煤炭产业发展对其全要素生产率表现出了负向影响。从数据层面说明中国煤炭城市煤炭产业发展对其全要素生产率的影响存在结构性变化，煤炭产业发展与全要素生产率之间可能存在倒 U 形关系。煤炭产业发展对全要素生产率的影响是非线性的，而不是简单的线性关系，这也初步印证了文献分析所得到的推断。

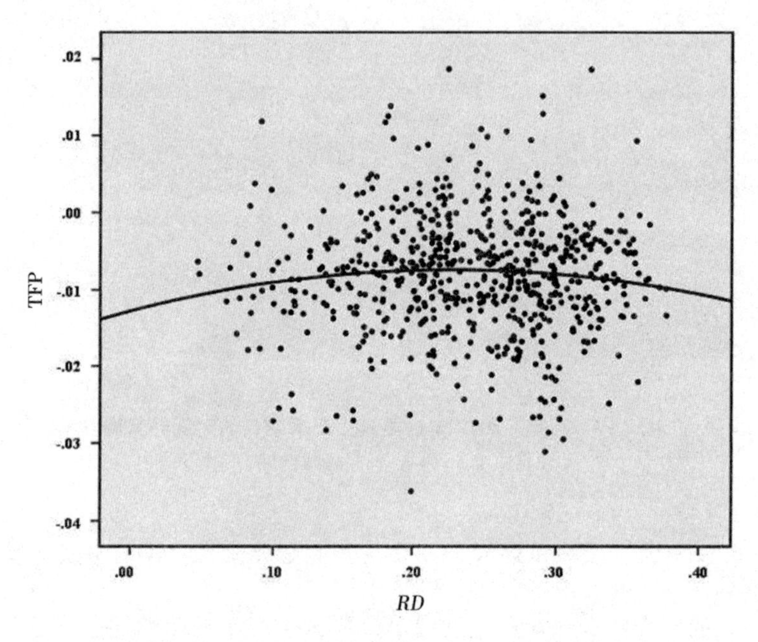

图 3-10　煤炭产业发展 *RD* 对全要素生产率 TFP 影响的散点拟合图

数据来源：作者使用 SPSS 25.0 绘制

散点图不能够证明中国煤炭城市煤炭产业发展和其全要素生产率之间倒 U 型关系的稳定性，但是可以为本研究提供一些重要的启示。在不同的时间、区域及经济条件下，煤炭产业发展对全要素生产率的影响并非单调的线性关系，可能存在不同的特征和演化趋势。利用线性关系的框架思路来审视煤炭产业发展对全要素生产率的影响并非明智的选择，二者很可能存在着倒 U 形非线性关系。但是，两个经济变量之间的影响关系会受宏观经济环境及其他经济因素的影响，仅以数据的事实特征来判定中国煤炭城市煤炭产业发展对其全要素生产率产生倒 U 形非线性影响还不够充分，应该在考虑其他相关变量影响的基础上对其进行更严谨的理论分析和实证检验。接下来，本研究将就中国煤炭城市煤炭产业发展对其全要素生产率的非线性影响及其传导机制展开理论和实证分析。

第二节 “一带一路”倡议下中国煤炭经济发展路径

目前，煤炭仍然是世界范围内储采比最高的化石能源，其具有开采技术成熟、使用范围广、价格低等优点。煤炭不仅可以提供燃料动力，也是非常重要的化工原料，为世界上许多国家的工业化提供动力源。虽然，目前新能源产业得到了长足发展，但是在相当长的一段时间内，煤炭的需求量仍会继续增加。但是，世界范围内的煤炭资源分布并不均衡，导致各国能源结构中煤炭的占比差异较大。其中，美国、俄罗斯、澳大利亚、中国和印度煤炭资源较为丰富，煤炭产业成为国民经济的重要产业。

国际能源署（IEA）在 1973 年爆发的第一次世界石油危机后，首次提出了“能源安全”的概念。随着 1978 年第二次石油危机的爆发，以原油的供应和价格稳定为中心的“能源安全”的概念在全世界范围内得到广泛认可。在发展过程中，能源安全的概念不断扩展和深化，演变为更宽领域的“能源安全圈”的概念，其中包括了能源供应、能源需求、能源运输、能源环境等全方位、多层次的能源安全。在新的能源安全圈里也包含了煤炭产业的安全。

人类漫长的能源利用史，先后经历了木炭时代、煤炭时代、石油时代、天然气时代，目前正努力向着可再生能源时代转变，但能源时代的演化过程并不是全面否定前面的能源时代，只是不同时代在主要的能源供应方式之间进行和转换。曾经，煤炭资源在世界范围内成为重要的一次能源，虽然，目前不是主流的能源构成，但是短期内也不会退出主要的能源保障之列。

一、世界煤炭资源富集国家的煤炭资源与产业发展现状

在世界范围内煤炭的供需都存在严重的不均衡问题，“一带一路”倡议涵盖了很多资源丰富的国家和地区，其中孕育了大量的煤炭产业开发与投资的机遇。“一带一路”倡议不仅是一个地域概念，还是一个“文化经济学”概念和投资合作的概念。“一带一路”并不局限于最初参与的64个国家，而应该以相关区域的国家为主，在发展过程中形成具有弹性外延的人类命运共同体。比如，最初划定的64个国家中并不包括煤炭资源极其丰富的澳大利亚，但2015年发布的“一带一路”官方版本中，把包括澳大利亚在内的一些南太平洋国家新纳入了海上丝路南线，所以在对“一带一路”倡议下的煤炭国际产能合作的国别研究中，应考虑“一带一路”的包容性和开放性，将“一带一路”倡议辐射到对煤炭的国际合作产生重大影响的美国、澳大利亚等煤炭大国之中。

中国、美国、俄罗斯、澳大利亚和印度的经济增长速度在全世界范围内都处于前列，且这五国的煤炭资源非常丰富，煤炭的储量、产量和消费量分别占全球总量的75%、77%和74.4%（见表3-5）。这五国是全球煤炭产业发展的关键国，且这五个国家煤炭产业技术处于世界先进水平，煤炭资源储量充足，在全世界范围内起到了引导煤炭生产与消费的重要作用，其煤炭产业的发展影响着世界的煤炭产业布局以及发展战略的变革，但是其他四个国家的煤炭产业政策与中国存在较大差异，所以梳理一下这四国煤炭产业的发展现状，对中国的煤炭产业发展起到借鉴作用，有利于促进中国煤炭城市的转型发展。

表3-5 2018年中美俄澳印五国煤炭资源占比统计表

国别	储量世界占比（%）	产量世界占比（%）	储采比（年）	消费世界占比（%）	出口世界占比（%）
中国	13.2	46.7	38	50.5	1.1
美国	23.7	9.3	365	8.4	7.7

续表

国别	储量世界占比（%）	产量世界占比（%）	储采比（年）	消费世界占比（%）	出口世界占比（%）
俄罗斯	15. 2	5. 6	364	2. 3	15. 9
澳大利亚	14. 0	7. 7	304	1. 2	29. 0
印度	9. 6	7. 9	132	12. 0	
合计	75. 7	77. 2		74. 4	53. 7

数据来源：《BP 世界能源统计年鉴》

表 3-5 显示，虽然中国的煤炭储量不是最丰富的，但是产量和消费量都在全世界遥遥领先，所以中国的煤炭储采比仅为 38 年，几乎是美国和俄罗斯的十分之一。美国煤炭储量占全球的 23. 7%，其次是俄罗斯和澳大利亚，中国的煤炭储量仅高于印度。但是，由于中国油气资源匮乏，所以煤炭资源为相对丰富的能源，但是中国和印度都是人口大国，人均煤炭资源的占有量低于世界平均水平。煤炭是非可再生资源，煤炭产业对天然禀赋的依赖性极强，中国很多煤炭城市因为资源枯竭而陷入衰退，有必要通过与其他四国进行对比，分析中国煤炭产业发展过程中存在的问题和风险。

（一）美国煤炭资源及煤炭产业发展现状

从煤炭资源的天然禀赋来看，煤炭储量最高的是美国，煤炭成为美国的战略性能源，已探明的煤炭储量为 2502. 19×108t，储量世界占比高达 23. 7%，位居世界第一位，但是美国的煤炭产量低于中国和印度，BP 统计数据显示，2018 年美国的煤炭产量占全球总量的 9. 3%，达到 364Mtoe，仅位列世界第三名。其中，2016 年美国在联邦土地范围内暂停批准新的煤炭开采许可，虽然 2017 年特朗普政府又取消了禁令，并且出台了煤炭开采的激励政策，但煤炭产量仍逐年减少。

近年来美国也在调整能源的消费结构，从世界第一大煤炭消费国逐年减少煤炭的消费量，1986 年起成为全球第二大煤炭消费国，2015 年又降为世界第三。美国的能源消费结构以石油为主，其次为天然气，煤炭仅占

12%，2018 年美国煤炭消费量为 317Mtoe，占世界总消费量的 8.4%。截至 2018 年，美国燃煤发电量世界占比仍从 1985 年的 40.3%大幅下降至 12.3%。自 1949 年以来美国一直是煤炭净出口国，2017 年后稳居世界煤炭出口第四的地位。

美国拥有全世界最丰富的煤炭资源，且煤炭资源广泛分布在美国 38 州，其中 65%左右的煤炭具备露天开采条件。在大规模开发页岩气之前，煤炭凭借其价格优势，在美国一次能源中占有重要地位，在能源独立中发挥了重要作用。1973 年爆发的石油危机促使美国内政部在 1974 年提出了有关煤炭产业发展的政策建议，建议包含了煤炭开采、研发、人力资源、交通运输等方面指导性内容，尼克松总统提出了“能源独立”的概念。2001 年，布什总统正式宣布退出《京都议定书》后，为了确保美国的能源安全，布什政府出台了国家能源政策，其中煤炭产业的相关政策包括：确定煤炭是美国主要的发电燃料，同时为改善环境问题，政府提供资金支持，推动洁净煤技术的研究与开发。数据显示，2007 年当年，美国能源税收支出为 104 亿美元，其中 25%用来补贴煤炭产业，同时，煤炭产业还从其他渠道获得 6.2 亿美元补贴。2008 年，美国 45%的电力燃料为煤炭，美国煤炭产业的总产量达到峰值的 10.63 亿吨。奥巴马执政期间，立足本国传统能源的开发，将能源政策和经济发展紧密联系起来，依托创新投入，发展清洁能源。受廉价天然气和环境保护的影响，奥巴马政府加强了对燃煤供电设施的排放标准的管制，关闭不达标的燃煤电厂。至 2018 年年底，美国煤电比例由 1990 年的 55%降至 27.9%。2015 年奥巴马政府颁布了《清洁电力计划》，要求全面分析煤炭产业发展对经济和环境的影响，暂停在联邦土地上煤炭开采的新租约，该禁令遭到了美国煤炭产业的抵制，全美 29 个州和部分煤炭企业联合提出诉讼。2016 年，美国最高法院裁定《清洁电力计划》暂停执行。2017 年，特朗普政府更加重视化石能源开采以确保能源独立，坚决退出《巴黎协定》，废除《清洁电力计划》，减少政府管制，重点发展具有成本优势的煤炭产业。2019 年，特朗普政府发布了《平价清洁能源法案》，放宽燃煤电厂的碳排放要求，以降低燃煤电生产成本，促进了煤炭产业的发展，但是2020年新冠肺炎疫情严重影响了世界经济和能源安全走势，美国煤炭产业发展的不确定性日益增加。

（二）俄罗斯煤炭资源及煤炭产业发展现状

俄罗斯的能源资源极其丰富，在俄罗斯能源结构中煤炭占比仅为12%左右，但是俄罗斯的煤炭资源储量也位列世界第二，已探明储量为1603.64×108t，占全球总储量的15.2%，储采比与美国不相上下，高达364年。

煤炭产业在俄罗斯的国民经济中也占有重要地位。BP统计数据显示，2018年俄罗斯煤炭产量占全球总产量的5.6%，达到了220.2Mtoe，为世界煤炭第六大生产国。

俄罗斯的煤炭消费量仅为88Mtoe，占世界总量的2.3%。2005年以来，俄罗斯一直是世界第三大煤炭出口国。2018年俄罗斯的燃煤发电量世界占比从1985年的3.69%下降为1.76%。

近年来，煤炭产业是俄罗斯经济的重要增长点，俄政府重组煤炭产业并已经实现私有化，持续推动煤炭产业的发展。俄罗斯的煤炭资源属于国家，实行许可证制度对煤炭资源进行开采。为确保俄罗斯的能源资源安全，俄政府积极实施煤炭产业发展计划，分阶段采取措施重组煤炭产业。

通过了联邦法律，为制造业发展和投资提供税收优惠，法律规定在西伯利亚东部和远东地区建立和发展的煤炭产业和高科技新项目免征所得税。加大基础建设投入，为增加煤炭运力，在东铁路网的发展框架基础上，批准为拜卡洛-阿穆尔高速公路和跨西伯利亚铁路扩建提供资金。为煤炭产业人员改善工作环境，制定矿井强制除污的标准，加大职业培训投入，提高劳动力技能。通过劳动立法，大幅提高煤炭产业工资水平，并完善了社会保障体系。区域矿产大学与俄罗斯煤炭产业联动，完善员工培训制度，并以煤炭产业雇主联盟为主体制定行业最低标准，通过职业培训，提高煤炭产业人力资本投入。

比较优势理论认为，一个国家的自然资源优势可以使其在国际竞争中形成竞争优势。与世界上其他国家相比，俄罗斯的煤炭产业具有丰富的煤炭资源禀赋，还有大量低成本的劳动力，并且紧邻中国这一世界煤炭需求第一大国，俄罗斯的煤炭产业具有极大的发展潜力，但是目前俄罗斯并没有充分发挥好煤炭产业的潜力。俄罗斯正在煤炭产业加大煤炭开采和深加工技术投入，同时采取租赁、项目融资、特许权等多种方式吸引资本进入煤炭产业。

（三）澳大利亚煤炭资源及煤炭产业发展现状

澳大利亚煤炭资源丰富，截至2018年，澳大利亚已探明煤炭储量为1474.35×108t，占全球总储量的14%，排世界第三位，储采比也高达304年。据BP统计，2018年，澳大利亚是世界第五大煤炭生产国，煤炭总产量达到了301.1Mtoe，占全球总产量的7.7%，但煤炭的消费量占世界总销量的1.2%，仅为44.3Mtoe。煤炭产业是澳大利亚的重要支柱产业，2013年以来，澳大利亚一直是世界第一大煤炭出口国，其煤炭出口可占矿产品总出口量的三分之一以上。

中国发起的“一带一路”倡议，将澳大利亚的资源优势和“一带一路”沿线国家对能源与矿产等资源的需求更好地结合，有助于拉动区域经济，这是中澳两国及东南亚等“一带一路”沿线各国的共同利益所在。中国作为澳大利亚煤炭的第二大进口国，对澳大利亚的煤炭产业影响巨大。2021年4月，澳大利亚撕毁了与中方签订的“一带一路”协议，对中澳两国在煤炭领域的合作产生了重大影响。“一带一路”倡议是秉承共商共建共享原则的国际经济合作倡议，澳大利亚联邦政府否决了维多利亚州政府与中国政府签订的“一带一路”合作协议，对于两国的经济合作产生不利影响，也坚定了中国煤炭产业转型和高质量发展的决心。

煤炭产业是澳大利亚矿产资源产业的重要组成部分。澳大利亚煤炭产业的管理权分属于澳大利亚联邦和各州。自20世纪90年代开始，澳大利亚政府出台了一系列针对煤炭产业的扶持政策。

国家以拨款或投资的形式加大矿区建设，创造良好的煤炭产业投资环境，积极鼓励煤炭出口。澳大利亚的煤炭资源所有权属于国家，实行采矿租赁制度对煤炭资源进行开发。煤炭产业在采矿业中占有重要的地位，煤炭产业成为澳大利亚的重要经济支柱之一，澳大利亚政府都积极推动煤炭产业的发展。在2014年，政府废除碳排放税，设立碳减排基金，为煤炭企业提供经济援助，以鼓励其通过设备改造减少二氧化碳排放。2017年，废除清洁能源补贴，进行能源产业转型改革。出于对煤炭产业在解决就业和促进经济发展方面贡献的考虑，澳大利亚政府启动了饱受全球争议的新发电承销计划，澳大利亚政府为燃煤电厂提供支持。

1973年，为保护能源安全和国家利益，澳大利亚实行煤炭出口管制。1986年后逐步放宽了煤炭出口限制，直至1997年才取消了煤炭出口管制，同时也调整了煤炭许可证管理制度。近年来，澳大利亚加大了煤炭出口的力度，澳大利亚政府认为，本国的煤炭出口可以缓解全球的能源贫困并起到促进全球经济繁荣的重要作用。

澳大利亚政府指出联合国可持续发展目标中就设想将煤炭作为一种提供普遍能源供应的不可或缺的资源，同时煤炭产业可以创造更多的就业需求，提供更多投资机会。所以，澳大利亚对煤炭产业的持续支持，既是为全世界提供“清洁煤炭”，也是增加国内就业和促进经济增长的必要政策。

（四）印度煤炭资源及煤炭产业发展现状

印度是中国建立的“一带一路”贸易网络中的具有关键性节点作用的国家，对中国与“一带一路”沿线国家间的贸易发展有很大的影响作用。地缘关系和国家发展的战略定位等因素导致印度与中国利益相关又相互竞争的关系，这也就导致印度至今没有同中国签订“一带一路”的合作协议。中印之间在煤炭的生产和消费领域的相似性必然导致两国之间存在竞争关系，同时，由于经济结构和产业链的关联，使中印之间相互依存，存在很多合作的空间。

印度作为一个发展中国家和一个人口大国，能源也相对短缺，煤炭是印度最重要的能源。截至2018年，印度已探明煤炭储量为1013.63×108t，占全球总储量的9.6%，煤炭储量在全世界排名第五，储采比为132年，这一数字虽然低于美国、俄罗斯和澳大利亚，但是也远高于中国。印度的煤炭储量占全国资源总量的90%以上，煤炭资源对印度的能源安全极其重要。1994年，印度煤炭消费总量超过俄罗斯，排名世界第三。1995年，印度的煤炭产量也超过了俄罗斯，也成为世界排名第三的煤炭生产国。到了2015年，印度煤炭消费总量在一次能源消费总量占比已达到58.1%，印度的煤炭消费总量超过美国，成为仅次于中国的世界煤炭消费第二大国。2017年印度的煤炭生产总量又一次超过美国，产量仅次于中国，世界排名第二。2018年印度也成为世界排名第二的煤炭进口国。

在印度，煤炭产业被视为保护国家主权和实现现代化的关键，煤炭资源所有权归国家所有，实行许可证制度对煤炭资源进行开发。近年来印度经济的高速发展带动了能源消费增长，这对印度的能源供应和国家能源安全提出了更高的要求。印度政府也清醒地认识到问题的严重性，实现能源自给自足，印度制定了各种产业发展方案、出台了产业扶植政策并且进行了一系列必要的体制安排以减轻影响。1972年开始，印度对煤炭产业进行国有化改制，制定并完善了煤炭资源勘查、开采和分配的管理制度，出台了煤炭产业的扶持政策。2015年，印度政府计划利用五年时间将煤炭年产量提高至15亿吨，此计划因经济增长放缓等因素影响而未能实现，但印度仍然加大了燃煤电厂的建设力度。同时，印度政府也希望依靠煤炭产业的发展带动就业和缓解能源贫困。

印度经济的可持续发展需要能源的持续获取和安全保证，印度政府宣布到2023年电力行业将摆脱对进口煤炭的依赖，国内煤炭产业要保证动力煤供应。但是面对国内日益增长的煤炭需求，2016年印度政府提出开放煤炭开采权的设想，2018年印度经济事务内阁委员会批准了煤炭区块的拍卖方法，私有企业具有了自由售卖煤炭的权力。

作为一个人口大国，无论是能源的生产还是消费领域，印度都是世界能源领域重要的参与者。印度的能源政策，不仅会对印度的社会经济发展产生影响，同时对全球气候也会产生重大影响。一方面，印度政府宣称支持气候行动，加速节能减排，另一方面，政府出台政策支持包括煤炭产业在内的传统能源产业的发展，不断增加煤炭产量和消费量[17]。

二、“一带一路”倡议下国际煤炭资源合作发展现状

改革开放后，中国经历了四十多年的高速发展，目前成为全世界第二大经济体，经济发展速度逐渐放缓，进入经济发展新常态。煤炭产业受投资加大、需求放缓的影响，在外部经济的冲击下，出现了严重的产能过剩问题。2013 年习近平总书记提出了“一带一路”发展倡议，强调相关各国要打造互利共赢的“利益共同体”和共同发展繁荣“命运共同体”。2015 年，中国政府对外发布的《推动共建丝绸之路经济带和 21 世纪海上丝绸之路的愿景与行动》，明确了多个中外合作重点，指出加强能源基础设施互联互通合作，加大煤炭等化石能源资源勘探开发合作，积极推动清洁、可再生能源合作，推进能源就地就近加工转化合作，形成能源合作一体化的产业链，加强能源深加工技术、装备与工程服务合作。

在经济全球合作过程中，经历了近十年的“一带一路”建设，中国等一大批发展中国家的经济得到了发展，中国的经济现代化和工业化水平不断提高，在全球新兴市场经济体占有重要的位置。部分西方国家的学者认为，中国经济的快速崛起是受益于经济全球化才实现的超常规发展。而中国提出“一带一路”倡议用事实对这一观点进行了反驳，表明了中国不仅受益于全球经济化的过程，同时也在努力推动世界经济发展。“一带一路”倡议统筹了国内国际两个大局，中国顺应了全球合作潮流所提出的战略构想，不仅有利于中国社会经济发展，也为“一带一路”沿线地区创造了新的发展机遇。其中，“一带一路”框架下国际之间合作的一个重点领域就是能源。2019 年初步建成的“一带一路”能源合作伙伴关系预示着已经初步建成了“一带一路”能源合作机制。

“一带一路”倡议在国际合作过程中，改善了全球经济治理体系，深化了中国与沿线国家和地区的经济合作。在“一带一路”沿线不断推动能源领域宏观战略、中观政策以及微观项目的对接与合作，为构建全球能源

命运共同体、保障能源安全提供了一条实施路径。

（一）“一带一路”能源合作伙伴关系构建过程

2018 年 10 月，“一带一路”能源部长会议上，中国与土耳其、阿尔及利亚等 18 个国家共同发布《联合宣言》，明确于 2019 年正式建立能源合作伙伴关系。习近平总书记强调要在“一带一路”框架下，就能源合作领域的重大问题深入交流、凝聚共识，推动建立“一带一路”能源合作伙伴关系，共同促进全球能源可持续发展，维护全球能源安全。2019 年 4 月“一带一路能源合作伙伴关系”正式成立，伙伴国数量也不断增加，各伙伴国将在《合作原则与务实行动》指导下，将双多边能源合作向着更宽范围、更深层次、更高水平推进，并且向着“绿色”“清洁”“高效”方向迈进，保障各国能源安全，促进地区共同繁荣。具体合作领域涵盖了能源基础设施建设、能源工业产业链构建、能源贸易和投资、能源金融合作与能源可持续发展等方面，项目规模大、合作层次丰富、效益影响深远。

截至 2019 年，“一带一路”能源合作伙伴关系已有 30 个伙伴国，伙伴国能源种类多，储量丰富，横跨亚、欧、非及南美四大洲，影响力大。部分伙伴国将“一带一路”倡议与本国的经济发展战略和规划的对接，在政治互信、经贸合作等各领域取得诸多成果。中国将在战略对接、经济走廊、金融支撑、人才培养等各方面与伙伴国进行重点合作。

习近平总书记提出的“一带一路”倡议充分体现了中国继续扩大对外开放、不断深化国际合作的愿望。在“一带一路”倡议下，中巴、中俄蒙、孟中印缅、中国-中亚-西亚四大经济走廊已初步建立，中国与各能源合作伙伴国的“五通”建设取得了丰硕成果。随着“一带一路”倡议的进一步深化，其他方面的建设也将为中国与沿线各国的能源合作和转型注入新的发展动力。

中国能源产量常年居于世界前列，但随着国内能源需求持续增长，1993 年以来，能源供需缺口不断增大，中国能源供应和转型压力加大。而多数“一带一路”能源合作伙伴国也面临能源供应单一且缺乏稳定性等问题，而且本国的能源产业体系不完善，能源产业的附加值低、清洁和安全生产的利用率低，限制了本国能源产能扩大。同时，“一带一路”能源合作伙伴国能源产业发展及转型过程中，常常缺乏充足的资金、基础设施及设备支撑、技术相对落后，阻碍了伙伴国能源产业的现代化进程。为应对能源发展困境，各伙伴国都制定了相应对策，部分伙伴国将提升传统能源产能、可再生能源基础设施改造升级等作为本国能源产业发展的重点。而中国在可再生能源产业链、技术、装备水平、市场规模、装机容量、可再生能源利用等各方面具有较大优势。可见，中国与各“一带一路”能源合作伙伴国在利益诉求、能源产业发展方向等方面存在很多契合点，且在能源产业投入要素方面有较强的互补性，将为双边能源合作带来便利。

（二）“一带一路”能源合作伙伴关系的多重内涵

中国的对外交往一直秉承“走和平发展道路”及“不结盟、和平共处五项原则”，将发展伙伴关系作为中国外交的主要方式，在国际、地区及双边事务等领域与伙伴国开展积极合作和有效沟通，实现双向互动协调。中国倡导的“一带一路”能源合作伙伴关系，将继续贯彻“一带一路”倡议秉承的“共商、共建、共享”原则，不断提升政府间的交流与合作，加强技术人才培养，为能源合作伙伴国搭建双多边项目合作台。同时也将融合中国“和平发展、不结盟”的外交思想，促进能源合作伙伴国在“开放包容、互利共赢、市场运作、能源安全、可持续发展、社会责任”原则下，开展能源发展理念、政策、技术、安全协同、惠民和金融等领域的深层次合作。在复杂环境背景下，“一带一路”能源合作伙伴关系也具有多重内涵，是在世界能源革命与产业转型背景下，开启的可再生能源密切合作新平台，也是在能源安全问题日益复杂趋势下，保障各伙伴国能源系统安全的新路径，是全球治理体系变革背景下，丰富了全球能源治理体系的新模式，也是在人类命运共同体建设进程下，推进能源命运共同体建设的新关系。

1. 开启可再生能源密切合作的新平台

传统化石能源为经济带来发展动力的同时，也对生态环境造成了严重破坏和污染。工业化进程加速阶段，能源开发应用技术不断革新，工业生产和人民生活都对能源产生巨大需求。在“一带一路”能源合作伙伴关系中，多数伙伴国经济仍然处于高资源投入和高排放的初级发展阶段。中国也将绿色低碳的能源产销模式作为能源产业转型的战略目标。2019 年，中国提出共建“一带一路”绿色之路的概念，在原有的“文明、繁荣、开放、创新”的合作基础之上，将“一带一路”的建设与全球可持续发展和生态环境保护的事业相结合，推动“一带一路”沿线各国生态文明建设和环境保护合作。“一带一路”能源合作伙伴关系是在“一带一路”建设的平台上，为保护生态环境、应对气候变化、促进可持续发展而开启的可再生能源密切合作的新平台，立足各国可再生的清洁能源的开发和利用，推动伙伴国可再生能源产业发展，提升可再生能源的利用率，降低伙伴国对传统能源的依赖，实现多元化能源供给，保障本国能源供给安全。

2. 开辟了保障伙伴国能源系统安全的新路径

工业革命以来，能源安全问题一直困扰着世界各国，与政治安全、经济安全一起成为当今社会国家安全的重要组成部分。20 世纪的两次石油危机使得能源安全的内涵不断深化，20 世纪 80 年代，逐渐形成了传统的能源安全观。但随着全球气候变暖及日本福岛核泄漏等事件发生后，演化出了全新的能源安全观，超越了能源供需两个维度，强调实现能源与经济、安全和环境的统一。

国际能源产业受到世界政治和经济关系等多方面因素影响，表现出储量过度集中、供需不平衡、投资不确定性强等一系列问题，不利于世界各国的能源安全。对于油气资源相对匮乏的“一带一路”能源合作伙伴国而言，过分依赖化石能源的进口成为其能源安全的主要问题。因此，各伙伴国确立了保障油气资源可获得性、可支付性、可接受性和运输可靠的能源安全主要目标。各伙伴国纷纷加快能源产业结构调整、多元化扩展能源获取渠道和加强能源国际合作。在中国倡导的新能源安全观下，“一带一路”能源合作伙伴关系的成立将开辟一条通过国际及区域合作与各伙伴国实现系统化共同安全的新路径。在地区与国际间的对话和沟通过程中，强化政策协调和磋商，开展能源领域的合作与协同，维护合理、清洁、安全、经济的能源供应体系，维护能源发展的良好国际环境，特别是促进能源主产地的环境建设，以保证能源的生产、运输和消费的稳定性，为各国能源安全提供保障。

3. 丰富全球能源治理机制的新模式

全球治理历经生产主导阶段，消费与生产互动阶段及体制、生产、技术、消费综合治理的三个发展阶段。全球能源治理主体多元化程度及治理主体间的协同水平和治理机制仍有待提升，推动全球能源治理机制变革成为全球治理的重点变革领域。早期世界范围内成立的国际或区域能源组织为稳定世界能源秩序、促进能源发展起到了重要作用。但在国际能源供需格局重大调整和地缘政治背景下，现有的国际能源治理组织与运行机制的影响力受到来自多方面的挑战。“一带一路”能源合作伙伴关系是“一带一路”倡议和中国“伙伴关系”外交的重要成果，成为中国参与和丰富全球能源治理的新模式。“一带一路”能源合作伙伴关系虽然尚处于初级构建阶段，但其合作伙伴国的数量和覆盖范围已远超现有组织，而且“一带一路”能源合作伙伴关系的战略高度、合作深度都高于以往，合作伙伴国代表性广，伙伴关系注重合作而非对抗，合作深入到伙伴国间能源基础设施、能效发展和可再生能源等深层次问题，影响更为深远，合作内容更加丰富，对加强全球能源治理具有积极意义。

4. 推进能源命运共同体建设的新关系

人类命运共同体建设是中国近年来针对全球发展、区域合作与双边关系提出的“中国方案”。随着“一带一路”建设的推进，人类命运共同体的思想逐渐被国际社会认同，并成为推动全球治理体系变革、构建新型国际关系和秩序的实践新方案。由此衍生出中国-东盟、上海合作组织、中拉、中非、中巴等丰富的命运共同体建设，其中，能源命运共同体也是中国提出的命运共同体理念中的重要内容，有助于重构全球能源治理体系。习近平总书记强调在推进“能源命运共同体”新理念建设过程中，需要强化能源合作关系，构建“新型伙伴关系”。“一带一路”能源合作伙伴关系强调“开放包容、互利共赢”，这与人类命运共同体的理念相契合，在能源合作伙伴关系下，各“一带一路”能源合作伙伴国就能源发展政策规划、投资、产能、基础设施互联互通、科技创新等领域的交流合作，将为能源命运共同体建设打造和谐的国际政策环境及稳定的国际能源环境，提升各国能源产业链的发展和服务水平，推动“一带一路”能源合作走向互利共赢。

“一带一路”能源合作伙伴关系刚刚建立不久，伙伴国间的国际能源合作面临许多挑战。多数能源合作伙伴，特别是西亚和非洲的伙伴国的宏观环境并不稳定，这将是对“一带一路”能源合作伙伴关系推进与落实工作的重大考验。同时，国际宏观环境也将深刻影响“一带一路”能源合作伙伴关系。部分伙伴国政权更迭加剧了政策不稳定性，存在政府腐败、经济发展程度不高、国民经济结构单一等问题。市场化水平差异大，自身经济增长力较弱，不同程度的依赖对外能源、国际投资和国际援助，可持续发展能力不足。部分能源合作伙伴国还存在经济自由度不高，限制对外商投资；金融和法律体系不健全，融资难度大；基础设施建设水平低，尚未建立完整工业体系等问题。因此，在推进“一带一路”能源合作伙伴关系过程中应直面各方面的挑战，做好多层次的应对准备。当前，受世界经济环境变化及疫情在全世界蔓延的影响，逆全球化趋势加强，但中国一直坚信经济全球化是推动世界经济发展的正确道路，并会始终坚持并积极推动新的经济全球化。中国不断加大改革开放，并且积极在国际间推动产能合作发展，秉承合作共赢理念，坚持各方共商、共建、共享的“一带一路”倡议基本原则。“一带一路”倡议为化解国内煤炭产能过剩问题提供了机遇，中国的煤炭企业积极开发国外市场，利用多种国际产能合作发展模式，与不同国家及地区开展能源合作。

三、“一带一路”沿线中国煤炭产业投资重点国别策略研究

中国煤炭企业长期受产能过剩的困扰，但同时也在煤矿设备制造、采煤工艺技术、工程服务、煤炭综合开发利用等方面具有明显的竞争优势。

中国煤炭企业应该借助“一带一路”能源合作伙伴关系的建立，积极地走出去，发挥自身的比较优势，与其他国家合作。受“一带一路”沿线国家与地区的煤炭资源优势、产业政策及合作意向等因素影响，目前中国煤炭企业的投资重点国家包括蒙古、俄罗斯、印度尼西亚、哈萨克斯坦、越南等。中国煤炭企业应根据各投资意向国的特点，采取不同的策略，在发挥比较优势的同时，实现合作共赢。

（一）蒙古

蒙古中部地区的煤炭资源较丰富，主要集中分布在南部的戈壁地区，受地域和资源分布影响，目前中国是蒙古焦煤的唯一买家。煤炭不仅是蒙古国内能源的主要来源，同时开采出来的大部分煤炭用于出口，蒙古是中国煤炭进口重要来源之一。2015 年，蒙古就成为中国煤炭第五大进口来源国，占中国煤炭进口量的 7.05%。

蒙古大部分煤矿可露天开采，随着蒙东蒙西铁路线路开通，蒙古出口到中国的煤炭成本优势明显。从进口结构来看，中国大量进口低硫高黏结性煤为主，蒙古出产的煤炭硫含量略高于澳煤，但能达到符合国标要求的一级冶金焦含量。与蒙古开展能源领域的经济技术合作，可以降低国内的煤炭成本，同时随着北方七港的不断建设和完善，可以进一步缓解中蒙两国煤炭运输的压力，并进一步降低成本提高效益。

2014 年，蒙古提出将进一步加大煤炭开采量，增加对中国的出口，但是蒙古国内基础设施和煤炭开采技术设备较为落后，运输条件差、洗选设备匮乏。虽然近年来，由于中蒙两国的现实需求和自身条件的推动，两国加强了能源经济技术的合作，但是合作模式仍然是以煤炭初级产品挖掘和运输为主的粗放型合作模式，没有达到“一带一路”倡议中的地缘国家间多边深层次合作的要求。未来中蒙两国应在煤炭领域选择更恰当的经济技术合作模式，进一步细化合作形式，为进一步完善“一带一路”倡议框架提供依据。

中国与蒙古的煤炭经济技术合作早已开展，但收效并不显著，两国煤炭领域的经济合作仍处于国际合作的初级阶段。在两国合作的初期，煤炭经济技术合作仍然沿用贸易补偿形式、援助模式。结合两国煤炭产业发展现状，中蒙煤炭经济技术合作更适合的贸易补偿行为应该是中方提供机器设备、技术和资金，蒙方提供土地及煤炭资源。并且在“公私合作伙伴关系”框架下，以公共部门和私营部门合作为基础，加强道路、电力等基础设施建设，为推进进一步的合作奠定基础。这样既可以增加中蒙两国劳动力的就业空间，也符合中蒙两国当前的发展诉求。下一阶段，中蒙双方需要开展更深层次上的能源合作，尽快引入现代化技术，并且不断延伸合作形式，由现代化的高技术水平产品代替目前的低水平挖掘，在煤炭领域实现中蒙两国的长久合作。

随着“一带一路”框架的不断完善，在煤炭领域的经济技术合作模式下中蒙两国获得了宝贵的发展机遇，这也对通关的便捷性、安全度以及物流的畅通和高效提出了更高要求。中蒙两国应选取基础好的口岸开展试点，进一步完善通关安全检查制度和进出口岸企业、货物的备案登记机制。共同完备现代化的物流基础设施，探索高效率的运输方式，建立现代化的煤炭物流网络，以煤炭物流网络来辐射两国煤炭经济技术合作的其他区域，促进两国经济的高质量发展。同时，成立技术交流基地，加强蒙古煤炭产业工人的技术培训，特别是在蒙古境内的“一带一路”沿线友好城市展开技术交流，打破限制煤炭经济技术合作的壁垒。在此基础上，两国可以进一步打造产业集群，整合煤炭运输资源，合并蒙古劳动力密集型企业，在中国集中设立研发产业孵化平台，以实现从技术到经济效益的转化。

在中蒙煤炭经济技术合作深入推进阶段，未来应将合作对象由煤炭转移到可再生新能源的技术开发上，延长产业链，关联到其他高效、环保且恒有竞争力的产业，形成可持续的能源经济技术合作模式。

中蒙能源合作是构建的中国与蒙古全面战略协作伙伴关系的重要内容，是“一带一路”倡议下重大的地缘战略合作。随着中蒙经济走廊规划的落地，中蒙两国能源经济技术合作也必将迎来全新的发展机遇。未来应进一步完善中蒙合作体制机制建设，应对国际地缘环境变化所带来的挑战，深化中蒙在煤炭等能源领域经济技术合作，为构建区域性能源共同体奠定基础。

（二）俄罗斯

俄罗斯的煤炭储量极为丰富，已探明的可采煤炭储量居世界第二，中俄两国在政治和经贸领域有较好的合作基础。目前，俄罗斯在开发其远东地区过程中对投资需求大，而中国具有资金优势。同时中国东北地区还具有临近俄罗斯远东地区这一地缘优势，这为两国在合作打造东北亚经济圈和中俄东部地区一体化经济圈建设过程中提供了宝贵的发展机遇。中俄两国也非常重视能源合作为煤炭领域的合作带来新的机遇，中国煤炭企业在远东地区基础设施建设及煤矿开发、煤矿装备与技术合作等方面拥有较大空间。

俄罗斯毗邻中国，煤炭是重物流产业，俄罗斯向中国出口煤炭具有运价优势。近年来，俄罗斯将发展中心转向亚太地区，积极打造中俄远东一体化经济圈。俄罗斯在远东地区出台了多项投资开发的优惠政策，计划将远东港口打造成为亚太地区的贸易和物流中心。中国是全球煤炭需求的第一大国，中国政府采取加大与煤炭出口国的贸易合作、下调煤炭进口关税等各种措施鼓励煤炭进口，在“一带一路”的倡议下，中国煤企应积极走出国门。中俄两国已经签署了《中俄煤炭领域合作路线图》，明确了中俄两国在煤炭贸易中的项目贷款运行机制、投资合作方向和运输保障制度等方面的重点项目和任务，中俄两国煤炭贸易合作空间广阔。

虽然俄罗斯政府支持中俄两国在煤炭领域的合作，但俄罗斯的法律对外国企业在俄境内设立的独资或合资公司设有诸多限制，且国内铁路货运市场不对国外开放。近年来，受国际经济制裁的影响，卢布汇率波动大，俄罗斯金融体系非常脆弱。受地理因素影响，铁路等基础设施建设成本高、难度大、周期长，俄罗斯远东铁路现有的运输能力和港口吞吐能力不足，限制了煤炭出口。

近年来，在多次中俄两国的领导人会晤中都提到要全面加强两国能源领域的合作，建立能源战略互信，深化全面战略协作伙伴关系。中国经济发展需要寻求长期稳定的能源供给，俄罗斯毗邻中国，又是能源出口大国，中俄两国在煤炭领域具有供需互补性，中俄煤炭产业的合作前景广阔，符合两国的发展战略和根本利益。

党的十九大报告提出的“平等互利、讲求实效、形式多样、共同发展”，是中国开展对外经济合作的基本原则。中俄两国在煤炭领域的双边合作必须建立在维护中俄两国经济利益及能源安全的前提下，充分整合两国的资源、资金、技术和人才等，逐步完善煤炭领域相关产业融合发展的联动机制，推动中俄两国煤炭产业和区域经济的共同发展。

煤炭进出口贸易一直以来都是中俄煤炭合作的基本模式。近年来，随着中国煤炭产业供给侧改革的推进，国内煤炭产业去产能政策的实施导致煤炭供应量逐年下降。新冠肺炎疫情后，国际经济形势发生变化，国内煤价大幅上涨，进口煤的需求增加。作为中国的老工业基地，东北地区因主要煤炭城市资源枯竭而处于严重缺煤状态，一直依靠调入内蒙古东部地区的低卡褐煤来弥补空缺。俄罗斯远东地区是煤炭主产区，与中国东北重工业区相邻，运输优势明显，对于东北地区的经济与社会发展意义重大；同时，俄罗斯远东地区有五个运煤港口，可以通过廉价的水路运输煤炭到中国东南沿海地区。中国将向俄罗斯提供60亿美元左右的贷款，用于俄罗斯远东地区修建煤炭运输通道，购买挖掘设备等项目。发挥中国在铁路和港口等基础设施建设方面的优势，加强两国合作，不仅对两国经济具有重要意义，同时也符合中国提出“一带一路”倡议的初衷。

（三）印度尼西亚

印度尼西亚已探明煤炭储量613亿吨，排名全球第十位，占全球总储量2.2%左右。但是因大部分煤炭资源具备露天开发的条件、内河运输便利、海岸线长，使得印尼的煤炭在国际竞争中具有成本优势。印尼70%以上的产量都用于出口，是世界第一大动力煤出口国。海关总署2019年统计数据显示，中国进口印尼煤炭1.38亿吨，占煤炭进口总量的45.9%，成为中国第一大煤炭进口来源国。当年中国从世界其他煤炭供应国进口量分别为澳大利亚0.77亿吨、蒙古0.36亿吨、俄罗斯0.32亿吨、菲律宾0.09亿吨，这四国进口量之和占总进口量的51.7%。由此可见，中国煤炭进口渠道单一，中国对印尼煤炭过于依赖。

中国与印尼的煤炭贸易是建立在双边合作层面的国际间能源治理方式，两国之间煤炭贸易优势互补，利益共赢，是典型的相互依赖模式。对于印尼来说，与中国的煤炭贸易占比已超过三分之一，煤炭产业发展对中国产生较大依赖。就中国而言，印尼作为煤炭出口大国，地处中国东南方向，为中国东南沿海城市提供了大量的稳定的煤炭资源供应。中国与印尼的煤炭合作需要持续深化，一方面要在煤炭供给的数量和质量上继续深化，另一方面要在煤炭运输通道安全上继续深化合作。

中国与印尼在煤炭领域的贸易合作也是两国经济发展和能源治理的重要组成部分，对于中国来说，需要稳定充足的海外煤炭供应及安全的投资环境，而印尼也需要改变国内能源单一结构的问题，需要加强基础设施建设，稳定对外贸易。在两国的合作过程中，中方凭借资金和技术优势可以为印尼提供基础设施建设、节能减排、煤炭勘探开采的技术革新和清洁能源等方面的资本和技术支持。印尼作为东南亚地区的能源大国，其油气、煤炭等资源储量极其丰富，印尼煤炭主要向亚洲出口，对中国东南沿海城市煤炭的供需产生重要影响。马六甲海峡也是影响中国煤炭进出口的关键运输通道，印尼是马六甲海峡的管理成员国之一，与印尼在煤炭领域的合作还可以加强中国与印尼的关系，维护中国海上煤炭运输路线安全。

在“一带一路”倡议下，中国积极推动的“21世纪海上丝绸之路”，以各港口为结点，推动沿途国家在基础设施建设、科技人文交流、能源贸易合作、全球环境治理等方面的合作，为沿线各国拓展了经济发展空间，给印尼与中国加深合作带来了新的机遇和平台。“21世纪海上丝绸之路”符合印尼经济发展的内在要求，借助中国的技术和资金支持，有利于稳定对外贸易、加快煤炭勘探、深化煤炭资源利用、调整能源结构向多元化发展，助力中国与印尼两国共同实现能源安全。

政治互信是中国和印尼在煤炭领域实现深度合作的前提，中国应不断强化与印尼的政治、防务、外交等对话合作机制，抓住"21世纪海上丝绸之路"战略的重要契机，提升两国战略互信。尽管印尼具有煤炭资源分布集中、运输成本优势突出、生产成本低、政策稳定、市场化程度高等优势，但印尼的煤炭品种单一、发热量低，最重要的是储采比低，这会导致后续资源不足，煤炭开采难度逐年增大。因此，中国应该加强与"一带一路"沿线国家的煤炭合作，扩大煤炭进口来源，引进孟加拉国、越南、巴基斯坦等国的煤炭，降低中国对印尼煤炭的过度依赖，降低两国的煤炭贸易风险。

（四）哈萨克斯坦

哈萨克斯坦有着"能源和原材料基地"的美誉，自然资源非常丰富，化石能源储量处于世界前列。其中，2019年BP公布数据显示，已探明煤炭储量256亿吨，全球排名第9位。石油已探明储量37亿吨，世界排名第11位，天然气储量4万亿立方米，全球排名第22位。哈萨克斯坦是中亚五国中煤炭资源最丰富的国家，煤炭资源分布集中，70%以上的煤炭开采量集中在埃基巴斯图兹、舒巴尔科利、博尔雷、萨雷阿德尔、库硕克等露天采煤区以及卡拉干达州煤矿。哈萨克斯坦85%以上的煤炭生产为露天开采，生产成本优势明显，煤炭产业是哈萨克斯坦的支柱产业，保障着国内80%左右的电力生产。

哈萨克斯坦处于欧亚大陆中心，是世界上最大的内陆国，该国的东部与中国新疆接壤，地理位置十分重要。1992年中国与哈萨克斯坦正式建交后，两国的高层间交往频繁，政治上高度互信，经济和能源等领域的务实合作不断扩大。哈萨克斯坦是最早响应中国提出的"一带一路"倡议的国家之一，与中国一起为积极构建人类命运共同体而努力。哈萨克斯坦煤炭储量丰富，开发成本低、潜力大，在亚太煤炭市场上，哈萨克斯坦占有重要的位置。利用"丝绸之路经济带建设"的契机，深化中哈两国在煤炭领域的合作，不仅符合中国的利益，同时也会促进哈萨克斯坦的社会与经济发展。

中国目前是哈萨克斯坦第一大进口来源国和第二大出口市场，石油、天然气、煤炭等矿产资源是哈萨克斯坦向中国出口的主要商品。哈萨克斯坦位于“丝绸之路经济带”核心区域，是中国通往中亚的第一站。中哈在煤炭等矿产资源方面合作前景广阔。但是哈萨克斯坦紧邻的中国新疆是富煤区，也是中国主要的煤炭产区，煤炭的铁路运输成本高于海运，由于煤炭质量差、成本高，当前哈萨克斯坦的煤炭竞争力不强。但是中国正处在经济转型的阶段，不断减少煤炭产销量，未来中国有可能增加哈萨克斯坦的煤炭进口量，为中国产业结构转型升级创造条件。

作为“一带一路”倡议沿线的重要国家，中哈两国地质构造和成矿条件极为相似，煤炭产业互补性很强，所以在发展双边煤炭贸易的基础上，在煤炭产业的经济技术合作和科技出口也有很大潜力。中国煤炭企业在很多发达国家承担过很多资源勘探、工程承包和劳务输出项目。哈萨克斯坦拥有丰富的煤炭资源，可再生能源在煤炭加工中的应用等问题也亟待解决。两国可以在进口煤炭装备与技术、扩大对外技术合作、加强资源勘探合作等方面进行合作。

（五）越南

越南已探明煤炭储量为1.5亿吨，煤种主要包括无烟煤、次烟煤、肥煤和泥煤。煤炭资源主要分布在广宁和红河，煤矿以露天开采为主，装备和采煤技术相对落后。越南是东南亚地区唯一与中国海陆相连的国家，是中国“一带一路”沿线的重要合作伙伴。近年来越南经济发展迅速，中国“一带一路”倡议与越南提出的“两廊一圈”构想为两国在能源领域的合作提供平台，有助于实现互补双赢的共同愿景。

越南是中国西南地区出海的必经之地，可构建以福建为起点，途经越南，进入东南亚及南亚，直达欧洲的多条贸易线路。2004年中越两国政府联合发表《中越联合公报》，确定合作建设“两廊一圈”的计划，包括

“南宁—谅山—河内—海防—广宁”“昆明—老街—河内—海防—广宁”经济走廊和环北部湾经济圈。越南是东盟的成员国，是中国进入东盟的“东大门”，在中国与东盟合作中起到桥梁和纽带作用。“两廊一圈”建设不仅关系到中越两国的合作，也是中国与东盟合作的重要组成部分。

“两廊一圈”的建设有助于帮助中国和越南两国共同应对经济全球化与区域一体化过程中带来的机遇和挑战。越南有着丰富的矿产、煤气等资源，但是开发能力有限，中国是能源消耗大国，“两廊一圈”合作使两国的资源和生产要素通过跨国流动实现最佳配置。在国际能源方面，可以通过区域分工形成优势互补、利益均得、共同发展的大经贸格局。

在中国提出的“一带一路”倡议与越南制订的“两廊一圈”发展规划对接中，中越两国的建设合作中都优先考虑开发基础设施建设和在能源领域的合作。中越两国经济都处于上升期，能源消费均高于世界平均水平，但是由于国土面积和地理位置等差异，两国的能源产业发展路径并不相同。越南能源资源基本能够满足社会经济发展和人民生活的需要，能源产业特别是新兴替代能源发展相对落后，特别是在太阳能、风能、生物质能等领域技术不成熟，越南的劳动力充裕，正处于工业化初期的越南，对中国的资金、技术装备及管理经验需求较大。中国对能源的需求量大，能源产业存在技术和装备优势，且有旺盛的产能转移需求，中越要素禀赋差异和所处的不同经济发展阶段使得两国有较大合作空间。

越南与中国的关系错综复杂，20 世纪 80 年代两国基本实现邦交正常化，但在南海仍存在历史遗留问题，使得中越两国能源领域的深层次合作面临复杂的安全问题。越南一方面需要利用中国的市场、技术和资金来发展经济，另一方面又担忧自身经济自治主权的丧失。通过“一带一路”倡议和“两廊一圈”建设的推进，中越两国在煤炭等能源领域的产能合作进一步提升。两国政府所制订的发展规划也挖掘了双方能源合作的潜力，拓展了合作空间。两国既要重视合作过程也要直面挑战，未来应建立长效的合作和协调机制，使两国能源合作向制度化、规范化和长效化推进，提升合作效率。

第四章　煤炭产业发展对全要素生产率影响及传导机制理论研究

在分析中国煤炭产业发展现状，中国煤炭城市煤炭产业发展及其全要素生产率的基础上，从数据层面可以发现中国煤炭城市煤炭产业发展对其全要素生产率的影响存在结构性变化，中国煤炭城市煤炭产业发展与其全要素生产率之间可能存在倒 U 型非线性影响。

本书以具有“干中学”效应的内生增长模型为基础，结合煤炭产业特征，建立数理模型，分析煤炭产业发展过程中，小型开放经济体内，煤炭产业发展对制造业发展的作用机制，将煤炭产业发展抑制或促进全要素生产率这两种可能纳入同一个研究框架中，建立煤炭产业发展对全要素生产率影响模型，以更加宽泛的研究视角重新审视煤炭产业发展对全要素生产率的影响。

煤炭资源是中国的主体能源，煤炭是经济发展的驱动要素之一，煤炭产业发展在为经济发展提供物质基础条件的同时也带来了可观的经济收入。煤炭产业的良性发展促进了区域全要素生产率，但煤炭产业扩张过度会抑制区域全要素生产率，不利于高质量经济发展。分析中国煤炭城市煤炭产业发展对其全要素生产率非线性影响的产生原因是煤炭产业高质量发展的前提。本研究从产业结构演变和要素配置效率两条传导路径来分析煤炭产业发展对全要素生产率非线性影响产生的原因，构建煤炭产业发展对全要素生产率影响及传导机制的研究框架，系统分析煤炭产业发展对全要素生产率非线性影响的传导机制。

第一节　煤炭产业发展对全要素生产率影响模型

这一节将以具有“干中学”效应的内生增长模型为基础，将资本和煤炭作为生产要素引入模型，结合中国煤炭城市的现实经济运行情况，建立一个数理讨论机制来分析煤炭产业发展过程中，小型开放经济体内，煤炭产业发展对制造业发展的作用机制。将煤炭产业发展抑制或促进全要素生产率这两种可能纳入同一个研究框架中，建立煤炭产业发展对全要素生产率影响模型，以更加宽泛的研究视角重新审视煤炭产业发展对全要素生产率的影响。

一、煤炭产业发展对全要素生产率影响模型设定

假设存在一个以煤炭产业为主导的小型开放经济体系，由制造业和煤炭两部门构成[①]。其中制造业部门只生产一种在经济体内流通的产品，用于满足经济体内消费者的最终消费或者作为物质资本积累。煤炭部门的产品全部用于与经济体外进行等值的最终商品交换，换回的最终商品用于满足本区域的商品需求和物质资本积累。假定经济体内的总人口不变[②]，人口增长率为0，劳动力总量为L，劳动力市场充分就业，每个个体具有劳动力和消费者的双重属性，均可提供一个单位供给弹性为零的劳动力。制造

① 本模型通过分析煤炭部门与具有“干中学”特征的制造业部门的关系，来深入研究煤炭产业发展对全要素生产率的影响。服务业不具有“干中学”特征，对以技术进步率为代表的全要素生产率影响不大，为了简化分析，在本模型的假定中将省略不可贸易的服务业部门，这并不影响模型的结论。在“荷兰病”修正模型中，将加入服务业部门，进一步分析煤炭产业发展引发的产业结构演变的传导机制。

② 为了反映近十年发达国家人口停滞甚至负增长的事实，内生增长模型设计时会假设人口总量不变，也有很多模型考虑人口增长，但是其设定的人口增长率是外生给定的，只是将推导过程变得更加复杂，却并不会在本质上改变基本结论，因人口增长与经济增长的关系不在本书的研究范围内，所以在模型中假定人口总量不变。

业部门具有“干中学”的技术溢出效应，煤炭部门无偿地使用制造业部门的技术溢出。煤炭部门作为技术落后部门，得到了来自制造业部门的技术外溢 μA 。

（一）模型基本假定

小型开放经济内包括两个部门，繁荣的煤炭部门和制造业部门，二者都属于可贸易部门，最终产品都是同质化的，考虑到开放市场的假定，两部门的产品价格由外部经济系统的产品价格外生决定。充分就业且劳动力可以在两部门间完全自由地无成本流动①，忽略区域间所有经济要素的流动。具有“干中学”特征的制造业部门为劳动增进型技术进步，符合哈罗德中性假定。煤炭部门向经济体外销售产品并换回等值的最终产品用于消费和再生产，以满足因为煤炭产业繁荣而增加的消费和生产领域对于最终产品的额外需求。图 4-1 演示了整个经济体的运行机制。

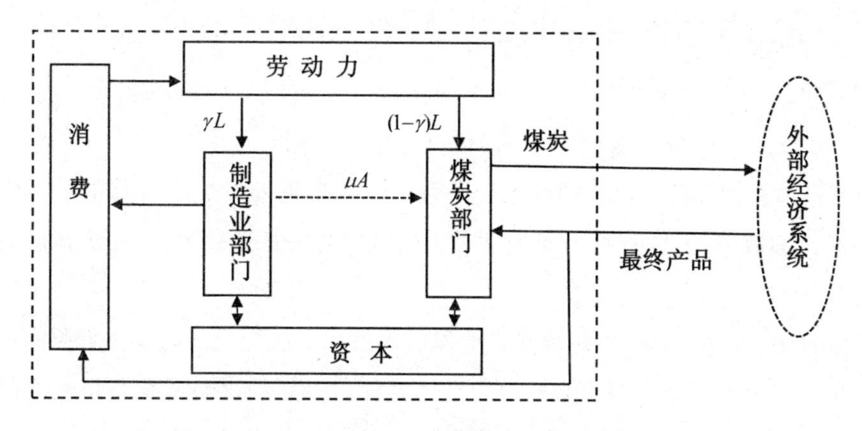

图 4-1　基于“干中学”的煤炭型经济体系运行机制②

① 在第三节的分析中将放松假设，考察物质资本和劳动力的在各部门之间转换的沉淀成本所引发的煤炭产业扩张过度对全要素生产率的抑制作用。

② 杨莉莉，邵帅．人力资本流动与资源诅咒效应：如何实现资源型区域的可持续增长［J］．财经研究，2014（11）：17. 作者略有改动。

（二）生产函数设定

1. 制造业部门生产函数

制造业部门采用柯布-道格拉斯（Cobb-Douglas，简称 C-D）生产函数，假定规模报酬不变，劳动和资本为投入的生产要素：

$$M=(A\gamma L)^{\alpha}K^{1-\alpha} \tag{4.1.1}$$

其中，M 为制造业部门产出，A 为技术知识存量，L 为劳动，K 为物质资本存量，α 为产出弹性（$0<\alpha<1$）。技术进步为劳动增进型，为哈罗德中性技术进步，存在平衡增长路径。

2. 煤炭部门生产函数

煤炭部门属于典型的劳动密集型部门[18]，生产要素包括煤炭资源和劳动力①，煤炭部门的产出主要取决于劳动力投入 $(1-\gamma)L$ 和煤炭资源依赖强度 R 以及由制造业部门产生的技术溢出 μA 。参照杨莉莉和邵帅的做法设定煤炭部门为固定替代弹性生产函数（Constant Elasticity of Substitution，CES②）：

$$E=\mu A\{(1-\lambda)R^{\beta}+\lambda[(1-\gamma)L]^{\beta}\}^{\frac{\omega}{\beta}} \tag{4.1.2}$$

E 为煤炭部门产出。CES 生产函数中的几个重要参数有特殊的经济学含义，参数值的大小对于研究煤炭产业发展对全要素生产率影响很有意义。

其中，$R(R>0)$ 表示煤炭产业发展强度，反映煤炭部门煤炭资源的投入量，取决于经济体内煤炭资源的自然禀赋。天然的煤炭矿藏是煤炭部门的劳动对象，R 即为煤炭的原始矿藏，也可将 R 视为对煤炭产业发展的反

① Sachs，Warner（1999）和邵帅（2009）都认为如果生产函数加入资本要素会使模型推导和分析过程变复杂，而对于模型的结论不产生本质的影响。所以在这一部分煤炭部门的生产函数设定中暂时忽略资本，在第二节、第三节假设条件的调整与数理模型修正中，会将资本引入生产函数设定中。

② CES 生产函数可以通过替代函数弹性参数的不同变化将 CES 生产函数变形为要素替代弹性为 $1(\beta=0)$ 的 C-D 生产函数，更具有一般性，有利于更好的考察煤炭部门的要素配置对制造业部门和经济增长的影响。

映，本书研究的就是煤炭产业发展对全要素生产率的影响。虽然煤炭为不可再生资源，随着煤炭产业发展活动的进行 R 呈下降趋势。但是在一段时间内，煤炭的供给会保持较长时间的平稳，煤炭仍然会是主要的能源构成之一，所以暂时不考虑煤炭禀赋水平变化对全要素生产率的影响。

$\mu(0 < \mu < 1)$ 为技术滞后参数，表明煤炭部门对新技术的接受能力，所以 μA 表示真正被煤炭部门利用的技术。Sachs 和 Warner（1995）在“荷兰病”修正模型中假定制造业具有“干中学”效应，技术落后的资源部门生产率水平由制造业部门的技术溢出外生决定，但是他们假定技术完全自由溢出，所以各部门间的生产率水平相同，这与煤炭部门的实际不符。Sachs和 Warner（2001）在对“荷兰病”模型继续进行修正时认为相对于制造业部门而言，煤炭部门对技术进步和生产技能需求低。煤炭部门属于初级原材料供应部门，虽然可以受到制造业部门技术进步的影响，但是存在技术势能差，对于制造业部门的外溢技术的接收和转化存在明显的滞后性和延时性，所以有必要引入技术滞后参数 μ 。其他条件不变时，μ 越大说明煤炭部门对新技术的吸收越多，技术进步符合希克斯中性。

$\lambda(0 < \lambda < 1)$ 为劳动产出弹性参数也称为劳动力密集系数，反映了煤炭部门的经济结构，是劳动收入占总收入的相对份额的参数，代表劳动力在煤炭部门生产函数中的投入权重。劳动力的产出弹性为：

$$\frac{\omega}{1 + \frac{1 - \lambda}{\lambda}\left[\frac{R}{(1 - \gamma)L}\right]^{\beta}}$$

因此，λ 越大劳动力产出效率越高，煤炭资源的产出弹性参数为 $1 - \lambda$ ，即煤炭资源的产出弹性可以表示为：

$$\frac{\omega = 1}{1 + \frac{\lambda}{1 - \lambda}\left[\frac{(1 - \gamma)L}{R}\right]^{\beta}}$$

$1 - \lambda$ 值越大则煤炭资源的利用效率越高。

$\omega(\omega > 0)$ 为规模报酬率，也称为生产弹性，$\omega > 1$ 时，规模报酬递增；$\omega = 1$ 时，规模报酬不变；$\omega < 1$ 时，规模报酬递减。由于煤炭的非再生性，

随着煤炭资源开发，剩余的煤炭资源都是开采难度大，成本高的矿藏，所以一般认为煤炭部门的规模报酬不变或者递减。因此本文设定煤炭部门的规模报酬率 $0 < \omega \leq 1$。

$\beta(-\infty < \beta < 1)$ 为劳动力和煤炭资源之间的替代弹性参数，要素替代弹性 $\varepsilon = 1/(1-\beta)$，$\varepsilon$ 表示煤炭资源的产出回报率与劳动工资的比重每上升1%，厂商将使用更廉价的劳动力来代替煤炭资源，使劳动与煤炭投入比上升 ε %。ε 反映了生产体系效率水平[19]。所以 β 提高则要素替代弹性 ε 也会提高，表明生产要素配置效率越高，经济单位努力追求利润最大化，要素市场相对完善。

3. 技术进步

在内生经济增长理论背景下，制造业部门具有"干中学"特征，制造业部门的技术溢出效应促进了技术进步，煤炭部门被动接受了制造业部门的技术溢出。"干中学"效应是指劳动力在生产过程中积累经验，并从中得到新知识，提高生产效率的同时增加了知识总量积累。制造业的知识总量积累和经济体内所有部门的产出成正比，但是与具体企业的产出无关，所以制造业部门的知识总量积累具有溢出效应，产生的社会收益大于企业收益，为全要素生产率提高提供了基础动力。假设制造业部门生产过程中产生技术进步，技术存量具有外溢效应，煤炭部门可以无成本的获取。技术变化形式参考 Matsuyama 的"荷兰病"修正模型的设定：

$$\dot{A} = \delta M, \ \delta > 0 \tag{4.1.3}$$

$\dot{A}$ 表示技术知识存量 A 的增量，δ 是技术产生的效率参数，M 为制造业部门产出。假定技术的产生直接来源于产出的增加，之前的产出积累因为能提供经验所以都对当前的生产有贡献。当技术知识水平既定时，厂商的生产要素投入与产出同步增长，但是制造业部门有"干中学"的技术溢出效应，所以制造业部门的产出增加会提高技术知识水平。在经济体内部，制造业部门的总产出是规模报酬递增的。结合公式（4.1.3）和（4.1.1）可得出技术的增长率为：

$$\dot{A}/A = \delta\,(A/K)^{\alpha-1}\,(\gamma L)^{\alpha} \tag{4.1.4}$$

4. 偏好

假设具有无限时间观念的同质居民消费者为理性消费者，通过消费满足需求，无弹性地提供劳动。使用拉姆齐模型（Ramsey-Cass-Koopmans model），常数相对风险厌恶效用函数（CRRA）形式来设定消费者的效用函数 $U(c)$ 。在 $\sigma \neq 1$ 的无限时域上，标准的最优居民消费者规划是：

$$U(c) = \int_0^{\infty} \frac{c^{1-\sigma} - 1}{1 - \sigma} L e^{-\rho t} \mathrm{d}t = \int_0^{\infty} \frac{c^{1-\sigma} - 1}{1 - \sigma} e^{-\rho t} \mathrm{d}t \tag{4.1.5}$$

其中：$c = C/L$ 表示人均瞬时消费，C 为瞬时消费总量，L 为家庭规模，总人口数保持不变并总量标准化为 1；$\rho(\rho > 0)$ 是主观折现率；$\sigma(\sigma \geq 0)$ 为相对风险厌恶系数，为跨期替代弹性的倒数。$e^{-\rho t}$ 为折现因子，用来反映居民消费者对未来消费的重视度。

消费者受自身的预算约束来进行消费决策，消费者的收入来源主要有工资收入 w 和个人净资产的时间收入 ra(r 为实际利率，a 为个人净资产)。其中，煤炭资源收入属于个人资产收入的一部分。中国煤炭资源的所有权大部分属于国家，部分属于集体。对于消费者而言，可获得的煤炭资本收入包括集体资源所有权租赁所得租金分红和一次性的煤炭资源所有权转让费或征收费。其中以租金分红为主，本模型仅考虑作为煤炭资源时间收入的租金分红收益。这样，消费者的预算动态约束方程就是：

$$\dot{a} = w + ra - c \tag{4.1.6}$$

根据方程（4.1.5）和方程（4.1.6），以构建 Hamilton 函数求最大值的方法，得到 Ramsey 规则为：

$$g_c = \frac{\overset{\Delta}{c}}{c} = \frac{r - \rho}{\sigma} \tag{4.1.7}$$

二、竞争性市场均衡分析

（一）市场竞争动态均衡条件

由于存在煤炭和制造业部门产品价格同时变化的可能性，所以假定 P_E

是制造业部门产品价格，P_M为1时煤炭产品的相对价格，各部门的劳动力工资率为$w_i(i=M, E)$，假定生产要素和产品市场是完全竞争的，在经济平衡增长的路径上，生产要素的均衡价格序列$\{r, w\}_0^{\infty}$和各相关经济变量的均衡数量$\{c, \gamma, M, E, A, K\}_0^{\infty}$满足如下条件：

第一，制造业部门厂商利润最大化。在产品市场价格、劳动力工资和利率给定的情况下，制造业部门厂商通过选择劳动力和物质资本要素的投入水平$\{\gamma, K\}_0^{\infty}$来实现其利润最大化目标。

第二，煤炭部门厂商利润最大化。在煤炭价格、煤炭开采成本和劳动力市场均衡工资给定的情况下，煤炭部门厂商通过选择投入劳动力数量$\{v\}_0^{\infty}$来实现其利润最大化的目标。

第三，消费者效用最大化。消费者的收入主要包括工资收入w和个人资产的时间收入ra。利率水平r和最终产品价格给定，消费者在财富预算约束下，在无限时域上达到效用最大化的消费序列$\{c\}_0^{\infty}$决定其消费和积累的路径。

第四，所有市场自动出清。模型假设充分就业，两部门所需的劳动力之和等于经济体内家庭可提供的劳动力数量L。制造业部门生产的最终产品在经济体内流通，煤炭部门的产品不用于经济体内的生产消费，全部对外输出并换回等价的最终产品。区域内所有最终产品都用于消费或物质资本积累，新增的物质资本积累被制造业部门用于最终产品的生产。

（二）两部门代理人行为

在动态市场竞争均衡条件下，经济体内两部门代理人的行为会有如下特征：

假定制造业部门仅存在一个代表厂商通过物质资本和劳动投入决策来实现利润最大化目标，制造业部门利润最大化的生产规划行为可以表示为：

$$\max_{\gamma, K}[(A\gamma L)^{\alpha}K^{1-\alpha}] - w_M\gamma L - rK \tag{4.1.8}$$

公式（4.1.8）的一阶条件可以求得均衡状态时制造业劳动力投入和

物质资本的边际产出：

$$w_M = \alpha A^{\alpha} (\gamma L)^{1-\alpha} K^{1-\alpha} \tag{4.1.9}$$

$$r = (1-\alpha)(A\gamma L)^{\alpha} K^{-\alpha} \tag{4.1.10}$$

假定煤炭部门也仅存在一个代表厂商通过煤炭开发成本和劳动力投入决策来实现利润最大化目标，煤炭部门利润最大化的生产规划行为可以表示为：

$$\max_{1-\gamma} P_E \mu A \{(1-\lambda)R^{\beta} + \lambda [(1-\gamma)L]^{\beta}\}^{\frac{\omega}{\beta}} - w_E(1-\gamma)L \tag{4.1.11}$$

公式（4.1.11）的一阶条件可以求得动态均衡状态时煤炭部门的劳动力投入：

$$w_E = P_E \lambda \omega (\mu A)^{\frac{\beta}{\omega}} E^{1-\frac{\beta}{\omega}} [(1-\gamma)L]^{\beta-1} \tag{4.1.12}$$

（三）平衡增长路径

本研究不考虑物质资本折旧，在物质资本市场出清的条件下，经济体内的总产出 Y 应该包含总消费和新增物质资本两部分，即

$$Y = M + P_E E = \dot{K} + C \tag{4.1.13}$$

由于劳动力可以在两部门间无成本自由流动，因此在劳动力追求利益最大化的行为下，均衡状态的两部门工资会达到相同水平，即 $w_M = w_E$，因此由式（4.1.9）和式（4.1.12）可得：

$$\alpha A^{\alpha} (\gamma L)^{\alpha-1} K^{1-\alpha} = P_E \lambda \omega (\mu A)^{\frac{\beta}{\omega}} E^{1-\frac{\beta}{\omega}} [(1-\gamma)L]^{\beta-1} \tag{4.1.14}$$

接下来，在经济平衡增长路径上，假设人口总量不变，利用有效人均的形式将上文的公式进行转化，令 $k = K/AL$，$c' = C/AL$。同时变量的增长率表示为 g，即 $g_C = \dot{C}/C$，$g_K = \dot{K}/K$，$g_Y = \dot{Y}/Y$，$g_A = \dot{A}/A$。通过对公式（4.1.4）、（4.1.10）、（4.1.13）整理可得：

$$g_A = \delta L \gamma^{\alpha} k^{1-\alpha} \tag{4.1.15}$$

$$r = (1-\alpha)\gamma^{\alpha} k^{-\alpha} \tag{4.1.16}$$

$$\alpha\gamma^{\alpha-1}k^{1-\alpha} = P_E\lambda\omega\mu[(1-\gamma)L]^{\beta-1}\{(1-\lambda)R^{\beta} + \lambda[(1-\gamma)L]^{\beta}\}^{\frac{\omega}{\beta}-1} \tag{4.1.17}$$

结合公式（4.1.7）、（4.1.14）、（4.1.15）可将有效人均消费的增长率表示为：

$$g_c{}' = \frac{(1-\alpha)\gamma^{\alpha}k^{-\alpha} - \rho}{\sigma} - \delta\gamma^{\alpha}Lk^{1-\alpha} \tag{4.1.18}$$

经济增长理论认为，平衡增长路径中，状态变量、控制变量和共态变量的增长率和实际利率都为常数。因此，总产出 Y、物质资本 K 和消费 C 应具有相同的增长率，模型的均衡解是 $\{r, \gamma\}$，即平衡增长路径上的劳动力在各部门间的分配及物质资本回报率恒定，平衡增长路径上的劳动力在各部门间的分配和物资资本回报率恒定，$g_r = g_\gamma = 0$。

由公式（4.1.1）、（4.1.14）、（4.1.15）整理可得：

$$g_y = g_Y = g_M = g_R = g_C = g_K = g_A \tag{4.1.19}$$

进一步可以推出：

$$g_r = g_\gamma = g'_c = 0 \tag{4.1.20}$$

将公式（4.1.18）代入到公式（4.1.17）中，可得：

$$\frac{(1-\alpha)\gamma^{\alpha}k^{-\alpha} - \rho}{\sigma} = \delta\gamma^{\alpha}Lk^{1-\alpha} \tag{4.1.21}$$

将公式（4.1.17）和（4.1.19）联立一个关于 γ 和 k 方程组，可以解出经济体内的有效人均资本 k、经济增长率 g_y、制造业部门的技术增长率 g_A 和制造业部门产出增长率 g_M 的表达式：

$$k = \gamma[\alpha^{-1}P_E\lambda\omega\mu]^{\frac{1}{1-\alpha}}[(1-\gamma)L]^{\frac{\beta-1}{1-\alpha}}\{(1-\lambda)R^{\beta} + \lambda[(1-\gamma)L]^{\beta}\}^{(\frac{\omega}{\beta}-1)\frac{1}{1-\alpha}} \tag{4.1.22}$$

$$g_A = g_y = g_Y = g_M = \alpha^{-1}(1-\tau)P_E\delta\lambda\omega\mu\gamma(1-\gamma)^{\beta-1}L^{\beta}\{(1-\lambda)R^{\beta} + \lambda[(1-\gamma)L]^{\beta}\}^{\frac{\omega}{\beta}-1} \tag{4.1.23}$$

其中，制造业部门劳动力投入 γ 的隐性解由下式给出：

$$(1-\alpha)\alpha^{\frac{1}{1-\alpha}}(P_E\lambda\omega\mu)^{\frac{\alpha}{1-\alpha}}[(1-\gamma)L]^{\frac{(\beta-1)\alpha}{\alpha-1}}\{(1-\lambda)R^{\beta} + \lambda[(1-\gamma)L]\beta\}^{(\frac{\omega}{\beta}-1)\frac{\alpha}{1-\alpha}}$$

$$= P_E\sigma\delta L\lambda\omega\mu\gamma[(1-\gamma)L]\beta - 1\{(1-\lambda)R^\beta + \lambda[(1-\gamma)L]\beta\}\frac{\omega}{\beta} - 1 + \alpha\rho \tag{4.1.24}$$

（四）比较静态分析

通过公式（4.1.21）和（4.1.22）可以看出，在平衡增长路径上，当其他条件不变的时候，稳态时全要素生产率 g_A 、经济总量的增长率 g_Y 、人均经济增长率 g_y 、制造业部门产出增长率 g_M 和有效人均资本 k 都取决于制造业部门劳动力投入 γ ，公式（4.1.23）可以看出对 γ 取值产生影响的参数分别为煤炭产业发展强度 R 和煤炭价格 P_E。这些参数正是研究煤炭产业发展对全要素生产率 g_A 影响的关键要素。通过比较静态分析来探求各经济参数对经济变量产生影响的作用机制，可以为后文的实证研究提出研究假设和理论依据。内生经济增长理论框架下煤炭产业发展对全要素生产率影响理论模型稳态解的比较静态分析结果见表 4-1。

表 4-1 比较静态分析结果汇总表

偏导	条件	$x=k$	$x=r$	$x=\gamma$	$x=1-\gamma$	$x=g_A=g_M=g_y=g_Y$
$\partial x/\partial R$	$\beta<\omega\leq 1$	>0	<0	<0	>0	<0
	$0<\omega<\beta<1$	<0	>0	>0	<0	>0
	$\beta=\omega$	=0	=0	=0	=0	=0

数据来源：作者自行整理所得

从表 4-1 的结果来看，煤炭产业发展引发的煤炭价格上升会导致对制造业部门劳动力的转移效应，降低制造业部门产出，制造业部门技术进步增长率下降，影响制造业部门在经济体内的技术溢出效应，抑制了小型开放经济体的全要素生产率的增长。在假定技术进步内生并将劳动力和煤炭资源的替代弹性参数 β 以及煤炭部门的规模报酬率 ω 纳入煤炭部门生产函数后，煤炭产业发展对全要素生产率影响的理论模型中，煤炭产业发展 R 对全要素生产率 g_A 的影响并非必然为负。

随着煤炭产业发展，剩余的煤炭资源都是开采难度大，成本高的矿藏。一般认为煤炭部门的规模报酬 ω 不变或者递减[20]，所以期初可以假设 ω 不变，当替代弹性参数 β 上升煤炭部门会释放出更多的劳动力，使制造业部门劳动力投入增加，进而促进制造业部门技术进步和经济体内全要素生产率提高。

当代表经济体内各部门间生产要素配置效率的替代弹性参数 β 小于煤炭部门规模报酬率 ω 时，煤炭产业发展会增加经济体内的资本积累，产生支出效应，将劳动力从制造业部门转移出来，降低制造业部门产出，降低技术溢出效应，对全要素生产率提高产生负面影响。

综上所述，可以得出煤炭产业发展对全要素生产率提高的负向影响是有条件的，当其他条件不变时，各部门间生产要素配置效率的替代弹性参数 β 是抑制作用出现的重要条件，当 β 大于煤炭部门规模报酬率 ω 时生产要素配置效率高，各部门协调发展，经济单位努力追求利润最大化，要素市场相对完善时，煤炭产业发展对全要素生产率起到促进作用，当 β 小于煤炭部门规模报酬率 ω 时，煤炭产业发展会抑制全要素生产率，表现为“有条件资源诅咒”现象。因此可以提出本书的假设 1。

假设 1：煤炭产业发展对全要素生产率产生非线性影响，煤炭产业发展对全要素生产率的促进和抑制作用并存，二者之间的抑制作用出现是有条件的。

这种“有条件资源诅咒”产生的原因主要是煤炭部门将具有“干中学”特征的制造业部门的劳动力转移出来，抑制了产生技术进步溢出的制造业发展，引发产业结构演变，对全要素生产率产生影响。但是本模型仅引入了煤炭和制造业两个部门，为了简化模型，在生产函数设定中只考虑了劳动投入情况，而忽略了资本投入，这不足以揭示煤炭产业发展通过影响产业结构演进和生产要素配置效率对全要素生产率提高产生影响的作用机制。因此，在第二节的“荷兰病”修正模型中将引入不可贸易的服务业部门，系统地分析煤炭部门引发的劳动力和资本要素投入在制造业部门和服务业部门的转移效应和支出效应所引发的产业结构演变。“荷兰病”修正模型分析了煤炭资源禀赋引发的煤炭产业发展通过转移效应和支出效应对可贸易的制造业部门和非可贸易的服务业产生影响，对具有“干中学”效应的制造业产生“双重去工业化”，引发的产业结构演变是煤炭产业发展对全要素生产率非线性影响的成因之一。

煤炭产业发展造成全要素生产率损失不是必然的，生产要素在各部门间配置效率的替代弹性参数β是“资源诅咒”效应出现的重要条件，当β大于煤炭部门规模报酬率ω时，煤炭产业发展对全要素生产率起到促进作用，当β小于煤炭部门规模报酬率ω时，煤炭产业发展会抑制全要素生产率，“资源诅咒”效应出现。劳动和资本作为重要的生产要素其配置效率受劳动力和资本市场发育的影响，煤炭产业发展对人力资本和金融发展的挤出导致劳动力和资本市场发育不良，产生大量的沉淀成本提高了退出壁垒导致煤炭产业扩张过度，使煤炭产业发展对全要素生产率的影响越过倒U型曲线拐点，表现出“资源诅咒”效应，抑制全要素生产率，要素配置效率是煤炭产业发展对全要素生产率非线性影响的另一个重要成因。

第二节　煤炭产业发展影响全要素生产率传导路径一：产业结构演变

Corden和Neary的“荷兰病”模型假设所有经济部门的产出都仅来自劳动力这一种生产要素的投入，通过研究劳动力在资源、制造业和服务业三部门间的流动，来分析资源部门对第二产业内部结构以及三产之间的产业结构演变，证明了资源部门的发展对于居民收入分配以及制造业规模和利润率的影响。Matsuyama于1992年利用“联系方法”模型，将“干中学”特征引入到制造业部门，对“荷兰病”模型进行了修正，解释小型开放经济体内散资源（农业）部门生产率变动和技术进步增长率之间的关系。提供了分析资源产业发展行为引发全要素生产率变动的可能性。Matsuyama的“荷兰病”修正模型的关注点是具有散资源特征的农业部门，以煤炭产业为代表的矿产资源为点资源。其他学者认为，“联系方法”模型中既然可以证明散资源的“荷兰病”效应存在，那么，这种分析方法在点资源的“荷兰病”研究中也是同样适用的。Sachs 和 Warner（1995，1997，2001）继续修正了“荷兰病”模型，Sachs 和 Warner 在 1995 年发表论文，建立世代叠交动态内生经济增长模型，模型在“荷兰病”模型的基础上将自然资源繁荣分为突发增长的 t 期和支出效应出现的 $t-1$ 期以及自然资源衰竭的繁荣后期，分别分析不同时期自然资源产业发展对经济增长的影响，同时还重点分析了制造业和不可贸易部门的资本投入和人力资本变化的影响作用，弥补了前期“荷兰病”及修正模型的不足。但是 Sachs 和 Warner 的“荷兰病”修正模型（SW 模型）假定资源部门不投入资本和劳动，这与煤炭产业的运行实际不相符合，同时也不利于分析煤炭产业对要素市场的需求引发的产业结构演变。

之前大量的研究都用“荷兰病”及其修正模型来分析资源产业发展和经济发展的关系。前文已经分析了当其他条件不变时，在平衡增长路径上稳态时全要素生产率 g_A、经济总量增长率 g_Y、制造业部门产出增长率 g_M 和人均经济增长率 g_y 都取决于制造业部门技术进步，所以“荷兰病”模型也适用于分析煤炭产业发展对全要素生产率的影响。本小节将借鉴 Sachs 和 Warner 以及 Matsuyama“荷兰病”修正模型的做法，对 Corden 和 Neary 的“荷兰病”模型进行进一步的修正，分析煤炭产业发展通过贸易条件、要素配置方式、要素相对价格变动引发第二产业内部结构以及三产之间的产业结构演变，对全要素生产率产生影响的传导机制。参照 Matsuyama 的做法利用“联系方法”模型，将“干中学”特征引入制造业部门，对“荷兰病”模型进行了修正，解释小型开放经济体内煤炭产业发展对全要素生产率的影响。

一、煤炭产业发展对产业结构演变的影响

Corden 和 Neary 于 1982 年提出的“荷兰病”模型是在巴拉萨-萨缪尔森效应假说（Balassa-Samuelson Effect Hypothesis）的基础上分析自然资源繁荣引发的一系列不利于经济发展影响的现象。巴萨效应认为国民经济分

为可贸易部门和不可贸易部门，可贸易部门的产品可以通过套利活动消除区域间价格差异；不可贸易部门产出的是不可移动的或者交易成本无限大的产品，不能通过套利活动消除其区域间的价格差异[21]。

Corden 和 Neary（1982）在“荷兰病”模型中将资源和制造业定义为可贸易部门，服务业为不可贸易部门，认为在小型开放经济体内生产三种商品，其中资源和制造业部门生产可贸易品，服务是不可贸易品。

依据《国民经济行业分类》及《三次产业划分规定》中明确的产业划分标准，中国经济中的第一产业是指农业、林业、畜牧业、渔业；第二产业是指制造业，采矿业，建筑业，热力、电力、自来水及燃气生产和供应业；第三产业即服务业，包括了除第一产业、第二产业以外的所有其他行业。本研究遵循前人的研究思路，建立三部门经济模型，其中制造业部门和煤炭部门为可贸易部门，第三产业即服务业部门为不可贸易部门，来考察“荷兰病”模型中的转移效应和支出效应。

假设小型开放经济体内存在煤炭部门、制造业部门及服务业部门。煤炭部门和制造业部门是可贸易部门，考虑到开放市场的假定，可贸易部门的价格由小型开放经济体外产品价格外生决定，不可贸易部门的服务业产品价格受经济体内供求的影响而灵活变动。各部门都仅投入劳动力和资本这两种生产要素，且生产要素可以在各部门间自由流动。生产要素不能在各经济体间流动且价格具有完全弹性。各部门的产品同质化，且全部最终产品都只用于消费。制造业部门具有“干中学”特征，有技术溢出效应，煤炭部门无偿地使用制造业部门的技术溢出。

图 4-2 描述了煤炭产业发展引发劳动力市场变化的过程。纵轴为名义工资 W，各部门劳动力 L 的需求均为工资 W 的单调递减函数；W 是本部门产品价格 P 的递增函数；由此可得 $L=f(g(P))$ 。O_S 和 O_T 表示区域内劳动力总供给量，从 O_T 向左是包含煤炭部门和制造业部门的可贸易部门劳动数量 L_T ，以 O_S 向右是服务业部门劳动数量 L_S 。在初始阶段，煤炭部门未进行大规模扩张，可贸易部门、制造业部门和服务业部门的劳动力需求曲线分别记为 L_T、L_M、L_S ，其中 L_T 和 L_M 之间的距离为煤炭部门的劳动需求曲

线 L_R。假设充分就业，L_S 和 L_T 一定交于 A 点，劳动力市场在工资为 W_1 处达到均衡。劳动市场的变动引起市场需求变化（见图 4-4），假设可贸易部门最大产出为 T，服务业部门的最大产出为 S，初始状态下消费者无差异曲线 I_1 和生产可能性曲线 TS 相切于市场均衡点 x，斜率为 $(P_S/P_T)_1$，可贸易部门的总产出为 OT_1，服务业部门产出为 OS_1，各部门的产出水平也决定了图 4-2 中各部门的劳动力需求。

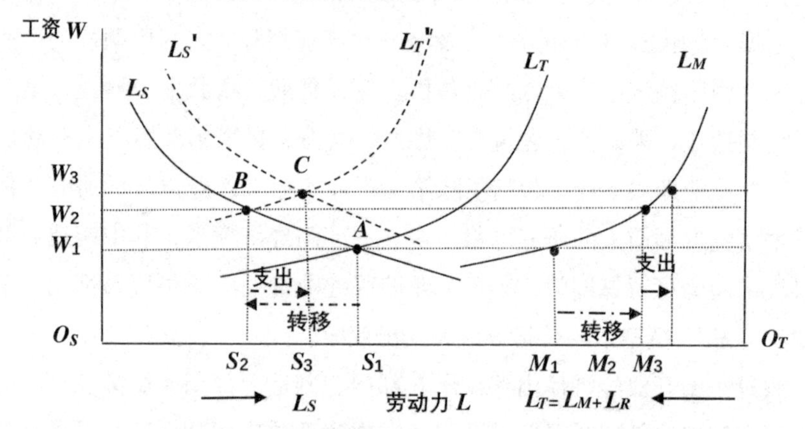

图 4-2　煤炭产业发展的转移效应、支出效应与劳动力市场均衡①

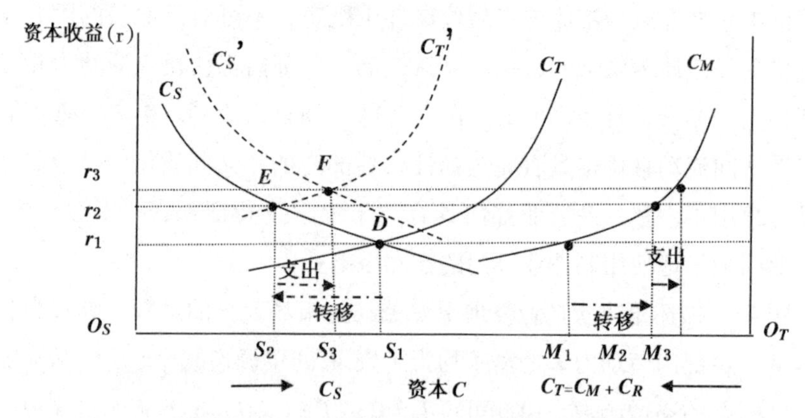

图 4-3　煤炭产业发展的转移效应、支出效应与资本市场均衡②

① CORDEN W M，NEARY J P. Booming Sector and De-industrialisation in a Small Open Economy [J]. Economic Journal，1982，92（368）：825-848. 作者略有改动。

② 冯宗宪，姜昕，赵驰．资源诅咒传导机制之“荷兰病”——理论模型与实证研究［J］. 当代经济科学，2010，032（004）：74-82. 作者略有改动。

图 4-3 反映资本领域内的，煤炭产业的比较优势，提高了获取资本的难度和成本导致区域内其他产业投资被挤出，因为 Corden 和 Neary 的“荷兰病”模型中假设生产要素仅有劳动力一种要素，这一部分理论分析中生产要素变动即为劳动力变动。后期的学者如冯宗宪等（2010）对“荷兰病”模型进行了修正，将资本也纳入生产要素中，分析自然资源繁荣对于资本市场的影响，得到了和劳动力市场一致的结论[22]。煤炭产业发展在资本市场的转移效应和支出效应，与劳动力市场有类似的表现，在这里就不过多的解释了。

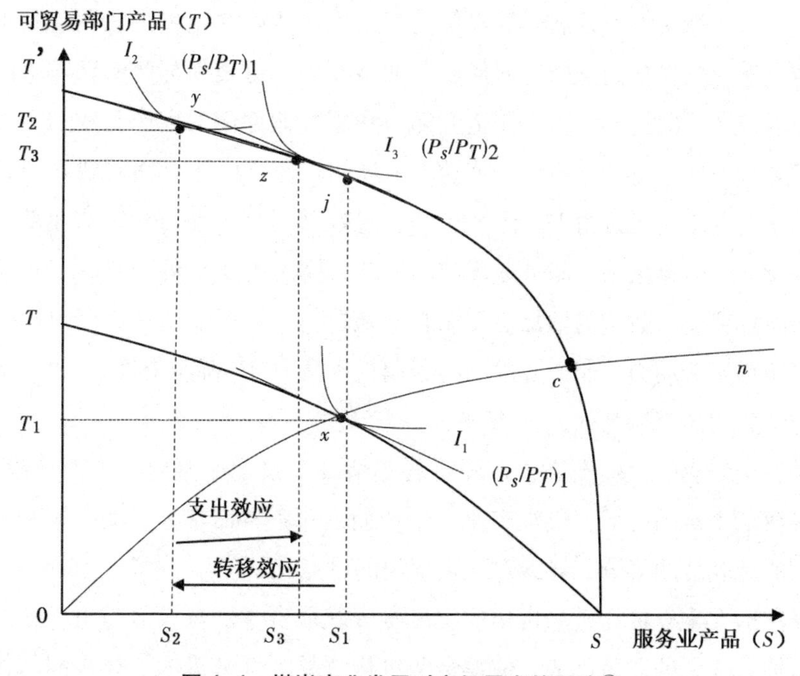

图 4-4　煤炭产业发展对市场需求的影响①

当小型开放经济体内出现煤炭产业发展时，相对于其他两个部门，煤炭部门的边际产出发生显著变化，煤炭出口带来的巨额收入增加在提高居民收入和福利水平的同时因增加了对制造业部门和服务业部门产品的市场

① CORDEN W M，NEARY J P．Booming Sector and De-industrialisation in a Small Open Economy [J]．Economic Journal，1982，92（368）：825-848. 作者略有改动。

需求（见图 4-4），"荷兰病"的出现是转移效应和支出效应共同作用的结果。

转移效应主要解释了煤炭部门生产要素边际产出增加，将生产要素从其他部门转移出来的过程。煤炭部门较高的工资水平，将劳动力从制造业部门和服务业部门中转移过来。煤炭产业的比较优势，提高了资本市场价格将资本也从其他部门转移出来。

煤炭产业发展前，汇率不变，产品价格升高幅度来自外生的技术进步，工资不变，利润率同比例增加，劳动力需求也同比例增长。当煤炭资源繁荣引发煤炭产业发展，煤炭部门劳动力的边际产出增加，在工资不变的情况下，煤炭部门倾向于雇佣更多的劳动力，可贸易部门劳动需求曲线 L_T 上移至 L_T'（见图 4-2）。制造业部门和服务业部门的生产函数和需求函数不变，因此 L_S 和 L_M 不变，劳动力市场的均衡点由 A 点移动到 B 点，这个变化引发均衡工资由 W_1 上升为 W_2，煤炭部门将劳动力从制造业部门和服务业部门转移出来，服务业部门的劳动力投入从 O_SS_1 降到 O_SS_2，可贸易部门内部劳动力数量的增加主要来自煤炭部门，同时制造业部门也向煤炭部门转移了劳动力，制造业部门的劳动投入从 O_TM_1 降至 O_TM_2。煤炭部门的劳动力增加部分为 $S_2S_1 + M_2M_1$。

煤炭产业的比较优势会在固定利率情况下挤出区域内其他产业投资。煤炭禀赋丰富的区域，煤炭产业繁荣初期，对资本需求大，受政策和金融机构的逐利性的影响，导致对煤炭部门的重点支持[23]，煤炭城市资本市场发展落后，主要依靠金融机构的间接融资获取资本。煤炭部门由于在煤炭城市拥有强大的竞争优势，使得金融机构贷款大部分进入了煤炭部门使制造业部门和服务业部门资本获取难度和成本上升。资本市场的转移效应（见图 4-3）解释了煤炭产业的繁荣使利率水平提高，将资本从制造业部门和服务业部门转移出来的过程。煤炭产业的发展推动资本成本上涨，挤出了制造业和服务业投资，与劳动力市场有类似的表现所以就不再赘述了。

煤炭产业发展对劳动力和资本市场的影响传导到产品市场，引发了各部门供给曲线的变化（见图 4-4）。煤炭产业发展使可贸易部门产品的最大供给水平从 OT 增加到了 OT'，生产可能性边界由 TS 扩展至 $T'S$，各部门价格不变时，切线的斜率 $(P_S/P_T)_1$ 保持不变，均衡点由 x 点移动到 y 点，服务业部门劳动力和资本向煤炭部门转移导致服务业部门供给水平从 OS_1 降低至 OS_2。

由于煤炭部门生产要素边际产出增加而引发其他产业部门生产要素向煤炭部门转移的现象被称为“转移效应”。这种转移效应是“直接去工业化”①（Direct De-Industrialization）（如图 4-5 所示）。

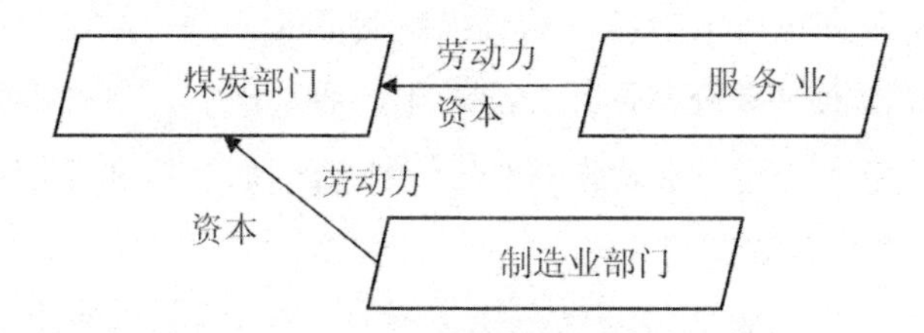

图 4-5　“荷兰病”模型转移效应示意图

煤炭城市居民消费者的收入主要包括工资收益、资本收益，当经济体内煤炭资源突发性繁荣时，煤炭资源带来的资本红利会同时增加初期煤炭产业的总产出和居民消费者的总收入水平。其中包括所有劳动者的工资收入和得到的政府一次性给付的煤炭资源收益，居民消费者为应对退休后的消费而将一次性给付的煤炭资源收益进行储蓄，并获得资本收益。煤炭产业发展在一段时间内，为煤炭资源型地区的居民提供较为持续的收入来源，让他们对未来的持续收入建立稳定的安全感。根据弗里德曼的持久收入假说，居民产生了收入稳定的安全感，所以居民在现期不会为了保证后期生活而增加投资。增加的工资和资本收益传导到消费市场就表现为就业人员的可支配收入增加。当经济体内对于服务业和制造业部门产品的需求

① 有些学者认为，如果繁荣的资源部门资本和技术具有较强的专业性（如石油），产业繁荣也不需要从其他产业大量转移生产要素，那么资源的转移效应不强，对经济增长影响更大的是支出效应。但是本书研究的煤炭产业属于劳动密集型，生产要素专用性不强，所以转移效应明显。（作者注）

增加，转移效应使服务业部门供给减少；服务业部门因不可贸易性导致无法从区域外获得新增供给，需求过剩必然引发价格上涨，服务业部门为提高供给水平而增加劳动力需求，服务业部门不得不提高生产资料的获取成本。劳动力和资本具有趋利性且在各部门间可以自由流动，服务业部门工资上涨就会将劳动力从煤炭部门和制造业部门吸引至服务业部门，同时服务业部门也倾向于以更高的成本获取更多的资金，制造业部门内厂商获取资金的难度和成本也提高，同时不得不提高工资水平。在开放的市场环境下，小型开放经济体内消费者对于制造业增加的需求可以通过区域内制造业部门提高供给和进口两个途径来解决。制造业部门产品价格由国际市场外生决定，无法通过提价来弥补上涨的生产要素成本。制造业部门的利润下降，规模和竞争力也就会逐渐降低。一段时间后，服务业部门会重新繁荣，而制造业持续萎缩。

图 4-4 显示，当服务业产品价格 P_S 增高时，无差异曲线 I_3 与新生产可能性边界 $T'S$ 切线斜率 $(P_S/P_T)_2$ 大于初始斜率 $(P_S/P_T)_1$，表明本币实际汇率上升。由于制造业部门和煤炭部门在开放市场下价格外生决定，国内需求的变化无法改变劳动力的边际产出，图 4-2 中可贸易部门劳动力需求曲线 L_T' 和制造业部门劳动力需求曲线 L_M 不变，服务业部门产品价格上涨引发劳动力边际产出提高，服务业部门的劳动力需求曲线 L_S 向右移动至 L_S'。劳动力市场均衡被打破，新的均衡点由 B 点移动到 C 点，均衡工资再次由 W_2 上升到了 W_3。在新的工资水平下，服务业的劳动投入由 O_SS_2 提高到了 O_SS_3，煤炭部门和制造业部门都有劳动力的流失，可贸易部门的劳动力投入总数从 O_TS_2 降低到 O_TS_3，其中制造业部门的劳动投入再一次从 O_TM_2 降为 O_TM_3，制造业继续萎缩。资本市场也经历了类似的变化，资本的流失也抑制了制造业发展。

这种因煤炭产业发展而引发的，通过服务业部门传导的，制造业部门因产出和要素投入水平下降而萎缩的结果称为“间接去工业化”（Indirect De-Industrialization）（如图 4-6 所示）。

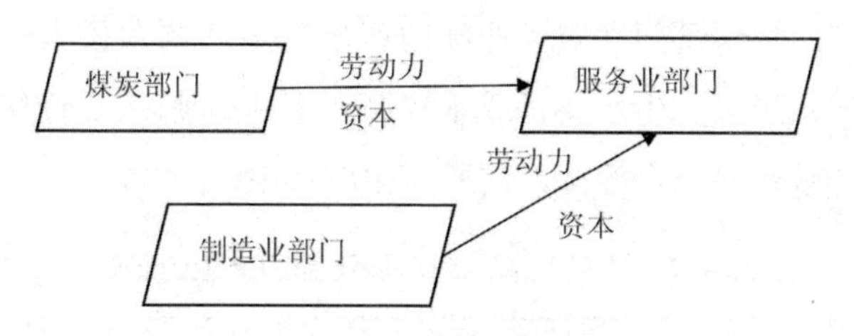

图 4-6　“荷兰病”模型支出效应示意图

假设煤炭部门不投入任何劳动力和资本，以消除转移效应的影响，图 4-4 中生产可能性曲线仍然是 ST'，资源红利带来的收入增加提高了对服务的需求，预算约束曲线 On 和 ST' 相交于 c 点，当服务业需求增加引起货币升值导致 $T'S$ 的切线斜率 P_S/P_T 上升，新的平衡点一定介于 j 点和 c 点之间，服务供给也会高于最初的均衡点。转移效应和支出效应共同作用导致实际汇率 $e = E^*(P_S/P_T)$ 上升，本国货币升值，但是服务业部门的产出水平变化方向并不像制造业部门那么明确。转移效应降低了服务业部门的产出，支出效应又增加了服务业部门的产出，理论上无法判断二者的作用力大小，需要在后期的实证中进行检验。理论上无法确定转移效应和支出效应的大小，即无法明确推断出服务业产出 S_3 与 S_1 大小关系，而转移和支出效应都导致制造业的萎缩，所以制造业产出必然表现为逐步递减，即 $M_1 > M_2 > M_3$。

即使煤炭资源繁荣之后，煤炭产业进入衰退期，煤炭资源收入递减，煤炭产业者劳动生产率偏低劳动收入下降，但是因为相对富有的退休人员和煤炭资源红利带来的储蓄保证了对不可贸易部门的需求水平降幅不大，依然会高于煤炭资源繁荣之前的需求水平，技术进步和经济增长就很难回到煤炭资源繁荣出现前的增长路径上。由于煤炭产业发展抑制了制造业发展，破坏了产业结构，煤炭城市产生了煤炭型经济锁定，随着时间推移，当煤炭资源繁荣的影响逐渐消除后，经济增长和技术进步也很难自动回到初始增长路径上。

综上所述，在“荷兰病”模型中，转移效应和支出效应共同作用会对小型开放经济体产生以下结果。第一，制造业部门产出和生产要素投入显著降低；第二，煤炭部门和服务业部门产出与生产要素投入水平的综合影响是不确定的；第三，生产要素成本提高。表4-2归纳了转移效应和支出效应及其综合效应对三个经济部门所产生的影响。

表4-2 “荷兰病”对各经济部门产生的影响

		产出	就业	生产要素成本	产品价格
转移效应（直接去工业化）	煤炭部门	+	+	+	0
	制造业部门	−	−	+	0
	服务业部门	−	−	+	+
支出效应（间接去工业化）	煤炭部门	−	−	+	0
	制造业部门	−	−	+	0
	服务业部门	+	+	+	+
综合效应	煤炭部门	?	?	++	0
	制造业部门	—	—	++	0
	服务业部门	?	?	++	++

注：+、−、0、? 分别表示上升、下降、不变和不确定。

二、产业结构演变对全要素生产率的影响

产业结构演变发生在国民经济发展、产业技术变迁及消费者行为变化的过程中，市场供需、要素配置、市场容量发生变化，分工和专业化程度也随之发生相应变化，使得在不同阶段产业演化出不同的组织形态。

产业结构演变是资本、劳动等生产要素在不同产业间流动，在居民消费偏好影响下，不断提高生产效率和要素配置效率的过程及结果。从生产要素供给视角看，煤炭产业发展过程中引发的产业结构演变是劳动力和资本的转移效应导致产业结构发生变化的过程。从居民消费偏好视角看，居民消费的偏好引起的支出效应导致了煤炭产业发展引发产业结构演变。因此，对产业结构演变的分析可以从不同的层面和角度展开。

产业结构演变过程中，劳动力的流动不仅改变就业结构，还能提高劳

动者的素质，影响整个劳动力市场发育。制造业部门生产过程中产生的人力资本积累与经济体内总产出成正比，与企业个体的产出无关。制造业部门产生的人力资本积累带来的社会收益大于本企业自身的收益，制造业部门有很强的技术溢出效应，将生产要素从制造业部门流出，会降低这种技术溢出效应，影响全要素生产率。相关学者的研究和本书的分析已经证明了资本和劳动力在“荷兰病”模型中有相似的变化趋势，煤炭产业是标准的劳动密集型产业，劳动需求的变化是产业结构演变的主要影响因素，为了简化分析，假设所有经济部门的产出都仅来自劳动力这一种生产要素的投入，劳动力可以在各部门间自由流动，仅制造业部门能带来技术进步，因此技术变化形式可以表示为：

$$\dot{M}_t = \delta Y_t^M \tag{4.2.1}$$

其中，M_t代表制造业部门的生产效率，t 表示时间，δ 是技术产生的效率参数，Y_t^M 是制造业部门的产出，Y_t^A 是煤炭部门的产出。因此，可以将制造业部门和煤炭部门的生产函数表示为：

$$Y_t^M = M_t F(d_t) \qquad 其中，F(0)=0，F' > 0，F'' < 0 \tag{4.2.2}$$

$$Y_t^A = A_t G(1 - d_t) \qquad 其中，G(0)=0，G' > 0，G'' < 0 \tag{4.2.3}$$

因为假设劳动力总数赋值为 1，d_t 为 t 时期内制造业部门雇佣的劳动力数量，Y_t^A 为煤炭部门产出，A 为煤炭部门生产效率。结合（4.2.1）和（4.2.2）式可以得到 t 时期内技术进步率的表达式：

$$\frac{\dot{M}_t}{M_t} = \delta F(d_t) \tag{4.2.4}$$

假设两部门工资水平相等，劳动力在各部门间以相同的工资自由流动，煤炭的外生决定价格为 1，则制造业部门的产品相对价格为 P_t，劳动力市场实现均衡则表现为：

$$P_t M_t F'(d_t) = A_t G'(1 - d_t) \tag{4.2.5}$$

因为煤炭的特殊性，必须满足经济体内最低生存需求，所以将消费者的总需求函数设定为：

$$C_t^T = \gamma L + \beta P_t C_t^M \tag{4.2.6}$$

其中 $C_t^A C_t^M$ 分别代表对煤炭和制造业产品的消费需求，γ 表示为了生存和能源安全而对煤炭产生的消费水平，满足 $AG(1) > \gamma L > 0$。

在开放经济条件下，经济体与外界有商品交换，但是仍然假设生产要素不能跨区流动，小型开放经济体内两部门的价格由国际市场价格外生决定，区域内各产业间的比较优势变动会对产业结构变动产生影响。煤炭部门的生产效率是由国际平均生产效率 A^* 外生决定的，制造业部门国际平均生产效率 M_t^* ，在该区域煤炭产业繁荣之前，假设在开放的经济环境内，制造业部门投入的生产要素超过国际平均水平，相对比较优势使制造业更快的发展速度而提升了技术进步水平，存在 $M_0^*/A^* < M_0/A$ 。经济体内煤炭产业发展使本国的相对比较优势逐渐从制造业转移到煤炭部门，更多的生产要素会转移到煤炭部门中，会降低经济体内制造业的产出和技术进步水平，当 M_1 降到了一个临界值使得 $M_1^*/A^* > M_1/A$ 时，导致经济体内全要素生产率低于经济外部，出现煤炭产业发展不利于全要素生产率的“资源诅咒”。

综上所述，在理论分析的基础上结合其他学者的相关研究，发现煤炭资源禀赋很大程度上影响了一个国家或地区的产业结构和经济发展。煤炭资源丰富的地区往往优先发展煤炭产业，以带动其他部门的发展，这些煤炭城市的产业结构带有本区域自然资源结构的特征，形成煤炭开发型和煤炭加工型的产业结构。煤炭产业发展的初期，煤炭是经济发展的驱动要素之一，煤炭产业也为区域内其他产业的发展提供了能源和物质基础条件，对全要素生产率起到促进作用，根据比较优势理论，一个国家或地区发展具有自然资源禀赋优势的产业能够促进经济的增长，Murphy 等人（1989）的研究也支持了该传统观点。

通过“荷兰病”模型的分析可以发现煤炭产业发展是一个过程，早期煤炭产业的发展为小型开放经济体带来大量的“天降神粮”，为制造业提供生产资料，短期内小型开放经济体内出现经济繁荣现象。随着煤炭产业的不断发展，转移效应将生产要素从制造业和服务业部门转移出来，煤炭产业发展产生的资源红利，刺激了对不可贸易的服务业部门的产品需求，支出效应出现，生产要素从制造业和煤炭产业流入服务业。两次产业结构的演变都损害了具有“干中学”特征且能够带来经济体全要素生产率提高的制造业，这种产业结构演变是导致煤炭产业发展对全要素生产率产生倒U型非线性影响的原因之一，因此可以提出本书的假设2。

假设2：煤炭产业发展初期产生资源红利，促进全要素生产率提高，煤炭产业发展过程中引发产业结构演变，对服务业产生综合效应、对制造业产生“去工业化”效应，挤出具有“干中学”特征的制造业，使煤炭产业发展对全要素生产率产生倒U型非线性影响。

第三节 煤炭产业发展影响全要素生产率传导路径二：要素配置效率

第一节的理论分析得出了一个重要结论：煤炭产业发展抑制全要素生产率不是必然的，各部门间生产要素配置效率的替代弹性参数β是“资源诅咒”效应出现的重要条件，当β大于煤炭部门规模报酬率ω时，煤炭产业发展对全要素生产率起到促进作用，当β小于煤炭部门规模报酬率ω时，煤炭产业发展会抑制全要素生产率，“资源诅咒”效应出现。在现代市场经济条件下，虽然政府的产业政策对煤炭产业发展有一定的调控作用，但是调节主体仍然是市场。劳动力和资本市场的发育情况会影响生产要素在各部门之间配置效率。

本小节将就此来分析要素配置效率在煤炭产业发展对全要素生产率非线性影响中的传导机制。劳动和资本是主要的生产要素投入，煤炭产业发展不利于要素市场发育降低了生产要素配置效率。要素配置效率的代理变量人力资本和金融发展在煤炭产业发展对全要素生产率影响中具有门槛特征；人力资本和金融发展水平低的时候，煤炭产业发展会抑制全要素生产率，表现为“资源诅咒”，人力资本和金融发展水平高时，煤炭产业发展会促进全要素生产率，表现为"资源祝福"。煤炭产业发展使劳动力市场和资本市场发育不良；产生大量的沉淀成本提高了退出壁垒导致煤炭产业扩张过度，使煤炭产业发展对全要素生产率的影响越过倒U型曲线的拐点，表现出"资源诅咒"效应，抑制了全要素生产率。

一、煤炭产业发展对要素配置效率的影响

要素配置是需求水平和供给能力基于节约性和经济性原则对生产要素在各部门间的分配进行调节的过程，要素配置效率的评价标准是帕累托最优。产业供给的影响因素主要包括自然资源的天然禀赋、劳动和资本的供应状况等。煤炭产业的发展主要依赖于煤炭资源的天然禀赋，煤炭资源禀赋在很大程度上制约着一个地区的产业结构，煤炭资源丰富的地区倾向于优先发展技术要求低、经济回报高、劳动力需求大的煤炭产业。在第二节中已经通过"荷兰病"修正模型分析了煤炭产业发展通过对劳动和资本在各部门间的转移和支出效应而引发的产业结构演变，但此模型只分析了劳动和资本投入的数量，没有考虑煤炭产业发展对劳动和资本配置效率的影响，有必要在本小节继续分析生产要素在各部门之间的配置效率在煤炭产业发展对全要素生产率影响中的传导作用。

（一）煤炭产业发展影响劳动配置效率

很多学者研究了挤出效应在"资源诅咒"中的传导机制。Sachs 和 Warner（1995）认为自然资源开发和初级产品生产并不需要劳动力拥有较高的技能，而且会带来大量的短期利益，所以资源型城市的政府和家庭都忽略了对教育的投入，使得人力资本积累被弱化，高技能型人才缺乏，长期的经济增长缺乏动力。煤炭产业是劳动密集型产业，对从业者的劳动技能和教育程度要求不高。当地居民容易产生短视行为，不注重对教育和自身素质的投资，企业家技术创新的动力不足，损害了煤炭城市的人力资本积累[24]。煤炭城市以煤炭产业为主导产业，煤炭企业大多数是国有企业，对简单劳动需求量大，良好的保障体系和稳定的工作环境使劳动者

流动率低。煤炭产业发展影响了区域内制造业发展，区域内产业结构单一，人力资本水平较低的劳动力流动能力有限，很难实现跨区域和跨产业流动。煤炭产业发展降低了劳动力的素质和流动意愿及能力，抑制劳动力市场发育。

劳动是稀缺的生产投入要素，应该被高效地配置，高效配置的标准是指劳动配置达到了每单位劳动都创造其最高价值或劳动总量创造出最大产出的状况。劳动力市场是为劳动力提供供需信息的交易平台，是劳动力交换关系的总和，是政府在遵循市场规律的前提下，合理配置劳动力的一种机制，是对劳动力进行宏观调控的重要渠道。劳动力市场为劳动力的交易活动提供了自然环境和制度环境。其中，自然环境是指劳动力现实交换的场所和空间；制度环境提供的是交易的合法性和有效性的保证，为劳动力市场的形成和日常运行提供有效的制度载体和保障。

劳动力市场通过高效地处理劳动力价格和供需关系实现劳动力配置功能。工资机制特别是工资率比价能自发调节劳动力的分配，在国民经济的各地区、各部门之间合理配置劳动力，促进国民经济协调发展。劳动力市场提供劳动力的供需信息为劳动力供求双方提供符合自身利益的双向选择机会，劳动者可以找到能提供更高工资的企业，而用人单位择优选取拥有企业所需技能的人才，使每单位劳动能够创造其最高价值。劳动力市场通过竞争机制和价值规律，把劳动力配置到有竞争力、经济效益好的企业去，使全社会劳动总量创造出最大产出，实现劳动力的高效配置，提高全要素生产率。

Romer（1986）将具有专业化知识的人力资本和简单劳动分解开作为自变量加入生产函数中，其中影响劳动力市场配置效率的关键是人力资本。煤炭部门的人力资本投入不足不仅降低本部门的生产效率，还会对其他部门特别是制造业部门的人力资本结构产生消极影响，降低全社会的生产效率和产品竞争力[25]。人力资本是劳动力在教育、培训、实践、保健、迁移等方面的投入而带来的知识和技能积累。Lucas 认为劳动者是简单劳动与人力资本的组合，劳动力的人力资本差异可以导致经济增长和全要素生产率的差异。二战以来，生产力水平不断提高，科技飞速发展，人力资本在经济活动中的重要性快速提升，将人力资本加入生产函数的设置体现了这种经济运行的实际变化。

在劳动力市场上，由于户籍、劳动力流动限制、最低工资标准、失业保护、解雇成本等原因，都限制了劳动力在企业间的自由流动，加剧了劳动要素错配的现象。但是，影响劳动力市场配置效率的关键因素是人力资本。劳动力市场不完善的重要表现是相对滞后的劳动力结构调整能力，出现了人力资本的绝对缺乏和相对过剩并存的结构性矛盾，在相对过剩的竞争效应影响下，人力资本价格降低，影响人力资本投入的积极性，加剧了人力资本的绝对缺乏，进入恶性循环状态。

劳动力市场发育不良还表现为劳动力内部和外部市场的制度性分割。内部劳动力市场的存在降低了教育投入的积极性，外部劳动力市场又缺乏对人力资本稳定的评价体系。当内部劳动力市场需求萎缩，剩余的人力资本被迫转向外部劳动力市场，不得不以与简单劳动力相同或者略高的工资去与外部劳动力市场中现存的劳动力竞争工作机会，降低了人力资本价格，这是对人力资本的极大浪费，抑制了人力资本再投入的积极性，降低了全社会劳动总量的总产出，劳动力市场发育不良抑制劳动配置效率。

传统的增长理论认为与其他要素一样，作为一种有效劳动投入的人力资本，可以通过增加投入数量来提高产出，人力资本对效率提高具有规模效应。但是新增长理论认为人力资本已经超越了简单要素的范畴，人力资本具有配置能力，可以对其他生产要素进行重新组合，人力资本对生产效率提高具有配置效应。影响劳动力市场在各部门间配置劳动力效率的关键因素是人力资本，所以将人力资本作为劳动配置效率的代理变量，从理论和实证两个方面探讨劳动配置效率在煤炭产业扩张对全要素生产率影响中的传导作用。

（二）煤炭产业发展影响资本配置效率

煤炭产业发展降低了个人储蓄和投资的需求。因为煤炭产业发展在一段时间内，为煤炭资源地区的居民提供稳定的收入来源，根据弗里德曼的持久收入假说，居民产生了收入稳定的安全感，所以居民在现期不会为了保证后期的生活而增加储蓄或投资。煤炭资源丰裕地区通常优先发展煤炭产业，金融产业不完善，间接阻碍了投资和储蓄增长，不利于资本市场发育。煤炭价格波动性强，出于安全性考虑，金融机构倾向于降低信贷规模，金融发展水平不高，对煤炭城市金融发展产生影响[26]。Nili 和 Rastad（2007）认为自然资源对金融可能产生负面作用，进而对整个经济产生不利影响。从供给角度分析，煤炭产业的发展挤出了金融系统的投资和技术投入，同时煤炭产业发展过程中带来腐败和寻租等制度弱化效应摧毁了金融发展所需的制度体系，抑制了金融发展。从需求的角度来看，自然资源带来的丰厚收益和随之而来的非贸易部门发展会使得包括消费信贷在内的金融服务需求上升，可是对金融服务需求量更大的制造业部门却陷入了衰退。煤炭资源的巨额收益起到了平滑消费的作用，削弱了建立更高效金融体系的动机，煤炭产业发展抑制了资本市场发育降低资本配置效率。

资本市场是一种具有特定功能、存在于某一特定空间的市场，资本市场本身是资本进行交易的特定场所，同时资本市场还反映资本特定的供求关系。从国民经济运行的视角出发，资本市场本身就蕴含一整套用于解决储蓄主体与投资主体高度分离的矛盾，借助资本市场要素和金融工具组合促进储蓄向投资转化的资本实现机制。从生产要素市场的视角看，资本市场具有与土地和劳动等生产要素市场类似的供求关系，资本市场的运行状态和活跃程度由可利用的资本量和价格决定[27]。经济增长理论把资本与劳动看作生产函数中的投入要素，分别来自资本市场和劳动力市场，二者相互作用，影响经济发展，资本市场的概念被纳入生产要素市场的研究范畴。

本书研究资本市场发育是为了分析在资本市场中，资本作为重要的投入要素在各部门间的配置效率的变化。在中国，国家拥有煤炭资源所有权，为了有效地开发和利用煤炭资源，以招标、协议或授予等方式将矿业权交给煤炭矿业权人，授权其进行煤炭勘查和开发活动，使得煤炭产业可以依托煤炭资源而得到发展。中国煤炭资源的所有权同经营权分离，煤炭经营企业以国有企业为主，产权结构单一，煤炭资源采矿权资产证券化还处于理论研究阶段。这种所有权和经营权分离的现状，限制了煤炭城市资本市场的发育，影响资本在各部门间的配置效率。

资本市场的完善程度决定了煤炭城市资本市场的要素配置功能，资本的需求方期望以合理的成本从资本市场获取资金，资本的供给方需要资本市场为其提供金融工具的销售服务。金融体系对资本的流动性产生影响，资本市场的有效性可以提高资本的配置效率[28]。

资本配置效率高低是评价资本市场或金融体系是否发育完善的重要标准。资本市场将资本配置到效率高的部门，得到资本的部门实现了产出最大化时，资本配置效率实现帕累托最优。资本是货币的转换形式之一，在金融市场中进行运作，金融学理论认为金融市场是外延最大的概念，资本市场通常被纳入金融市场的研究框架中[29]。要素配置正是金融的核心功能，利用各种金融手段，在生产或消费领域配置稀缺的生产要素，使生产要素在社会经济活动中发挥作用。要素的优化配置是判断金融核心功能效率的标准，要素优化配置是在时间和空间上对各种要素进行有效分配，减少要素无效率消耗并获得最佳收益，达到提高经济效益和社会效益的目的。通过金融的制度安排和体系设计来优化要素配置，在不降低社会其他主体福利的前提下，提高自身福利水平，达到帕累托最优是衡量金融优化要素配置功能的标准。

当企业面临投资机会但内源资金不足时，由于缺乏抵押资产不能获得外部融资或融资成本过高，就意味着存在融资约束。源于金融市场低效的融资约束，可能导致资金不能有效地在企业间进行配置，从而出现资金错配。资本是重要的生产要素，是产业维持和发展的重要条件。资本供给的规模、增速、可获得性和价格会影响产业结构演变。在资本结构不变的情况下，产业对资金的吸引能力决定了该产业的发展规模和增速，中国煤炭资源富集程度和经济发展水平呈错位分布，煤炭资源丰富的地区经济发展水平较低，资金短缺情况严峻。资本的缺乏使这些区域优先发展对资金依赖较低的煤炭产业，而对资金需求量较大的制造业发展受到抑制。煤炭产业发展不利于资本市场发育，使其他产业发展受到融资约束，资本配置效率低。影响资本市场在各部门间配置资本效率的关键因素是金融发展，所以将金融发展作为资本配置效率的代理变量，从理论和实证两个方面探讨资本配置效率在煤炭产业扩张对全要素生产率影响中的传导作用。

综上所述，劳动力和资本市场对投入要素在各部门之间的配置效率有影响作用。在煤炭城市，某个具体产业是否能发展，以及发展的速度和程度取决于相应生产资料取得的经济性。生产资料的获得性一方面由自然资源禀赋决定，另一方面受要素市场的发育情况影响。在煤炭城市，天然的煤炭资源禀赋为煤炭产业发展提供了条件，煤炭产业对劳动力技能要求低，对金融服务需求少等原因导致劳动力和资本市场发育不良，影响了要素配置效率，限制了其他产业的发展，不利于经济高质量发展。

二、要素配置效率对全要素生产率的影响

煤炭产业发展引发产业结构演变，使生产要素从生产率高的制造业部门流入生产率相对低的煤炭部门或者服务业部门，要素配置效率下降，对全要素生产率产生抑制作用，劳动和资本要素配置过程中的摩擦因子限制了劳动和资本的自由流动。降低要素配置效率，市场机能完善可以引导生产要素流向边际生产率更高的部门，煤炭产业发展限制劳动力和资本市场发育，要素配置效率降低抑制了全要素生产率。

胡援成和肖德勇将人力资本和自然资源投入量纳入柯布-道格拉斯生产函数中，构建内生经济增长模型，证明自然资源与经济增长关系受制于人力资本门槛。刘耀彬等在胡援成等的研究基础上，在分析中增加了金融部门，利用模型验证了金融发展在自然资源与经济增长关系中存在门槛效应。参照胡援成和肖德勇以及刘耀彬等的研究思路，将具有专业化知识的人力资本和简单劳动分解开作为自变量而加入生产函数中，构造包含煤炭和金融两部门的内生经济增长模型，将人力资本和金融发展作为要素配置效率的代理变量，通过分析要素配置效率在煤炭产业发展对全要素生产率

影响中的门槛特征，来寻找引发煤炭产业发展对全要素生产率非线性影响产生的原因，为实证分析奠定理论基础。

（一）要素配置效率的门槛效应

煤炭资源、资本和劳动是煤炭城市经济发展的主导要素。煤炭资源受区域内煤炭资源的天然禀赋影响，人力资本和金融发展水平反映了劳动和资本配置效率。构建含有煤炭产业和金融业的两部门模型。假设在一个以煤炭产业为主导的封闭的经济体中，处于自由竞争的经济环境下，决策的主体是煤炭厂商和居民消费者，投入的生产要素包括煤炭资源和具有知识积累的劳动和资本，生产要素的配置由厂商决定，物质资本不存在折旧，经济体内有煤炭部门和金融部门，其中决策主体为煤炭厂商和居民，假定经济体内的总人口不变，人口增长率为0，劳动力总量为L，每个居民具有消费者和劳动力的双重属性，同质化的居民消费者具有无限的时间观念，以消费满足需求的同时无弹性地提供劳动。居民通过消费实现效用最大化，煤炭厂商通过配置生产要素实现利润最大化。

继续使用拉姆齐模型中常数相对风险厌恶效用函数的形式来建立居民消费者的效用函数$U(c)$。在无限时域上（$\sigma \neq 1$），标准地最优居民消费者规划是：

$$U(c)=\int_0^{\infty}\frac{c^{1-\sigma}-1}{1-\sigma}Le^{-\rho t}\mathrm{d}t=\int_0^{\infty}\frac{c^{1-\sigma}-1}{1-\sigma}e^{-\rho t}\mathrm{d}t \tag{4.3.1}$$

其中：$c=C/L$表示人均消费，C为消费总量，L为家庭规模，总人口数保持不变并总量标准化为1；$\rho(\rho>0)$是主观折现率；$\sigma(\sigma\geq 0)$为相对风险厌恶系数，为跨期替代弹性的倒数。$e^{-\rho t}$为折现因子，用来反映居民消费者对未来消费的重视度。

经济增长理论认为，经济平衡增长路径上，物资资本K、总产出Y、消费C的增长率相同，假定物质资本没有折旧且人口规模不变，则各变量的稳态增长率都等于全要素生产率g_A。

$$g_c=g_A=g_Y=g_y \tag{4.3.2}$$

居民消费水平 g_c 作为全要素生产率 g_A 的度量指标，居民消费水平 g_c 和煤炭资源投入量 N 之间的关系可以用来考查全要素增长率与煤炭产业发展的关系。构建汉密尔顿函数并求最大值可以得到拉姆齐规则，即

$$g_c = \frac{\overset{\triangle}{c}}{c} = \frac{r - \rho}{\sigma} \tag{4.3.3}$$

其中 r 为资本收益率，资本收入可分为物质资本收入、自然资本收入、人力资本收入和金融资本收入。假定市场具有完备性，劳动力可以自由流动，消费者的各种资产收益相等，即在均衡状态下，物质资本收益率 r_k 、自然资本收益率 r_n 、人力资本收益率 r_h 和金融资本收益率 r_f 等于其他资本收益率。经济主体决策的结果会使各要素收益趋向一致，因此可以将资本收益率 r 视作居民消费者的各类资本收益率的均值，在均衡条件下资本收益率满足：

$$r = \frac{r_k + r_n + r_h + r_f}{4} \tag{4.3.4}$$

将具有专业化知识的人力资本和简单劳动分解开作为自变量加入生产函数中。假设生产规模报酬不变，煤炭厂商通过物质资本 K 、煤炭资源 N 、人力资本 H 、金融发展 F 和劳动力 L 的投入来实现产出，将煤炭厂商的生产函数设定为科布-道格拉斯生产函数的形式：

$$Y = AK^{\alpha}N^{\beta}H^{\gamma}F^{\lambda}L^{1-\alpha-\beta-\gamma-\lambda} \tag{4.3.5}$$

其中，A 为既定社会技术存量的索洛余值；K 为物质资本；N 为煤炭资源投入量；H 为人力资本；F 为金融发展；L 为劳动力；α 、β 、γ 、λ 为待定参数。同时用人力资本 H 、金融发展 F 和煤炭资源 N 构造厂商利润函数：

$$\Pi = Y - r_kK - r_nN - r_hH - r_fF - \omega L \tag{4.3.6}$$

在竞争性市场中，根据方程（4.3.6）以 K、N、H、F 对 N 求一阶导可得煤炭厂商利润最大化的条件方程组：

$$\begin{cases} r_k = f_K(K, N, H, F, L) = \alpha AK^{\alpha-1}N^{\beta}H^{\gamma}F^{\lambda}L^{1-\alpha-\beta-\gamma-\lambda} \\ r_n = f_N(K, N, H, F, L) = \beta AK^{\alpha}N^{\beta-1}H^{\gamma}F^{\lambda}L^{1-\alpha-\beta-\gamma-\lambda} \\ r_h = f_H(K, N, H, F, L) = \gamma AK^{\alpha}N^{\beta}H^{\gamma-1}F^{\lambda}L^{1-\alpha-\beta-\gamma-\lambda} \\ r_f = f_F(K, N, H, F, L) = \lambda AK^{\alpha}N^{\beta}H^{\gamma}F^{\lambda-1}L^{1-\alpha-\beta-\gamma-\lambda} \end{cases} \tag{4.3.7}$$

在均衡状态下，各种类型的资本投入收益均相等，结合条件方程组(4.3.7)可得：

$$\begin{cases} K/N = \alpha/\beta \\ H/N = \gamma/\beta \\ F/N = \lambda/\beta \end{cases} \tag{4.3.8}$$

K/N 为单位煤炭资源的物质资本配置率，H/N 为单位煤炭资源的人力资本配置率，F/N 为单位煤炭资源的金融资本配置率，β 为煤炭产业发展程度，结合煤炭厂商利润最大化的条件方程组（4.3.8）和方程（4.3.4）可得：

$$r = \frac{1}{4}Y(\frac{\alpha}{K} + \frac{\beta}{N} + \frac{\gamma}{H} + \frac{\lambda}{F}) \tag{4.3.9}$$

把方程（4.3.9）代入方程（4.3.3）中，整理可得：

$$g_c = \frac{1}{\sigma}\left(\frac{1}{4}Y\left(\frac{\alpha}{K} + \frac{\beta}{N} + \frac{\lambda}{H} + \frac{\lambda}{F}\right) - \rho\right) \tag{4.3.10}$$

假设某个经济变量是煤炭产业发展对全要素生产率影响中的门槛变量，则必然存在一个门槛值使得煤炭资源 N 和居民消费水平 g_c 的相关关系在方程（4.3.10）的两边发生变化。在方程（4.3.10）两边分别对煤炭资源 N 求一阶导和二阶导，可得出门槛值并结合方程组（4.3.8），将煤炭资源 N 的二阶偏导简化可得：

$$\frac{\partial g_c}{\partial N} = \frac{1}{4\sigma}Y(\frac{\alpha\beta}{KN} + \frac{\beta(\beta-1)}{N^2} + \frac{\beta\gamma}{NH} + \frac{\beta\lambda}{NF}) \tag{4.3.11}$$

$$\frac{\partial^2 g_c}{\partial^2 N} = \frac{\beta(\beta-1)}{4\sigma}\frac{Y}{N^3}(4\beta-2) \tag{4.3.12}$$

从分析煤炭产业发展促进全要素生产率提高过程中的人力资本约束问题入手，如果煤炭产业发展对全要素生产率的影响受制于人力资本 H，把物质资本 K 视为不变量，令居民消费水平 g_c 对煤炭资源 N 的一阶导方程（4.3.11）等于零时可得：

$$H^* = \frac{\gamma K}{(1-\beta)\frac{K}{N} - \alpha - \frac{\lambda K}{F}} \tag{4.3.13}$$

结合方程组（4.3.8）可得人力资本的门槛值为：

$$H^{*} = \frac{\beta\gamma K}{\alpha - 3\alpha\beta} \tag{4.3.14}$$

同样，如果煤炭产业发展影响全要素生产率的方式受制于金融发展 F 这一门槛，按上述同样的操作可导出金融发展的门槛值为：

$$F^{*} = \frac{\beta\lambda K}{\alpha - 3\alpha\beta} \tag{4.3.15}$$

因为 α、β、γ、λ 都是（0，1）之间的数，且 K 大于零，方程（4.3.14）、（4.3.15）门槛值 H^{*}、F^{*} 为正，所以 $0 < \beta < \frac{1}{3}$ 一定成立。又因为 Y、N、σ 值均大于零，所以居民消费水平 g_A 对煤炭资源 N 的二阶导式（4.3.12）恒大于零。因此，可以认为存在门槛值 H^{*}、F^{*}，使生产部门对于煤炭资源的函数取最小值，在临界值两边煤炭产业发展对全要素生产率的影响由负转正，呈倒 U 型曲线关系。

通过理论分析证明了要素配置效率的代理变量人力资本和金融发展是煤炭产业发展影响全要素生产率的门槛变量。人力资本和金融发展水平低的时候，煤炭产业发展会抑制全要素生产率，表现为“资源诅咒”；人力资本和金融发展水平高时，煤炭产业发展会促进全要素生产率，表现为“资源祝福”。大量学者的研究已经证实了煤炭产业发展对人力资本和金融发展的挤出效应，导致劳动力和资本市场发育不良，降低要素配置效率。但是煤炭产业发展为什么会越过曲线拐点对全要素生产率产生抑制作用呢？接下来将从沉淀成本视角来解答这个问题。

（二）要素市场发育不良导致煤炭产业扩张过度

在新古典完全竞争市场且充分竞争的条件下，资本和产品市场是完全的，没有交易成本，经济主体拥有完备的信息，市场的调节作用会使商品价格趋近于其边际生产成本。此时，经济达到其生产可能性边界，这是其最佳的产出水平。可惜，这一理论只有当沉淀成本几乎为零，投资成本可以无成本地在不同行业间流动时才起作用。

将新古典理论中的完全竞争市场假设放松后，资产的沉淀程度是影响企业战略投资、进入市场或退出市场决策的关键。沉淀成本是资产不能通过再出售或转移价格而得到弥补的那部分成本，产业组织理论认为沉淀成本是不完全竞争的来源。对于新进入企业而言，沉淀成本提高了进入壁垒，新进入企业将沉淀成本视为一种递增成本和风险，在其进入市场后必须通过收益进行补偿。而在位企业当前或者未来的决策则不需要考虑这部分成本，甚至不将其视为成本，在其决策中沉淀成本具有无关性。新进入企业的可察觉风险高于在位企业，形成进入壁垒。对于在位企业而言，沉淀成本提高了退出壁垒，在位企业具有在位优势，但当市场竞争和供求关系发生改变，在位企业经营出现亏损，企业的一部分资产因沉淀成本而不能通过交换得到补偿，阻碍在位企业退出市场。

劳动力市场发育不良会造成沉淀成本。大部分煤炭产业所在的区位条件差，且前文也分析了煤炭产业对区域内制造业的挤出，导致劳动力市场发育缓慢且不规范。煤炭企业从煤炭产业退出时，很难利用所在区域内的劳动力市场快速高效地转移如此大规模的下岗职工。劳动力市场发挥的配置作用是极其有限的，劳动技能单一、受教育水平低的煤炭产业就业人员很难自发在本区域内找到满意的就业岗位，劳动力市场发育不良导致信息不完全所产生的交易成本也会抑制劳动的流动效率。即使经营陷入困境，煤炭企业过剩的劳动力因无法被高效转移和妥善安置而倾向于留在煤炭企业内部，提高了企业的沉淀成本，煤炭企业大部分是国有企业，为了社会的稳定，政府也倾向于阻止那些低效甚至亏损的煤炭企业退出市场。

资本市场发育不良会产生沉淀成本。由于资本市场不发达，信息不完全，无法有效发挥资本价格在要素配置中的作用。当煤炭企业想退出煤炭产业时，无法很好地通过资本市场迅速转移或变现企业资产。企业也难以找到价格合理且高效的融资渠道，无法筹措到足够的资本去投资新的产业。资本的供求双方都需要支付高昂的搜寻、签约及履约的交易成本。

沉淀成本会导致产业扩张过度。沉淀成本会提高煤炭产业的退出壁垒，当退出壁垒不存在时，产能过剩只会是短期现象，产业运行效率低，盈利能力下降时厂商会退出煤炭产业，产业扩张过度现象消失。较高的沉淀成本增加煤炭产业转型升级难度，最终导致各部门间生产要素配置效率的替代弹性参数 β 小于煤炭部门规模报酬率 ω，煤炭产业扩张过度。产业扩张过度的主要特征是供需失衡，产业生产规模过剩，产业中的企业出现持续且普遍的低效运行甚至出现负效益。煤炭资源是保障国民经济健康运行的战略物资，中国煤炭产业发展进入了瓶颈期，出现持续和普遍的产能过剩和亏损，具有产业扩张过度的表征。煤炭产业发展对全要素生产率的影响模型也证明了煤炭产业扩张过度会抑制全要素生产率。

分析沉淀成本对生产要素在各部门间的配置效率的影响，应该从微观经济角度深入研究沉淀成本对煤炭厂商投资行为的影响。因此，本小节将重点分析沉淀成本与煤炭产业动态投资行为的关系。

I_t 代表煤炭厂商在时间 t 的物质资本投资数量，是物质资本投资增加额 I_t^+ 和物质资本减少额 I_t^- 的总和，煤炭厂商通过物质资本投资数量 I_t 来控制物质资本数量 K_t，公式为：

$$K_t = (1 - a)K_{t-1} + I_t \tag{4.3.16}$$

其中，K_t 表示物质资本数量，a 表示物质资本折旧率。物质资本投资数量 I_t 反应煤炭厂商进入与退出煤炭产业的投资行为。在时间 t，煤炭厂商的利润函数为：

$$\Pi_t = R(K_t) - C(I_t) \tag{4.3.17}$$

其中，$R(K_t)$ 代表总收益，$C(I_t)$ 代表总成本，将公式（4.3.16）带入到成本函数中，可以得到煤炭厂商投资决策的利润约束：

$$\Pi_t = R(K_t) - C[K_t - (1 - a)K_{t-1}] \tag{4.3.18}$$

当煤炭厂商进行投资时，投资行为 $I_t^+ > 0$；当煤炭厂商不投资时，物质资本投资为零，$I_t = 0$；当煤炭厂商进行负投资时，$-(1 - a)K_{t-1} < I_t^- < 0$。

前文已经论述了煤炭产业沉淀成本的形成条件，煤炭产业沉淀成本较高，煤炭产业获得资本的成本总是高于其放弃的价值。假设煤炭厂商投资的边际成本恒大于其负投资的边际成本，二者的差额即为沉淀成本。边际收益等于边际成本，煤炭厂商追求利润最大化的最优原则为：

$$P \times MPI = MCI \tag{4.3.19}$$

其中，P 代表产出价格，MPI 代表物质资本投资的边际价值产品，MCI 表示物质资本投资的边际成本。新古典竞争结论可以解释在物质资本投资存在部分沉淀时，煤炭厂商应如何配置物质资本。

存在沉淀成本时，煤炭厂商以物质资本投资的边际价值产品及其沉淀成本为衡量标准，可能会存在四种投资行为（见图 4-7）。

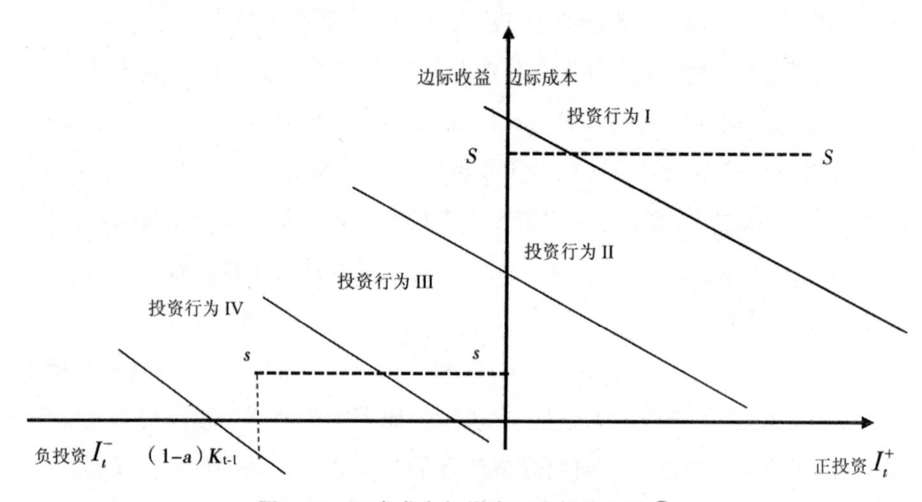

图 4-7 沉淀成本与煤炭厂商投资行为①

图 4-7 中，横轴代表投资，在原点的右侧是正投资 I_t^+ ，原点左侧是负投资 I_t^- ；纵轴代表了正投资或负投资的边际成本和边际收益。物质资本正投资的边际成本与单位购买价格 S 相等。物质资本的负投资与其打捞价格 s 相等。新古典竞争模型中，当 $S = s$ 时，SS 曲线与 ss 曲线重合，说明没有沉淀成本，外界条件的变化会引发煤炭厂商投资行为的瞬间变化，当有利可图时，煤炭厂商会立刻进行正投资；同理，一旦出现亏损，煤炭厂商会立刻利用负投资规避损失。但是这并不符合煤炭产业运行特征，煤炭产业

① 汤吉军．沉淀成本视角下资源型产业转型与发展绩效［J］．黑龙江社会科学，2013（3）：5. 作者略有修改。

必然存在部分成本沉淀，即 $S > s$ ，市场中的产品价格产生变化，违背了新古典经济理论下所得出的结论，要素市场失灵。

投资行为 I 代表煤炭厂商选择正投资行为，此时物质资本的边际价值产品比较高，在正投资区域与投资的边际成本曲线（ SS ）相交。投资行为 II 代表煤炭厂商既不选择正投资和也不选择负投资，此时物质资本的边际价值产品位于中间阶段（ Ss ），在该资产固定区域，煤炭厂商出于对沉淀成本的考虑而不得不忽视外部经济环境的影响。投资行为 III 代表煤炭厂商进行部分负投资，因为 ss 阶段的物质资本的边际价值产品过低，突破了沉淀成本的约束。投资行为 IV 代表煤炭厂商完全退出市场，此时物质资本的边际价值产品极小。

沉淀成本降低了煤炭厂商参与资本市场的积极性。当处于投资行为 II 的状态时，煤炭产品市场价格发生变化，但是煤炭厂商因为沉淀成本而忽视外部经济环境的变化，既不正投资也不负投资。更严重的是，沉淀成本还会产生不可逆行为并且具有滞后效应。在时间 t，煤炭厂商处于既不正投资也不负投资的投资行为 II 状态，进入到时间 $t+1$，因市场环境变化决策者行为调整为正投资的投资行为 I，到了时间 $t+2$ 正确的决策回到投资行为 II。可是，因为存在沉淀成本的调整障碍，这个煤炭厂商在时间 $t+1$ 进行投资，到了时间 $t+2$ 却无法通过负投资来返回投资行为 II，尽管煤炭厂商已经在事先知道需要在时间 $t+1$ 进行负投资以保证其在时间 $t+2$ 可以返回投资行为 II，但沉淀成本产生的调整障碍限制了煤炭厂商的负投资行为，产生了不可逆行为。

由此可见，沉淀成本会形成退出壁垒，阻碍煤炭厂商通过负投资行为来退出已经处于发展过度状态的煤炭产业。在存在沉淀成本的环境下，煤炭厂商还将面对再投资或重新进入市场的新增沉淀成本，潜在的沉淀成本越大，煤炭厂商越不愿意进行负投资。这表明沉淀成本将减少煤炭厂商负投资和退出的激励，构成退出障碍。在这种情况下，很容易出现投资过度现象，使煤炭产业扩张过度。如果不存在沉淀成本，煤炭产品价格变动就可以使煤炭资源得到优化配置。然而，煤炭产业的沉淀成本必然会影响生产要素的优化配置，形成煤炭厂商正投资激励和负投资障碍，导致煤炭产业扩张过度。

沉淀成本形成退出壁垒，阻碍煤炭产业通过负投资来退出已经处于扩张过度状态的煤炭产业。想要破解煤炭产业扩张过度的问题，还需要从沉没成本形成退出壁垒的机制入手。沉淀成本是在契约安排下，当权利承诺终止时，无法通过交易得到补偿的那些利益所产生的沉淀在现有经营状态中的成本。物质资产及人力资产这些具有专用性的投资退出市场时，因转为他用的难度大，市场竞争不充分，再出售价格不能完全补偿其真实价值。这部分资产损失是市场机制不健全和发育不完善所导致的沉淀成本。市场竞争不充分时，供需双方很难对物质资产及人力资产进行瞬时租用，这些资产只能在要素市场上再出售，而沉淀成本的大小决定了资产的购买价格与再售价格之间的差额。生产要素市场发育不完善，会增加有形的、专用性的资产在要素市场上的流通难度。这些资产因为在企业退出市场的时候没能得到补偿而基本沦为沉淀成本。即便通过交易得到了补偿，巨大的交易成本也会压低其在要素市场中的再售价格，使得沉淀成本很高。

沉淀成本会使煤炭企业不愿付出因改变其发展路径而带来的短期损失，煤炭企业更倾向于维护现有的利益和合作关系，因此从长期看，容易产生煤炭型经济的锁定。煤炭产业运行过程中沉淀成本越大，进出壁垒则越高，锁定效应也就越强。锁定效应也包括对劳动力和资本的有效需求的锁定。煤炭型经济体中，煤炭产业之外的其他产业尤其是制造业发展落后，抑制了其他产业的生产要素的需求及其获得这些生产要素的能力。劳动力和资本长期被锁定于煤炭及加工产业、与煤炭产业相关的基础设施、配套和服务产业等领域，高沉淀成本极大地降低了各部门间要素的配置效率。沉淀成本导致的煤炭产业扩张过度使产业运行效率低、制造业发展不足，煤炭产业扩张过度使煤炭产业发展对全要素生产率的影响越过拐点，“资源诅咒”效应显现。

（三）要素配置效率的传导机制

Sachs 和 Warner 确立了“资源诅咒”实证研究的标准逻辑范式，即自然资源繁荣过程中对传导变量产生了促进或抑制作用，而传导变量是经济发展的关键变量，所以自然资源开发通过传导变量影响了经济发展。文献综述部分已经总结了学术界对于“资源诅咒”传导机制的相关研究，达成共识的是，对自然资源的过度开发和利用行为会挤出这些影响经济发展的关键变量而对经济发展产生抑制作用。

通过煤炭产业发展对全要素生产率影响模型的分析得到了假设1，即煤炭产业发展对全要素生产率产生非线性影响，煤炭产业发展对全要素生产率的促进和抑制作用并存，二者之间的抑制作用出现是有条件的。各部门间生产要素配置效率的替代弹性参数β是“资源祝福”向“资源诅咒”转化的关键。煤炭产业发展影响劳动和资本配置效率，要素配置效率的代理变量人力资本和金融发展在煤炭产业发展对全要素生产率影响关系中存在门槛效应。大量地研究证实了煤炭产业发展对人力资本和金融发展的挤出效应。如果煤炭产业发展对人力资本和金融发展的抑制作用没有超过一定的阈值范围，煤炭产业发展对全要素生产率所产生的正向贡献就足以缓解或消除这些不利影响。这些正向贡献包括为全要素生产率提高提供了必要的物质基础和能源，煤炭产品通过对外市场交易可以带来资源红利。图4-8中的红利效应反映了煤炭产业发展提高煤炭城市的居民收入、促进资本积累、增加财政预算、整合剩余的生产要素，对全要素生产率产生了促进作用。

煤炭城市持续过度开发煤炭资源，集中发展煤炭产业，就必然将劳动、资本等有限的经济要素大量吸纳到煤炭部门，持续对劳动和资本进行低端锁定，对影响要素配置效率的人力资本和金融发展产生挤出。图4-8中的吸纳效应反映了煤炭产业发展弱化了影响全要素生产率的关键要素市场的培育，挤出效应进一步凸显。当煤炭产业发展对人力资本和金融发展的挤出超过相应的门槛值γ时，煤炭产业发展对全要素生产率所产生的正向影响被挤出效应所吞噬。图4-8中的挤出效应反映了劳动力和资本市场发育落后增加了煤炭产业的沉淀成本。沉淀成本过高时，煤炭企业不愿付出因改变发展路径而带来的短期损失。运行效率低和盈利能力下降的煤炭企业也会继续维护现有的利益和合作关系，无法通过负投资来调节过剩产能，最终导致煤炭产业扩张过度抑制全要素生产率。

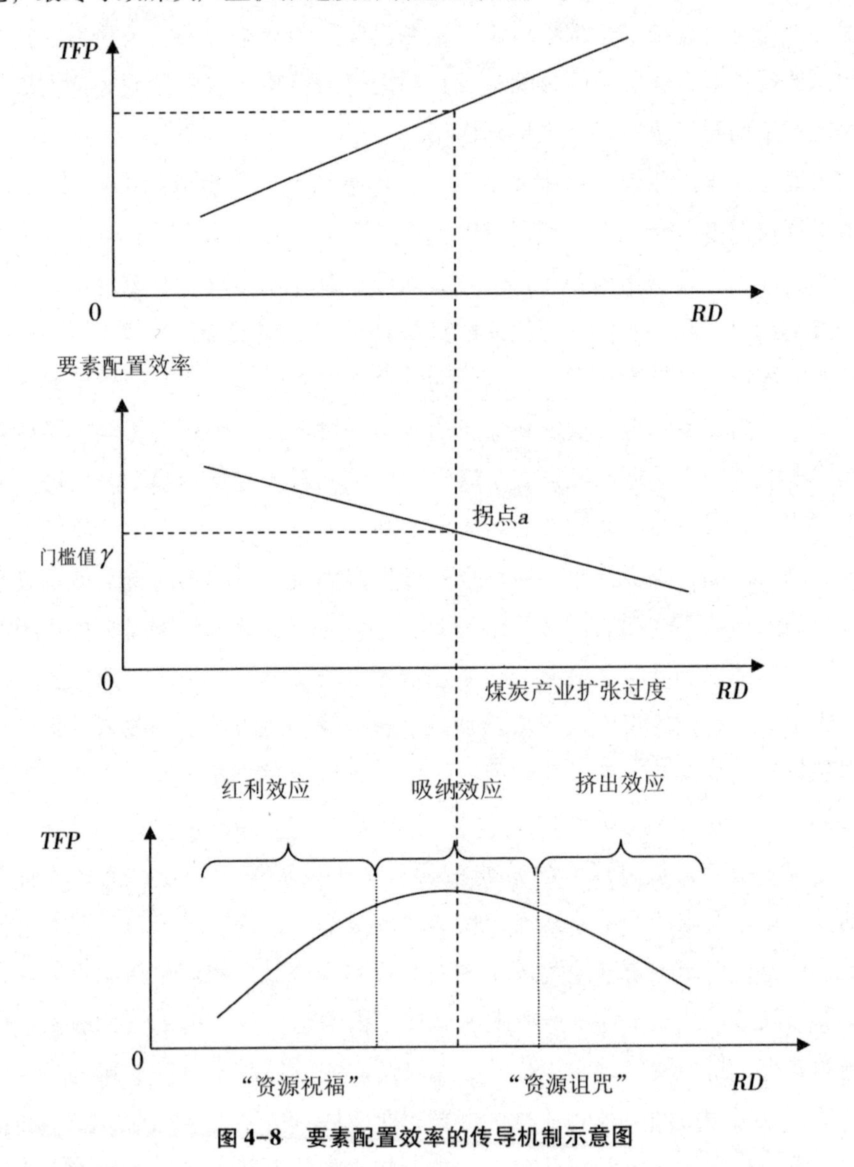

图 4-8 要素配置效率的传导机制示意图

由此可见，受要素配置效率的影响，在红利效应、吸纳效应和挤出效应的综合作用下，煤炭产业发展对全要素生产率的非线性影响形成。当红利效应占优时，煤炭产业发展会呈现出有利于全要素生产率的一面，从而表现为“资源祝福”；当吸纳效应与挤出效应占优时，沉淀成本上升，导致煤炭产业扩张过度，“资源诅咒”效应出现。

煤炭产业发展对全要素增长率的倒 U 型影响，可以说明煤炭产业发展对全要素增长率的抑制作用并不是必然的。理论分析证明了煤炭产业发展对人力资本和金融发展的挤出降低要素配置效率，导致劳动力市场和金融市场发育不良，产生大量的沉淀成本提高了退出壁垒，导致煤炭产业扩张过度。人力资本和金融发展在煤炭产业发展对全要素生产率影响中存在门槛特征；煤炭产业扩张过度使煤炭产业发展与全要素生产率的关系越过倒 U 型曲线的拐点，表现出“资源诅咒”效应，抑制全要素生产率。综上分析提出以下两个假设：

假设 3：劳动配置效率会引发煤炭产业发展对全要素生产率的倒 U 型影响，人力资本是煤炭产业发展对全要素生产率影响的门槛变量，在人力资本门槛值的两边，煤炭产业发展对全要素生产率的影响由负转正。

假设 4：资本配置效率会引发煤炭产业发展对全要素生产率的倒 U 型影响，金融发展是煤炭产业发展对全要素生产率影响的门槛变量，在金融发展门槛值的两边，煤炭产业发展对全要素生产率的影响由负转正。

本章以具有“干中学”效应的内生增长模型为基础，结合煤炭产业特征，建立数理模型，证明了煤炭产业发展对全要素生产率存在倒 U 型影响。从产业结构演变和要素配置效率两个方面分析煤炭产业发展对全要素生产率倒 U 型影响产生的原因。

早期煤炭产业发展为煤炭城市带来大量的“天赐神粮”，是区域经济发展的物质基础和能源保障，对外输出煤炭产品可以产生“资源红利”，带来居民财富积累。煤炭产业发展的过程中引发的产业结构演变不利于具有“干中学”效应的制造业发展，抑制了全要素生产率；煤炭产业发展导致劳动力和资本市场发育不良，影响要素配置效率，产生沉淀成本导致煤炭产业扩张过度抑制全要素生产率。两条传导路径的共同作用下，煤炭产业发展对全要素生产率产生倒 U 型非线性影响。

本研究将制度环境和技术进步作为外生变量，并没有在理论分析中做过多的探讨，在实证部分的第五章中，将建立煤炭产业发展对全要素生产率非线性计量模型，将制度环境和技术进步作为控制变量引入模型，实证检验中国煤炭城市煤炭产业发展对其全要素生产率的非线性影响。第六章将对产业结构演变在中国煤炭城市煤炭产业发展对其全要素生产率倒U型影响中的传导机制进行检验，建立递归方程模型分别检验服务业发展和制造业发展的传导作用。第七章将对要素配置效率在中国煤炭城市煤炭产业发展对其全要素生产率的倒U型影响中的传导机制进行实证检验，建立门槛回归模型实证检验劳动和资本要素配置效率的传导作用。

小结：本章以具有“干中学”效应的内生增长模型为基础，结合煤炭产业特征，建立数理模型，通过分析煤炭产业发展过程中，小型开放经济体内，煤炭产业发展对制造业发展的影响，将煤炭产业发展抑制或促进全要素生产率这两种可能纳入同一个研究框架中，以更加宽泛的研究视角重新审视煤炭产业发展对全要素生产率的影响。并从产业结构演变和要素配置效率两条传导路径分析煤炭产业发展对全要素生产率倒U型非线性影响的产生原因。

(1) 煤炭产业发展对全要素生产率影响模型证明了煤炭产业发展对全要素生产率产生了非线性影响，煤炭产业发展是有条件地抑制全要素生产率，关键的影响条件是代表经济体内各部门间生产要素配置效率的替代弹性参数β。当各部门协调发展，要素市场完备时，经济单位努力追求利润最大化，生产要素配置效率高，煤炭产业发展会促进全要素生产率，表现为“资源祝福”状态；反之则会抑制全要素生产率，出现“资源诅咒”现象。

(2) 通过“荷兰病”修正模型分析了煤炭产业发展引发的煤炭城市的产业结构演变。煤炭城市往往优先发展煤炭产业，以带动其他部门的发展。这些地区的产业结构带有本区域自然资源禀赋特征，形成煤炭开发型和煤炭加工型的产业结构，煤炭的天然禀赋使煤炭产业快速发展。煤炭产业发展初期，煤炭是经济发展的驱动要素之一，通过对外进行煤炭交易带来巨额的经济收入，同时也为制造业发展提供了能源等物质基础条件。短期内小型开放经济体内出现经济繁荣现象，煤炭产业发展对全要素生产率起到促进作用。随着煤炭产业的不断发展，转移效应将生产要素从制造业部门和服务业部门转移出来。煤炭产业发展带来的资源红利，刺激了不可贸易的服务业部门的产品需求，支出效应出现，生产要素从制造业部门和煤炭部门流入服务业部门。两次产业结构的演变都损害了具有“干中学”特征且能够带来经济体全要素生产率提高的制造业。煤炭产业发展对全要素生产率的抑制作用显现，这种产业结构演变是煤炭产业发展对全要素生产率产生倒U型影响的传导路径之一。

（3）劳动和资本是产业发展中的主要生产要素，煤炭产业发展不利于劳动力和资本市场发育，影响要素配置效率。要素配置效率的代理变量人力资本和金融发展在煤炭产业发展对全要素生产率影响中具有门槛特征。煤炭产业发展对人力资本和金融发展的挤出降低要素配置效率，导致劳动力市场和金融市场发育不良，产生大量的沉淀成本降低煤炭厂商通过负投资来调节产能甚至退出产业的动力，提高了退出壁垒，增加了煤炭产业转型升级难度，最终导致煤炭产业扩张过度。人力资本和金融发展在煤炭产业发展对全要素生产率影响中存在门槛特征；煤炭产业扩张过度使煤炭产业发展与全要素生产率的关系越过倒U型曲线的拐点，表现出“资源诅咒”效应，抑制全要素生产率。要素配置效率是煤炭产业发展对全要素生产率倒U型影响的另一条传导路径。

（4）本章从理论上系统分析了煤炭产业发展对全要素生产率的影响及其传导机制，提出四个待检验的假设，为后文的实证检验提供了理论基础和研究假设。

假设1：煤炭产业发展对全要素生产率产生非线性影响，煤炭产业发展对全要素生产率的促进和抑制作用并存，二者之间的抑制作用出现是有条件的。

假设2：煤炭产业发展初期产生资源红利，促进全要素生产率提高，煤炭产业发展过程中引发产业结构演变，对服务业产生综合效应、对制造业产生“去工业化”效应，挤出具有“干中学”特征的制造业，使煤炭产业发展对全要素生产率产生倒U型非线性影响。

假设3：劳动配置效率会引发煤炭产业发展对全要素生产率的倒U型影响，人力资本是煤炭产业发展对全要素生产率影响的门槛变量，在人力资本门槛值的两边煤炭产业发展对全要素生产率的影响由负转正。

假设4：资本配置效率会引发煤炭产业发展对全要素生产率的倒U型影响，金融发展是煤炭产业发展对全要素生产率影响的门槛变量，在金融发展门槛值的两边煤炭产业发展对全要素生产率的影响由负转正。

第五章　中国煤炭城市煤炭产业发展对其全要素生产率影响的实证检验

第四章的理论分析得出了本书的第一个假设，即煤炭产业发展对全要素生产率产生了非线性影响。煤炭产业发展对全要素生产率的促进和抑制作用并存，二者之间抑制作用的出现是有条件的。各部门间生产要素配置效率的替代弹性参数β是“资源诅咒”效应出现的重要条件，当β大于煤炭部门的规模报酬率ω时，煤炭产业发展对全要素生产率起到促进作用，当β小于煤炭部门的规模报酬率ω时，煤炭产业发展会抑制全要素生产率，“资源诅咒”效应出现。本章将建立计量模型并运用2003—2017年44个样本煤炭城市的面板数据，实证检验中国煤炭城市煤炭产业发展对其全要素生产率的非线性影响。

本章建立煤炭产业发展对全要素生产率的非线性计量模型，将政府干预和技术创新投入作为控制变量引入模型，实证检验中国煤炭城市煤炭产业发展对其全要素生产率的非线性影响。中国西部煤炭资源丰富，样本期内的西部大开发战略具有明显的资源繁荣特征，有必要将样本数据分为西部和中东部两组，检验煤炭产业发展对全要素生产率影响的区域差异。

第一节 中国煤炭城市煤炭产业发展对其全要素生产率非线性影响的实证检验

煤炭产业发展和全要素生产率的关系一直是有争议的，Greasley 和 Madsen（2010）、Tugcu 和 Tiwari（2016）、Haider 和 Ganaie（2017）的研究结果都表明对矿产资源的依赖会产生资源型经济的集聚效应，从而显著促进知识创新，进而提高劳动生产率和 TFP 水平。Ng（2005）和 Zidouemba 和 Elitcha（2018）认为资源产业发展与全要素生产率之间呈负相关。非资源部门生产要素倾向于流入资源部门，而资源部门的 TFP 水平比非资源部门低，拖累国家的全要素生产率。也有些学者认为自然资源禀赋对全要素生产率的影响是双向的，从短期静态视角来看，自然资源禀赋可以带来成本、规模和需求方面的优势，从而提高全要素生产率；从长期动态视角来看，自然资源禀赋优势引起的要素错配、创新乏力等问题，又会抑制全要素生产率。孙慧、朱俏俏（2016）证实了中国资源型产业集聚与 TFP 之间的倒 U 型曲线关系，资源型产业的适度集聚，会发挥“规模效应”，促进全要素生产率提高，但是资源型产业的过度集聚，则会产生“拥塞效应”，抑制全要素生产率[30]。

第四章中煤炭产业发展对全要素生产率影响的理论分析部分以具有“干中学”效应的内生增长模型为基础，结合煤炭产业特征，建立数理模型，分析煤炭产业发展过程中，小型开放经济体内，煤炭产业发展对制造业发展的影响作用，将煤炭产业发展抑制或促进全要素生产率这两种可能纳入同一个研究框架中，建立煤炭产业发展对全要素生产率影响模型，得出结论认为煤炭产业发展对全要素生产率的影响是非线性的，“资源祝福”和“资源诅咒”并存，“资源诅咒”效应的出现是有条件的。本章将建立计量模型并利用样本数据来检验中国煤炭城市煤炭产业发展对其全要素生产率的非线性影响。

一、模型设计

哈佛大学的 Sachs 和 Warner 发表了一系列论文，建立世代叠交模型对“荷兰病”模型进行了修正，利用大推动理论分析了煤炭产业繁荣对经济发展的影响，建立内生增长模型分析了自然资源影响经济增长的运行机制，并且利用数据实证检验了自然资源对技术进步和经济增长产生的影响。他们建立了研究自然资源与经济发展关系的经典回归模型，确立了“资源诅咒”实证研究的标准逻辑范式，即自然资源繁荣过程中对行为 Z 产生的促进或抑制作用，而 Z 是影响经济发展的关键变量，所以自然资源开发通过影响变量 Z 传导其对经济发展的影响。将借鉴 Sachs 和 Warner 的经典模型来构建计量模型，也是依据理论分析和相关研究选取具有关键影响力的控制变量的过程。

本研究将制度环境和技术进步视为外生变量，并没有在理论分析中做过多的探讨，在煤炭产业发展对全要素生产率影响的计量模型中将制度环境和技术进步作为控制变量引入模型，实证检验中国煤炭城市煤炭产业发展对其全要素生产率的非线性影响。

制度环境通过产业政策可以直接影响产业结构演变，同时产业政策的波及作用还会影响市场需求和产业供给而间接影响产业结构演变。中国煤炭城市煤炭资源开采机制、竞争机制、创新体制、环保机制等一系列制度建设较为落后。煤炭城市政府强行的制度供给导致市场机制不健全，也提高了煤炭产业的沉淀成本，导致了煤炭产业扩张过度。很多学者从制度弱化角度来探讨“资源诅咒”的传导机制，认为丰裕的煤炭资源造成的腐败现象是“资源诅咒”出现的根本原因。政府通过从量征收资源税、以固定税率向制造业征税以及寻租获得租金等方式获得收入；而个人则在生产活动和寻租活动之间进行分配来获得均衡收入。自然资源生产的扩大在增加政府收入的同时，也将优秀的企业家从制造业部门引入具有寻租活动的煤炭产业，企业家远离具有“干中学”效应的制造业部门，全要素生产率降低。煤炭资源产权不清晰导致的寻租和腐败，加之不合理的制度及其变迁过程产生的路径依赖导致“资源诅咒”效应产生。制度弱化不是产业经济学的主要研究范畴，本研究没有对其进行深入的理论分析，在实证模型中加入政府干预，来考察其对煤炭城市全要素生产率的影响。

技术供给是影响产业结构演进的重要因素之一，技术进步是产业结构高级化的根本动力。由于煤炭城市经济发展严重依赖煤炭资源，并且对煤炭资源的开发、利用多处于初级阶段，使用的技术相对落后，对高新技术需求不足。煤炭产业发展对技术进步的挤出效应抑制了工业结构的高加工度化和高技术化，加剧了产业结构硬化，抑制了全要素生产率。研发投入及技术创新通过生产新知识或应用新知识去创造新技术，提高了生产效率。煤炭产业本身科技创新含量较低，导致了煤炭产业对技术创新的挤出效应。煤炭城市中煤炭资源的短期收益会对创新产生抑制，使得煤炭产业和煤炭城市经济可持续发展能力减弱，产生“资源诅咒”现象[31]。处于不同发展阶段的煤炭产业对技术进步的影响不同，煤炭产业发展初期对技术进步具有显著的促进作用，即存在“资源祝福”效应，当煤炭产业发展到一定程度后，会抑制技术进步，给经济发展带来负面影响，“资源诅咒”现象开始出现。有必要将技术进步作为控制变量引入模型，以便更准确地分析中国煤炭城市煤炭产业发展对其全要素生产率的影响。地区对技术创新活动的投入，特别是资金与人员的投入是促进区域创新和提高生产效率的必要条件[32]。本研究将技术创新投入作为控制变量引入模型，利用样本数据实证检验技术创新对煤炭城市全要素生产率的影响。

第四章的“荷兰病”修正模型将可贸易的制造业部门和不可贸易的服务业部门引入理论框架，分析了煤炭产业发展引发的产业结构演变在煤炭产业发展对全要素生产率非线性影响中的传导作用，并提出了假设 2。第六章将建立递归方程模型来检验制造业发展和服务业发展在中国煤炭城市煤炭产业发展对其全要素生产率影响中的传导作用，以验证假设 2。第四章的第三节通过理论分析，证明了人力资本和金融发展是“资源诅咒”出现的门槛条件，劳动力和资本市场发育不良产生的沉淀成本降低了要素配置效率是煤炭产业发展对全要素生产率非线性影响的成因之一。本书将在

第七章建立门槛回归模型来检验人力资本和金融发展在中国煤炭城市煤炭产业发展对其全要素生产率影响中的门槛特征，以检验本研究的假设 3 和假设 4，所以在本章模型中，暂时不引入这四个控制变量。

据此，本章在煤炭产业发展对全要素生产率影响的总体回归模型中将先引入政府干预、技术创新投入这两个控制变量，借鉴邵帅等（2013）建立的“有条件资源诅咒”非线性回归模型，将“资源祝福”和“资源诅咒”同时纳入模型进行实证检验，构建静态面板回归模型（5.1）来验证在第四章理论分析中提出的假设 1。

$$TFP_{it} = \alpha_0 + \alpha_1 RD_{it} + \alpha_2 RD_{it}^2 + \alpha_3 GI_{it} + \alpha_4 TI_{it} + \varepsilon_{it} \tag{5.1}$$

其中，TFP 表示全要素生产率，RD 表示煤炭产业发展，GI 表示政府干预，TI 表示技术创新投入，$\alpha_0 \sim \alpha_4$ 为待估参数，i 和 t 分别代表各截面单位和年份，ε_{it} 为随机扰动项。

假设 1 提出了煤炭产业发展对全要素生产率产生非线性影响，煤炭产业发展对全要素生产率的促进和抑制作用并存，二者之间的抑制作用出现是有条件的。

通过检验模型（5.1）中煤炭产业发展 RD_{it} 及其平方项 RD_{it}^2 的系数 α_1、α_2 可以判断煤炭产业发展对全要素生产率的非线性影响。如果 α_1、α_2 均显著不为零，当 $\alpha_1 > 0$、$\alpha_2 < 0$ 时，煤炭产业发展对全要素生产率产生倒 U 型影响，当煤炭产业发展小于拐点值时，表现为“资源祝福”状态，当煤炭产业扩张过度并超过拐点值时，“资源诅咒”效应显现。当 $\alpha_1 < 0$、$\alpha_2 > 0$ 时，则煤炭产业发展对全要素生产率产生 U 型影响，煤炭产业发展程度小于拐点时，会抑制全要素生产率，超过拐点后会促进全要素生产率。

二、变量说明和数据来源

（一）被解释变量

全要素生产率。利用索洛余值法对 44 个煤炭城市 2003—2017 年的全要素生产率进行测算，在测算过程中，两个投入变量为资本和劳动，产出指标为GDP。其中，资本投入为全社会固定资产投资总额以永续存盘法得出的固定资本存量，劳动投入为年均全社会从业人数，产出指标GDP是以2003年为基期采用平减指数方法对GDP进行平减处理，剔除价格因素影响求得实际GDP。

（二）解释变量

煤炭产业发展。常用的度量指标有采矿业就业比重、产值比重、投资比重等，但中国城市数据仅有采矿业的从业人数，因此，本研究与其他研究煤炭产业“资源诅咒”的文献一样，利用采矿业从业人数占从业总人数比重来度量中国煤炭城市的煤炭产业发展。由于采矿业从业人员比重数据波动较大，这里用采矿业从业人数比重的万分比取对数[33]。

（三）控制变量

（1）政府干预。中国的经济发展正处于关键的转型期，处在由高速增长阶段向高质量发展阶段转变的过程中，检验政府干预对煤炭城市全要素生产率的影响具有重要意义。政府干预在一定的合理程度内将有助于优化要素配置、弥补市场调节作用的不足，促进全要素生产率提高，一旦政府干预过度或者财政支出缺乏效率，就会对全要素生产率的提高产生负向作用。在实证模型中加入政府干预作为制度环境的代理变量，来控制并考察其在中国煤炭城市的煤炭产业发展和其全要素生产率二者关系中的影响作用。利用扣除科教支出的财政支出占GDP比重来度量政府干预。

（2）技术创新投入。一个地区对技术创新活动的投入，特别是技术研发资金与人员的投入是促进区域创新和提升经济效率的必要条件。将技术创新投入作为控制变量引入模型，利用样本数据进行实证检验。受城市层面数据的可得性影响，采用科研、技术服务和地质勘查业就业比这一指标来刻画技术创新投入。

变量的具体测算方法汇总见表5-1。

表 5-1 煤炭产业发展对全要素生产率影响模型中各变量的定性描述

变量类型	符号	含义	度量指标及说明	单位
被解释变量	*TFP*	全要素生产率	索洛余值法	%
解释变量	*RD*	煤炭产业发展	采矿业就业万分比取对数	‱
控制变量	*GI*	政府干预	扣除科教支出的财政支出占 GDP 比重	%
	TI	技术创新投入	科研、技术服务、地质勘查业就业比	%

本研究的数据主要来源于 EPS 数据库提供的《中国城市统计年鉴》和《中国统计年鉴》整理数据，其中少量缺失数据通过所在省份统计年鉴、城市统计公报或使用线性插值法补齐。本研究对变量中与价格相关的原始数据利用 GDP 平减指数进行处理，以 2003 年为基期换算为可比价格。

使用 Stata15.0 软件对煤炭产业发展对全要素生产率影响模型中的所有变量进行描述性统计，结果见表 5-2。全要素生产率 TFP 增长的均值为 0.0231，中国煤炭城市的全要素生产率整体上保持了增长状态，这与样本期内中国经济运行状况相符，但是标准差和离差较大，数据分布比较离散，因为煤炭城市大量处在区位较差、经济发展落后的区域，很多城市的全要素生产率增长为负值，其中平凉市因为 GDP 基数较小，经济发展受政策影响较大，且存在个别缺失数据，所以出现个别极端值。

煤炭产业发展 *RD* 的均值为 0.2152，标准差为 0.1161，很多煤炭城市处在成熟期和衰退期，煤炭产业发展 *RD* 的最小值为 0.0279，是因为对《全国资源型城市可持续发展规划（2013—2020 年）》中确定的 126 个资源型地级市进行初步筛选时，考虑到再生型和衰退型资源城市的特殊性，对其将定量标准进行适当的放松。煤炭产业发展的最大值达到了 0.5813。据此可见，中国煤炭城市对煤炭产业依赖性较强，出现煤炭经济锁定现象。因产业结构不合理、制造业发展不足、煤炭产业退出壁垒较高等原因导致煤炭产业扩张过度，没有能够成功实现产业转型。

政府干预 *GI* 的均值为 0.1359，标准差为 0.0648，但是离差较大，最大值为 0.4730，最小值仅为 0.0334，这样的差异也反映了煤炭产业发展对制度环境产生了影响，导致个别城市的政府干预较大。一旦政府干预过度，容易滋生腐败或产生寻租行为，使财政支出缺乏效率，不利于优化资源配置、弥补市场调节的盲目性和滞后性，可能对社会生产率的提升产生负向作用。

技术创新投入 *TI* 均值为 0.0115，标准差为 0.0056，离差也较小，整体数据的波动不大。受城市层面数据的可得性影响，采用科研、技术服务和地质勘查业就业比这一指标来刻画研发和创新投入，而大量的科研、技术服务和地质勘察业是财政拨款部门，受财政预算影响，从业人员数波动不大。

表 5-2 回归模型变量的描述性统计

变量名称	变量说明	均值	标准差	最小值	最大值	样本量
TFP	全要素生产率	0.0231	0.1094	-0.2849	0.5240	660
RD	煤炭产业发展	0.2152	0.1161	0.0279	0.5813	660
GI	政府干预	0.1359	0.0648	0.0334	0.4730	660
TI	技术创新投入	0.0115	0.0056	0.0029	0.0500	660

从表 5-2 数据可知，全要素生产率和煤炭产业发展的数据波动较大，去除个别异常值后，将数据引入计量模型（5.1），来检验中国煤炭城市煤炭产业发展对其全要素生产率的影响作用。

三、实证检验和结果分析

（一）多重共线性检验

在进行模型估计之前，先对模型中的解释变量和控制变量进行多重共线性检验，通过考察各变量的“方差膨胀因子”（*VIF*），以防止因变量间的多重共线性而导致单个变量估计结果不准确，检验结果如表 5-3 所示。

表 5-3 变量的方差膨胀因子（VIF）检验

方差膨胀因子	*RD*	*GI*	*TI*	Mean*VIF*
VIF	1.19	1.14	1.32	1.21
1/*VIF*	0.8434	0.8810	0.7570	

从表 5-3 中的结果来看，最高的变量 *VIF* 值仅为技术创新投入 *TI* 的 1.32，且 *VIF* 均值为 1.21 远远低于 10，故无须担心变量之间的多重共线性问题。

（二）变量平稳性检验

格兰杰（W. J. Granger，1974）在经过模拟实验后发现，两个完全无关的非平稳时间序列却可以拥有较好的回归结果，此时的回归结果是无意义的。这就是计量中的“伪回归”（Spurious Regression）问题，所以在进行回归之前应先利用单位根检验来检测变量的平稳性。

常用的单位根检验方法有 HT 检验、LLC 检验、IPS 检验、PP-fisher 检验和 ADF-fisher 检验。其中，HT 检验和 LLC 检验假定面板单位的自回归系数均相同，而 IPS 检验、PP-fisher 检验和 ADF-fisher 检验则允许各面板单位的自回归系数不同。LLC 检验方法因为允许存在不同的趋势、截距、高阶序列相关和异方差，并且兼顾了干扰项的序列问题与截面一致性等，是目前最常用的检验方法之一。ADF-fisher 检验需要通过三个模型来实现，先利用只含截距项的模型进行检验，接着在模型中加入趋势项进行检验，最后检验不含截距项和趋势项的模型。只要任何一个模型的检验结果拒绝了原假设，变量时间序列平稳；三个模型的检验结果都为接受原假设时，则变量时间序列非平稳。选用具有代表性且常用的 LLC 检验和 ADF-fisher 检验方法对模型（5.1）中的变量进行面板单位根检验。这两种检验中均拒绝原假设则认为变量时间序列是平稳的，反之则认为变量时间序列不平稳。输出结果如表 5-4 所示。

从表5-4中可以看出，被解释变量全要素生产率*TFP*，解释变量煤炭产业发展*RD*，控制变量政府干预*GI*、技术创新投入*TI*都通过了LLC检验和ADF-fisher，在1%的显著性水平上强烈拒绝原假设，模型中的所有变量的时间序列都是平稳的。

表5-4 变量面板单位根检验结果

变量	LLC	ADF-fisher	结论
TFP	-13.7251***	312.0668***	平稳
RD	-7.3277***	203.4033***	平稳
GI	-6.4283***	163.5087***	平稳
TI	-8.1141***	169.0258***	平稳

注：***、**、*分别表示在1%、5%、10%水平下显著。

（三）估计结果与分析

中国煤炭城市煤炭产业发展对其全要素生产率影响的检验是对模型（5.1）进行回归以明确二者的非线性关系。基于煤炭产业发展对全要素生产率影响的非线性模型（5.1），利用双向固定效应模型及单向固定效应模型、随机效应模型、混合估计分别对模型（5.1）进行检验。表5-5汇总了这四种估计方法的结果，四种估计方法得到的参数联合检验结果的F值均通过检验，说明模型（5.1）的估计结果很稳健。四种估计方法的结果都验证了假设1，明确了中国煤炭城市煤炭产业发展与其全要素生产率之间存在着稳定的倒U型曲线关系，煤炭产业发展对全要素生产率存在一个拐点，当煤炭产业发展强度小于拐点时，煤炭产业发展对全要素生产率产生促进作用，亦称为“资源祝福”。当煤炭产业发展强度超过拐点时，负面效应就会显现，煤炭产业发展抑制了全要素生产率，使其进入“资源诅咒”状态。

表 5-5 煤炭产业发展与全要素生产率的非线性模型估计结果

变量	双向固定效应	单向固定效应	随机效应	混合估计
RD	0. 2305*** (0. 0637)	0. 2638*** (0. 0700)	0. 0199* (0. 0452)	0. 0191* (0. 0437)
RD^2	-0. 0500*** (0. 0125)	-0. 0617*** (0. 0137)	-0. 0039* (0. 0080)	-0. 0036* (0. 0077)
GI	-0. 2827*** (0. 1019)	-0. 6186*** (0. 0794)	-0. 1738*** (0. 0561)	-0. 1491*** (0. 0543)
TI	3. 1631*** (0. 9695)	2. 4871** (1. 0464)	0. 9071* (0. 6990)	0. 8348 (0. 6727)
_ cons	0. 7531*** (0. 0823)	0. 7526*** (0. 0903)	0. 9111*** (0. 0651)	0. 9078*** (0. 0631)
R^2	0. 4897	0. 3100	0. 2747	0. 2124
样本量	660	660	660	660
参数检验 *F* 值	0. 0000	0. 0000	0. 0349	0. 0000
拐点	2. 3050	2. 1378	2. 5513	2. 6528
曲线关系	倒 U 型	倒 U 型	倒 U 型	倒 U 型

注：*、**、***分别表示在 10%、5%、1%的显著性水平下显著。

模型（5.1）检验结果如表 5-5 所示，在进行总体回归时还需要确定采用哪种回归模型对回归结果进行解释，常用的 F 检验可以判断应选择混合估计模型还是固定效应模型，检验结果显示 *P* 值为 0.0001，强烈拒绝原假设，说明固定效应是明显优于混合效应的。继续使用 Hausman 检验来确定应使用固定效应模型还是随机效应模型对回归结果进行解释。Hausman 检验的 *P* 值为 0.0000，强烈拒绝了原假设，应使用固定效应模型对回归结果进行解释。单向固定效应解决了个体差异的遗漏变量问题，双向固定效应引入时间固定效应，解决了时间差异的遗漏变量问题。双向固定效应回归中，时间效应的符号均为负。除 2004 年以外，其他年度的虚拟变量均显著，对所有年度虚拟变量的联合显著性进行检验，P 值为 0.0000，强烈拒绝"无时间效应"的原假设，应选择双向固定效应来对模型（5.1）的回归结果进行解释。

双向固定模型的回归结果（见表 5-5）显示，煤炭产业发展 RD 的一次方项系数符号为正，系数为 0.2305。平方项系数符号为负，系数为-0.0500，验证了假设 1，即煤炭产业发展对全要素生产率产生非线性影响，"资源诅咒"效应的出现是有条件的。煤炭产业发展 RD 及其平方项 RD^2 的系数 $\alpha_1 > 0$、$\alpha_2 < 0$，从回归结果来看，印证了在第三章中国煤炭城市煤炭产业发展与其全要素生产率的事实数据关系分析中，从煤炭产业发展与全要素生产率的散点拟合图观察到的现象，中国煤炭城市煤炭产业发展对其全要素生产率产生倒 U 型非线性影响，拐点为 2.3050，还原为采矿业就业比 10.02%。

各控制变量系数都通过了检验，说明所选取的控制变量都对全要素生产率有不同程度的影响，影响作用与大多数的相关研究结论保持一致。

政府干预 GI 的系数为-0.2827。政府的财政扶植政策保护了落后产能，减少了企业创新的动力，降低了要素配置效率，对煤炭城市全要素生产率产生了抑制作用。煤炭资源产权的不清晰造成的寻租和腐败行为，不合理的制度及其变迁过程中恶性的路径依赖，加剧了煤炭产业发展对全要素生产率的抑制作用。煤炭产业发展导致的制度弱化效应是"资源诅咒"出现的原因。中国煤炭城市煤炭资源开采机制、竞争机制、创新体制、环保机制等一系列制度建设较为落后，无法保障产业结构合理化、高度化发展。在煤炭城市政府强行的制度供给导致市场机制不健全，也提高了煤炭产业的沉淀成本，导致煤炭产业扩张过度，第七章还将从沉淀成本的视角继续分析煤炭产业扩张过度对全要素生产率的抑制作用。

技术创新投入 TI 的系数为 3.1631。技术创新投入提高了区域创新能力和技术进步水平，显著地促进了全要素生产率。技术研发资金与人员等技术创新活动的投入可以促进区域创新并提升经济效率。煤炭城市经济发展严重依赖煤炭资源禀赋，对煤炭资源的开发、利用多处于初级阶段，使用的技术相对落后，对高新技术需求动力不足。煤炭产业发展对技术进步的挤出效应抑制了工业结构的高加工度化和高技术化过程，加剧了产业结构硬化，抑制了煤炭城市的全要素生产率。

全要素生产率维度的“有条件资源诅咒”存在。中国煤炭城市煤炭产业发展对其全要素生产率的倒U型非线性影响表明，煤炭产业发展对城市经济发展效率是“祝福”还是“诅咒”取决于由采矿业就业比重反映的煤炭产业发展程度。采矿业就业比重低于10.02%时，煤炭产业发展对全要素生产率起促进作用，表现为“资源祝福”状态；但是当煤炭产业发展程度超过10.02%时，“资源诅咒”的负向关系就表现出来了，煤炭产业发展会抑制全要素生产率。利用这个“诅咒”拐点可以将44个样本煤炭城市分为两类，“资源祝福”型煤炭城市和“资源诅咒”型煤炭城市。

（1）“资源祝福”型煤炭城市。采矿业就业比重低于10.02%的样本城市，煤炭产业发展对全要素生产率起到了促进作用。2017年，处于“资源祝福”状态的样本城市有12个，分别为呼伦贝尔、赤峰、徐州、宿州、萍乡、泰安、焦作、郴州、达州、昭通、渭南。其中以徐州为代表的再生型煤炭资源型城市，煤炭产业转型成功，建立了可持续发展的长效机制，摆脱资源型经济增长方式，煤炭产业发展对全要素生产率都起到了促进作用，实现了高质量经济发展。呼伦贝尔和昭通作为成长型煤炭城市，煤炭资源储备比较丰富，煤炭资源综合利用尚未完全形成，有利于合理规划产业布局，引导各要素的投入，充分发挥后发优势，成功规避“资源诅咒”。成熟型资源城市如邯郸、赤峰、宿州、泰安、郴州、达州、渭南等通过控制煤炭产业的发展规模，合理利用煤炭资源，使煤炭资源优势转化为高质量经济发展动力。

（2）“资源诅咒”型煤炭城市，采矿业就业比重高于10.02%。2017年，处于“资源诅咒”状态的样本城市有32个。其中煤炭主产区山西、陕西和黑龙江等省的大量成熟型和衰退型煤炭城市占“资源诅咒”型煤炭城市总数的81.25%。这些城市的煤炭产业发展主要依赖煤炭资源禀赋，现代制造业发展明显落后，高技术产业仍处于起步阶段，创新水平低，人力资本和资本等生产要素集聚能力弱，难以支撑和保障接续产业的发展[34]。以鄂尔多斯和六盘水为代表的成长型煤炭城市，因天然的煤炭资源禀赋，进入了煤炭产业发展的快车道，但是发展速度过快，引发了一系列的经济问题，破坏了产业结构，对具有不可贸易部门特征的服务业和房地产业需求剧增，服务业繁荣、房价飞涨，制造业的要素成本上升，抑制了制造业发展。劳动力和资本市场因需求不足，市场发育不良，退出壁垒较高，存在煤炭产业扩张过度的风险。当前中国全要素生产率维度“资源诅咒”问题仍非常严峻，煤炭产业扩张过度问题突出。在高质量发展的背景下，煤炭产业还需要继续深化改革，在政府和企业的共同努力下，调整产业结构，促进劳动力和资本市场发育，降低沉淀成本，努力化解煤炭产业扩张过度抑制全要素生产率的困局。

因“资源祝福”型煤炭城市数量较少，易于汇总和分析，表5-6显示了“资源祝福”型煤炭城市数量在2003—2017年的变化趋势，“资源诅咒”型煤炭城市的变化趋势正好与之相反，就不再赘述了。

表5-6 按拐点划分的“资源祝福”型煤炭城市

年份	“资源祝福”城市数量（“资源祝福”城市占比）	城市名单
2003	8（0.1818）	忻州、吕梁、呼伦贝尔、宿州、达州、昭通、曲靖、榆林
2004	7（0.1591）	忻州、吕梁、呼伦贝尔、达州、昭通、曲靖、榆林
2005	6（0.1364）	忻州、焦作、达州、昭通、曲靖、榆林
2006	6（0.1364）	忻州、焦作、达州、昭通、曲靖、榆林
2007	6（0.1364）	忻州、焦作、郴州、达州、昭通、榆林
2008	5（0.1136）	忻州、焦作、达州、昭通、榆林
2009	3（0.0682）	邯郸、达州、昭通
2010	3（0.0682）	焦作、达州、昭通
2011	1（0.0227）	达州

续表

年份	“资源祝福”城市数量（“资源祝福”城市占比）	城市名单
2012	3（0.0682）	邯郸、呼伦贝尔、达州
2013	10（0.2273）	邯郸、呼伦贝尔、赤峰、徐州、宿州、萍乡、焦作、郴州、达州、渭南
2014	11（0.2500）	邯郸、呼伦贝尔、赤峰、徐州、宿州、萍乡、焦作、郴州、达州、昭通、渭南
2015	11（0.2500）	呼伦贝尔、赤峰、徐州、宿州、萍乡、焦作、郴州、达州、昭通、渭南
2016	11（0.2500）	呼伦贝尔、赤峰、徐州、宿州、萍乡、焦作、郴州、达州、昭通、渭南
2017	12（0.2727）	呼伦贝尔、赤峰、徐州、宿州、萍乡、泰安、焦作、郴州、达州、昭通、渭南

数据来源：作者自行整理得出。

从变动情况来看，“资源祝福”型煤炭城市的数量和比重总体上呈现出U型的变化趋势，在2011年达到了最低值，仅有一个“资源祝福”型煤炭城市，之后“资源诅咒”状况得到了缓解。21世纪以来，中国煤炭产业经历了“黄金十年”，2012年煤炭价格大幅下跌。2013年国务院发布了《全国资源型城市可持续发展规划（2013—2020年）》，提出为了深入贯彻和落实党的十八大精神，加快经济发展方式转变，更好地管理和规划煤炭产业发展，出台了一系列的接续替代产业扶植机制，合理引导产业聚集，优化产业布局，构建多元化产业体系，为实现产业多元化发展和优化升级付出很大的努力。2013年，“资源祝福”型煤炭城市的数量明显地增加，之后“资源诅咒”现象逐步缓解。值得注意的是，在本研究的样本城市中，赤峰、徐州、萍乡、泰安、渭南等城市近几年已由最初的“资源诅咒”型煤炭城市转变为“资源祝福”型煤炭城市。由此可见，“资源诅咒”并非必然发生，而是有条件且可被规避的。

第二节 中国煤炭城市煤炭产业发展对其全要素生产率影响区域差异检验

中国煤炭资源地理分布上的总格局为西多东少、北富南贫，其中山西、内蒙古西部、陕西（简称"三西"）地区储量最为丰富，集中了中国煤炭资源的60%以上。中国西部煤炭资源丰富，样本期内的西部大开发战略具有明显的资源繁荣特征，有必要将样本数据分为中东部和西部两组，进一步检验中国煤炭城市煤炭产业发展对其全要素生产率影响的区域差异。

一、样本说明

中国的经济发展具有区域非均衡的特征。由于中东部地区在改革开放以来受到国家的经济政策优惠及自身的区位优势，经济发展水平高于西部地区。中国西部地区地域辽阔，面积681万平方公里，达到了全国总面积的70%以上，占全国总人口近30%。西部煤炭资源存储量占全国总量的70%以上[35]，但是西部地区缺乏区位优势，是中国经济欠发达、需要加强开发的区域。中国在以煤炭为主体能源且短期内难以改变的背景下，合理开发利用西部煤炭资源是保障国家能源安全的基础。

区域协调发展是社会稳定的基础和经济整体发展的目标，更是国家亟待解决的经济发展战略问题。西部地区经济快速可持续发展成为学者关注的热点问题。严红（2017）基于西部民族地区"资源诅咒"的事实，认为西部的发展必须依靠自身技术来改善产业结构，提升经济发展能力，通过人力资本、制度管理、产业创新等内生发展道路实现经济的崛起。陈凯麟和蒋伏心（2018）指出，在整体开放度下降的环境下，西部地区的经济发展速度和经济对外开放度紧密相关，"一带一路"政策对西部经济对外开放具有促进作用。随着战略的不断推进，会扭转西部经济对外开放度下降的趋势，促进经济发展。西部大开发对西部经济具有重大推动作用，依靠西部丰富的自然资源条件，城市建设得到渐进式发展，通过引进东部先进技术，西部经济实现技术革新，带动了产业升级改造[36]。尽管现在西部的经济对能源依赖较强，但西部经济发展对能源投资的依赖降低，经济结构有所优化，能源产业占比下降[37]。

参照《中国统计年鉴》中对西部地区的界定可以将样本数据分为中东部和西部两组。其中西部的样本城市13个，包括呼伦贝尔、鄂尔多斯、乌海、赤峰、达州、六盘水、昭通、曲靖、铜川、渭南、延安、榆林、平凉。

二、实证检验与结果分析

在验证了中国煤炭城市煤炭产业发展对其全要素生产率倒U型非线性影响后，将样本分为西部和中东部两组，通过对模型（5.1）进行回归分析来检验中国煤炭城市煤炭产业发展对其全要素生产率影响的区域差异。利用对模型解释力更好的双向固定效应模型对假设1进行检验，表5-7汇总了分区域回归的结果。回归结果显示在中东部和西部两个区域内假设1仍然成立，明确了中国煤炭城市煤炭产业发展对其全要素生产率存在稳定的倒U型影响。煤炭产业发展对全要素生产率存在一个拐点，当煤炭产业发展强度小于拐点时，煤炭产业发展对全要素生产率产生促进作用；当煤炭产业发展强度越过拐点时，煤炭产业发展抑制全要素生产率，进入“资源诅咒”状态。

表5-7 煤炭产业发展对全要素生产率影响模型的分区域估计结果

变量	西部	中东部	全国
RD	0.3999*** (0.1576)	0.2744*** (0.0692)	0.2305*** (0.0637)
RD^2	−0.0990*** (0.0343)	−0.0507*** (0.0129)	−0.0500*** (0.0125)

续表

变量	西部	中东部	全国
GI	−0.7181＊＊＊（0.2219）	0.0336（0.1059）	−0.2827＊＊＊（0.1019）
TI	3.1518＊（2.2233）	3.0711＊＊＊（1.007）	3.1631＊＊＊（0.9695）
_cons	0.7005＊＊＊（0.1669）	0.6067＊＊＊（0.0970）	0.7531＊＊＊（0.0823）
R^2	0.4940	0.5112	0.4897
样本量	195	465	660
参数检验 F 值	0.0415	0.0000	0.0000
拐点	2.0197	2.7061	2.3050
曲线关系	倒 U 型	倒 U 型	倒 U 型

注：＊、＊＊、＊＊＊分别表示在 10%、5%、1%的显著性水平下显著。

西部样本的回归结果显示，在样本期内煤炭产业发展对全要素生产率产生显著的倒 U 型影响，曲线的拐点为 2.0197，还原为采矿业从业人数占比 7.54%，低于全国和中东部的拐点。说明西部煤炭城市的煤炭产业发展对全要素生产率的抑制作用更加严重，煤炭产业发展强度超过 7.54%即为煤炭产业扩张过度。西部大开发过程中，西部煤炭城市普遍经历了煤炭产业的快速扩张期，短期的煤炭资源繁荣过程造成煤炭城市产业结构演变，影响了要素市场发育，导致煤炭产业发展抑制全要素生产率。两个控制变量的回归系数也都十分显著，其中值得注意的是，西部样本回归结果显示，政府干预 *GI* 的回归系数为−0.7181 与全国样本的回归系数−0.2827 差异较大，说明在西部样本中，政府干预对全要素生产率的抑制作用更严重，制度弱化效应加剧了煤炭产业发展对全要素生产率的抑制作用。

中东部样本的回归结果显示，在样本期内煤炭产业发展对全要素生产率产生显著的倒 U 型影响，曲线的拐点为 2.7061，还原为采矿业从业人数占比 14.97%，远高于全国和西部的拐点。说明中东部煤炭城市的煤炭产业发展对全要素生产率的抑制作用较轻，煤炭产业发展强度超过 14.97%时煤炭产业扩张过度。这是由中东部煤炭城市的煤炭资源禀赋和经济发展现状决定的，中东部煤炭城市煤炭产业发展并没有显著的繁荣过程，良好的经济区位条件和经济发展基础为中东部煤炭城市提供了更好的利用煤炭资源的条件。控制变量中技术创新投入的回归结果变化不大，但是政府干预 *GI* 的回归系数为 0.0336 且并不显著，说明在中东部煤炭城市，政府干预对全要素生产率的抑制作用不显著，制度弱化效应不明显，使得煤炭产业发展能更好地促进全要素生产率。

第三节 煤炭型城市经济转型的国际案例分析

煤炭为工业化提供能源基础，工业革命对以煤炭为代表的自然矿产资源需求的急速增加，提供煤炭及其初加工产品的煤炭型城市相继诞生。同时，在城市化与工业化进程推进过程中，煤炭的开采强度持续提高，这种粗放型发展方式导致产业结构失衡、环境污染严重等问题。煤炭为不可再生资源，煤炭资源的过度消耗使很多煤炭城市因资源衰竭而陷入困境。20世纪 60 年代以后，以德国鲁尔区为代表的一大批煤炭型城市对产业转型进行了不懈的艰难探索。

煤炭型城市转型是一个世界性的难题，从国内外的探索实践来看，既有相对成功的经验，也有很多失败的教训。很多煤炭型城市在开发资源过程中，并没有形成新的支柱产业，在资源枯竭后，经济陷入困境，转型比较成功的有德国的鲁尔地区、法国洛林、英国伯明翰及日本九州等煤炭型城市。

一、德国鲁尔地区煤炭产业转型案例

鲁尔区位于德国西部，由 4 个区和 11 座城市构成，是著名的老工业基地，总面积 4400 万平方千米，是欧洲最大的经济区。鲁尔区内有丰富的煤

炭资源且水陆交通方便，区位条件优越，在20世纪50年代左右的辉煌时期，煤炭产量最高时可占全国的80%，其总产值可占德国GDP的1/3。进入20世纪60年代以后，世界石油和天然气工业兴起，同时，煤炭开采成本逐年上升，面对廉价的石油和天然气，煤炭失去市场竞争优势，加之钢铁、造船等产业开始撤离欧洲，鲁尔区以采煤、煤化工、钢铁、机械为主的重工业陷入衰落，经济受到严重影响。进入20世纪70年代后，主导产业的相继衰落导致经济陷入滞胀，作为老工业基地的鲁尔区经济结构矛盾日益突出，失业率上升导致大量人口外流，社会矛盾加剧，环境污染问题严重。

1958年，德国放开煤炭价格，鲁尔区的出产煤炭价格高于进口煤炭，产量大量过剩，政府为了提高本地煤炭的竞争力，以保煤为目标采取了一系列政策措施。支持区域内煤矿的合理化改造，限制煤炭和石油等能源进口，投入大量资金建造火力发电厂。但是这些措施不仅没有缓解煤炭危机，反而加剧了煤炭产能过剩危机。1968年德国政府出台《煤炭促进法》，通过重组煤炭公司逐步减少煤炭生产能力。为了解决就业出台了《煤炭适应法》，制定了吸引其他产业的企业落户、建立新企业、扩大企业规模等措施，并由国家给予资助。德国鲁尔区成为世界老工业基地衰落的典型，进行了30多年的转型探索，依然收效甚微，一度让很多人对其转型前景持悲观态度。但是，德国政府坚持从传统产业着手，调整产业结构发展新兴产业。经过近50余年的不懈努力，终于实现了向后工业化时代的转变，实现矿业和非矿业的发展，走出了一条成效显著的转型之路，成为全世界最著名的煤炭型城市成功转型的案例之一，在转型过程中，形成了被世界各国效仿“鲁尔”模式。

（一）以政府为主导、企业为主体的内生区域发展模式

德国坚持的立法原则来制定宏观经济调整政策，确定政策目标，规定资金来源和使用范畴。在实行产业政策过程中，德国政府坚持市场原则，引导企业根据市场条件变化和自身条件进行自主结构调整。政府在产业转

型中发挥宏观调控的作用，在基础设施建设和法律法规制定方面发挥主导作用，支持特定的跨行业生产环节，在高风险但具有正外部效应的科研和创新领域加大投资。在努力降低资源产业衰退和就业萎缩带来的不利影响的同时，发挥问题区域的经济主体自助和协作精神，制定本地区发展战略并确立未来区位的形象，自主的组织区域有计划、分步骤地削减并引导劣势产业转型，减少劳动力投入，并培育新产业以接纳传统产业转出的劳动力的内生区域发展模式。在内生区域发展的过程中，自发的区域内合作发挥基础作用，地方政府在政策上帮扶失业人员以减轻社会压力。政府通过立法来制定政策和协调，其他企业或组织负责适应市场环境变化进行管理运作，为了实现多方共同认可的目标，地方政府和区域之间，企业与企业间、研究机构和企业间多方进行项目合作。结构更新在原则上必然产生自区域内部，如果这些区域创新力量不足，可以在区域政策上得到针对性加强。

（二）以总体规划为导向，明确各阶段重点任务

鲁尔区在资源产业转型的过程中，北威州政府发挥政策协调作用，实行综合开发计划，成立鲁尔煤管区，作为最高规划机构。1966 年编制了第一版鲁尔区总体发展规划，以煤炭和钢铁产业为基础，确立改善经济结构、发展新兴产业、拓展交通运输、消除环境污染的整治目标，加强人才培养和教育科研等基础建设，以改造煤炭产业为主线，综合规划煤炭产业的工业用地，为新兴产业提供资源、发展空间和人才储备。在转型过程中，重视农业和第三产业的发展，保护农牧用地，根据市场需要实行产业改造升级和新兴产业布局。清理整顿矿区，整合煤炭产业布局，提高技术含量和机械化率，采煤综合机械化率全球第一，实现规模经济。1979 年德国联邦政府与地方政府联合制订了著名的“鲁尔行动计划”，改善基础设施建设，对煤炭产业进行工业化和现代化改造，出台优惠政策扶植以生物技术、信息技术、电子、汽车、精密机械和仪表、纺织服装等为代表的新兴产业，提高产业结构的多元化，优化产业布局。1985 年后，鲁尔区结构

政策计划重点转向培育创新能力。1989 年起实施了区域性综合整治和复兴计划，推动产业转型，重新利用旧工业建筑和废弃地，恢复自然和生态环境，发挥各城市优势。2007 年提出“未来鲁尔”的倡议，确立了以创新为核心的发展战略，确定产业升级和城市功能转型的新方向。经过 50 年的努力，煤炭产值占比大幅下降，新兴产业发展势头良好，信息技术产业成为新的支柱产业。

（三）改善投资环境，建立发展基金改造煤炭产业

区位条件是衡量投资环境的主要标准之一，鲁尔区在区位条件中，从“硬件”“软件”两个方面为吸引投资塑造优势，其中“硬件”建设包括利用交通地理优势，整合煤炭产业用地，供给新兴产业发展用地，加强基础设施建设等。但是相对于“硬件”设施，在吸引投资过程中“软件”环境作用愈来愈大，鲁尔区通过不懈的努力，在制度建设，提高素质劳动力，改善环境等领域做了很多努力，并且通过调整区域内产业结构以增强区域投资的能力。服务业是经济增长的重要动力，但是服务业离不开服务对象和其他产业部门的支持，要保持区域内的投资吸引力和经济活力，改善工业等其他产业投资环境是非常重要的。鲁尔区作为德国的煤炭生产加工中心，从政府获得了大量的补贴，专家委员会减少对煤炭行业的补贴，增加结构改造基金投入。

（四）重视人才培养和技术创新，培育新兴产业

鲁尔区积极构建新的产业布局，发展化学、信息通信、机械制造、汽车以及环保等新的产业，并且重点发展旅游、广告、多媒体等新兴服务业。新的产业布局对人才的需求增加，鲁尔区将教育视为实施创新战略的重要驱动力，区域内大学密集度在欧洲居于首位。鲁尔区有波恩大学、科隆大学等综合性大学，以及亚琛工业大学、杜塞尔多夫医科大学等多所应用技术型大学。20 世纪 60 年代后，在多特蒙德和波鸿等地创办了与工业和航运等产业相关的应用技术型大学，此外，鲁尔区还有多所国家级研究

机构。鲁尔区以大学和研究机构为核心建设新产业区，发展新型技术城市，实现了高技术产业的布局。全区现有30多个技术中心及600多家技术开发公司，并且区域内的各高校及研究机构不同产业领域与企业开展合作也设立了很多“技术转化中心”。政府也对企业与研究机构之间以及企业之间的技术合作项目予以资金补助。除了重视高等教育和科研，鲁尔区也高度重视技术工人的培养，区域内可以对产业工人进行系统的在职教育和职业技能培训。目前，在鲁尔区内第三产业的从业数占比80%左右，就业结构由生产领域转向服务领域的过程中，健全的社会保障制度起到了“稳定器”的作用，政府结构调整过程中，重点增强企业吸纳就业能力。

（五）治理污染改善生态环境

在鲁尔区内资源枯竭型城市转型过程中十分重视矿区的环境修复。成立专门整治部门，将煤炭产业转型和国土整治列入地区发展规划当中，对关闭后的企业和矿区进行环境评估，通过制订整改规划对环境进行整体改造。鲁尔区开征环境保护税，对于土地污染严重、改造耗资过大且企业不愿参与的遗留问题，政府设立了土地基金用于购地，修复后出让给新产业引进的企业或者建成绿地或居民区。大规模植树，兴建风景优美的产业园区，园区内大量引入服务性或高科技企业。加快城市建设步伐，注重保护古建筑的文化遗产地，大力发展文化和工业旅游产业。鲁尔区将工业遗产多且集中的问题转为独特优势，积极申请世界文化遗产，塑造了“工业文化”品牌。开发了展现工业化全景的“工业自然之路”以及“工业文化之路”的多条旅游路线，形成独一无二的文化设施资源。鲁尔区通过环境治理，发展工业旅游与文化产业，促进城市环境和功能转变，提高了区域形象。

总体来说，鲁尔区50多年的产业转型的成效是非常显著的，实现从煤炭和钢铁产业为中心向以煤炭和钢铁产业为基础，以高新技术产业为龙头，多产业多元发展的综合新型经济区转变。鲁尔区的转型经验对于中国煤炭型城市转型和高质量发展有很强的借鉴意义，在煤炭型城市经济转型过程中，兼顾煤炭产业和非煤产业的发展，延伸煤炭产业链和发展新兴产业的同时，通过培育科研和技术人才，提高产业科技含量的附加值，调整城市和区域规划，优化产业布局，健全城市功能。

二、法国煤炭型城市洛林转型案例

洛林位于法国东北部，毗邻卢森堡和德国，和德国的鲁尔区相似，盛产煤炭和铁矿石，工业集中度较高。二战后，洛林地区为法国的经济重建及工业快速发展做出巨大贡献。伴随经济全球化和发达国家“去工业化”进程，从20世纪60年代开始，由于环保标准提高、开采成本上升和来自海外的低成本煤炭的冲击等原因，破坏了洛林矿区的开采进程，洛林地区资源需求持续下滑，传统产业开始衰退，到20世纪70年代，洛林矿业生产进入萧条，失业率位居全法前列。

20世纪80年代起，法国政府为扭转不利局面，在洛林地区制订了产业转型计划，通过设置经济与社会发展基金、发放优惠贷款等方式吸引汽车等新产业进驻。然而法国经济受两次石油危机的影响，工业补助资金有限，许多投资项目被搁置，洛林地区发展受阻、转型困难。20世纪90年代中期，洛林地区经济发展陷入停滞，洛林的服务业和高端制造业均未达到全国平均水平。洛林成为法国经济增长水平最低的地区之一。近年来，洛林地区政府下大力气进行经济转型，以提高国际竞争力为导向制定了高起点转型目标，大力谋求绿色转型，成效显著。

虽然洛林地区仍然有丰富的煤炭资源，但其开采成本高于进口煤炭，而且人工成本较高，法国并没有借鉴鲁尔区对煤炭产业采取保留的发展的模式，法国政府不盲目补贴，而是选择放弃，将财力用于新兴产业，关闭丧失市场竞争力的高耗能、高成本和高污染的煤矿。

洛林地区在传统产业转型升级过程中，立足世界市场的需要，选择重点发展核电、电子、环保装备业、医药等高新技术产业。为吸引外资制定了优惠政策，产业结构调整与国际接轨，增强竞争力。依靠煤炭和钢铁产业发展过程中总结出的技术经验，积极寻求从传统资源产业向新兴科技产业转型的路径，谋求高附加值的发展路径。用高新技术改造传统资源产业，发展附加值高的特种钢铁、精细化工、智能机械等高端产业。洛林煤炭公司目前主要营业收入来源于制造工艺水平高、经济附加值高、污染物排放少的高聚硅、石墨等高附加值材料，其中石墨产能居全球前列。

在产业转型过程中，法国洛林地区同样面临大量工人失业的问题。为解决就业问题，政府积极培训工人，提高职业技能，增强就业能力，同时完善就业信息发布。改制国有企业，扶持创办非国有企业，免费为创业小企业提供企业发展规划、机器、厂房、技术专家和企业顾问等全方位的帮助，引入民间资本，激发企业经营活力，增加就业岗位。在转型过程中平衡公共部门和私营部门之间的关系，整合考虑洛林地区产业转型过程中经济发展问题，创造就业机会，减少不平等因素。实施税收、信贷和现金奖励等优惠措施，激励企业招聘从煤炭产业转产和失业的工人。

洛林地区和鲁尔区一样成立了国土整治部门，重新规划老矿区土地，70年代末，创立了30亿的专项基金，用于整治老矿区土地和解决环境问题，重新优化后的土地用于建设居民住宅、娱乐中心，营造宜居环境，或者用于新产业的工厂用地。洛林地区为山区地形，不利于经济发展，能源结构以煤电为主，为摆脱对煤电的依赖，洛林地区集中发展核能和太阳能等可再生能源。尽管转型耗资巨大，但是经过多年的努力，洛林地区的转型效果明显，从衰退期的高污染工业区转成环境优美、高新技术产业发达的新兴工业区。如今，洛林已经成为法国外国投资吸引最强的地区之一。

法国的城镇化水平高，法国不断强化大都市圈建设，以大城市为中心、建设辐射周边中小城市的“大都会”。中国煤炭型城市在转型过程中可以借鉴洛林的绿色发展经验，促进煤炭型城市高质量发展。

三、英国煤炭型城市伯明翰转型案例

英国是工业革命的发源地，世界上首个实现工业化的国家，其工业生产总值世界占比最高时达到45%。英国享受到工业文明的成果，同时也最早感受到工业发展过程中带来的资源和环境问题的困扰。伯明翰是典型的

煤炭型城市，工业革命时期是著名的“世界工厂”，也是许多英国人心目中“英国最丑的城市”。到了20世纪中后期，世界经济格局发生变化、绿色发展观念兴起、高新技术发展迅猛，英国传统产业面临转型升级的压力。20世纪70年代后，伯明翰开始向非工业化城市转型，英国政府采取了一系列有针对性的措施，推动产业的转型升级。但是直至21世纪初，伯明翰经济才初步走出了困境。

（一）进行传统产业的现代化改造，调整产业结构

20世纪60年代开始，资源、环境和技术条件发生变化，外部市场竞争压力加大，随着主导产业衰退，英国面临着产业发展的结构性危机，英国政府对传统产业进行技术改造和创新。1993年英国政府全面考察了煤炭产业的发展现状，确定了煤炭科技发展战略，产业重心由煤炭开采转变为煤炭的洁净利用和环境保护，为了保住国产煤的销路服务，降低煤电产业的环境成本，把煤炭产业的技术输出作为产业发展的最终目标之一。1994年，英国政府发布《能源政策63号报告》，提出洁净煤技术计划，将洁净煤技术作为煤炭领域科研的核心，鼓励开发有利于保护环境且具有经济竞争力的洁净煤技术。随着能源结构的调整和产业布局的优化，石油、天然气、核能、风能等其他能源成为主体能源，英国煤炭产业必将走向萎缩，伯明翰的改造基本放弃传统制造业，把转型重点放在咨询、金融业和会展旅游业等服务业。

（二）低碳绿色的可持续发展

英国是世界上最早发展低碳经济且发展比较成功的国家。1990年，英国规定由政府发布利用和开发可再生能源的项目，政府对高于市场的部分成本进行补贴，英国各电力公司必须保证其所供应的一定比例电力来自非化石能源。1997年《京都议定书》公布后，英国承诺到2050年将温室气体排放量减少为1996年总排放量的40%。1990—2002年，英国通过《非化石燃料公约》推进可再生能源发展，建立有效的市场保障机制，促进可

再生能源发展，为英国采用配额制促进可再生能源发展奠定了基础。2002年英国签署了《京都议定书》，正式启动了资源排放贸易计划，英国建成了碳交易体系，成为世界首个在全国范围内建立碳交易市场的国家。2003年英国规定在未来几十年里，英国将更新或更替大部分的能源基础设施，以清洁可再生能源为发展重点。2012年为调整能源消费结构，发展低碳经济，英国政府公布了《能源法案》。政府在资金上给予补贴鼓励建设家庭太阳能光伏发电系统，为企业减排进行的技术改造和设备更新提供无息贷款支持。这一系列措施使英国在经济持续增长的情况下，能耗基本持平，环境得到改善。

（三）利用历史资源发展创意类产业

英国创意产业GDP占比是世界上最高的，文化创意产业提供了大量就业岗位，很大程度上解决了煤炭产业衰退带来的失业问题。目前创意产业成为英国就业人口第一的产业，英国的文化创意产业与古迹、观光活动及旅游部门紧密相关，以政策引导带动产业附加值，实现文化部门向产业部门转化。伯明翰从20世纪70年代开始向非工业化城市转型，伯明翰并没有天然的旅游资源，它利用其发达的交通优势，增加文化设施和市政服务，发展会展业和开展商务会议旅游，以金融服务业、零售产业、专业咨询服务和会展产业为突破口，成功实现了产业转型。

经过多年的调整，英国服务业的国民经济占比达到75%以上，形成了“三二一”的产业结构。中国经济发展路径和现状与英国有很大的区别，在推动煤炭产业转型升级过程中，不能照搬英国的经验，但可以参考英国的低碳经济和产业转型的经验，探索适合中国国情的产业转型之路，实现国际产业链从低端向高端的攀升。

四、日本煤炭型城市九州转型案例

九州工业区位于日本的西南部，包括长崎、福冈等多个县，约占日本国土面积的1/9。在20世纪20年代，九州地区成为以煤炭、钢铁、造船、化工为中心的工业基地。战后，日本实行“倾斜生产方式”恢复经济，集中发展煤炭、钢铁和电力等基础工业。1950年前后，日本的煤炭需求快速增长，价格上升，九州地区的经济迅速恢复。

战后日本经济在赶超欧美的过程中，日本政府对经济的干预较多，在不同阶段根据具体条件选择了不同的主导产业。20世纪50年代后期，日本制定了贸易立国的发展战略，政府产业政策重点支持资本密集型产业。1962年，日本政府出台石油进口自由化政策，石油取代煤炭成为日本的主要能源，日本政府弱化了对九州煤炭产业的支持。叠加日本劳动力成本上升等因素，导致九州地区煤炭开采成本上升，煤炭产业国际竞争力弱。1963年，日本政府决定削减九州煤炭产量，从国外大量进口煤炭，煤炭产业进入衰退阶段，九州地区经济发展陷入停滞。

20世纪70年代，受“石油危机”的冲击，国际市场能源价格上涨，同时也因环境问题日趋严重，日本再次转变发展战略，产业结构向高加工度化和能源节约化方向转变。1978年指定九州地区的煤炭等产业为“结构性萧条产业”，主导产业的衰退不仅会导致失业问题，而且可能阻碍产业结构的升级，使产业所在地区的经济陷入发展困境，九州地区的工业产值在日本工业中的占比持续下降。

区域经济发展的本质就是区域主导产业的有序更替，产业衰退地区经济重振的出路在于培育新兴主导产业。九州地区为了解决产业衰退问题，重点培育新的替代产业。

（一）调整衰退产业与扶植新产业相结合

自20世纪50年代起到2002年九州最后一个煤矿关闭，日本政府利用50年完成九州煤炭产业的转型。九州地区将调整衰退产业与扶植新产业相结合，利用其区位优势，发展新兴替代产业。20世纪60年代，日本政府认为煤炭产业必然衰退，开始着手对煤炭产业劳动力进行安置转移，在原煤炭产地扶植新产业。日本政府通过出资和融资大量开发工业园小区，将开发好的土地以长期贷款、减免税等优惠措施转让给投资者，吸引外来投资者到产煤地区建厂，大量解决了就业问题。九州地区在产业结构转型过程中，并非简单地在煤炭产业基础上向前或向后延伸产业链，而是利用九州地区的区位优势，突破原有的产业结构，培育新兴的替代产业，实现产业结构升级的多元化和高度化。九州地区拥有大量廉价的劳动力，环境优美，拥有发达的航空运输设施，日本政府在九州地区发展IC产业，使九州地区经济重新焕发活力，并且形成产业集聚效应，半导体产业的繁荣还带动了IT相关产业的开发基地的研究机构进驻九州，九州成为日本高科技产业基地。

经过30多年的升级改造，九州地区第一产业衰退明显，第三产业迅速发展，第二产业内部结构由煤炭、钢铁、造船等重工业型产业转为汽车、半导体相关产业，并成为日本高科技产业和新兴工业的重要基地。九州地区在日本的经济地位也逐步恢复。

（二）重视环境保护发展循环型经济

九州地区是日本环境污染的典型代表，自20世纪70年代起，九州加大力度改善生态环境，制定并严格执行环境保护法律，成效堪称全球典范。在环保节能方面，日本政府和九州地区制定并严格执行了大气、海洋、水质等一系列环保相关法律法规，环境取得了实质性的改善。北九州市政府积极引导并为中小企业治理污染提供相关帮助，环境局实时向市民公开环境信息，寻求舆论监督，加强污染治理的执行力。将环境修复与矿区土地整治相结合，将污染严重的矿区原址改造为城市居民娱乐、休闲的公共场所，建立“生态工业园”示范区，既修复了环境，还将污染土地改造成新的经济增长动力，积极发展环保产业和循环经济。经过30多年的努力，九州地区的环境治理成效非常显著，环保节能产业也逐渐成长为新的支柱产业。

（三）完善社会保障，加强失业者的培训与安置

煤炭城市在转型过程中都会面临大量失业的问题，九州地区政府在关

闭煤井后为安置失业人员，给煤炭产业离职工人发放离职金，利用职业技能培训提高工人素质等措施，保障基本生活水准促进再就业，并且制定了法规以确保目标能够落实。政府从计划关闭矿井之日起即开始对煤矿工人进行职业培训和提高技能，并且承担培训费用，持续进行培训，确保煤炭产业的工人在失业前即掌握再就业的技能，煤矿关闭后就可以顺利实现再就业。

（四）出台财政资助政策及税收和金融优惠政策

在煤炭产业转型过程中，日本和九州地区政府出台了产煤地振兴临时支付金、采煤地开发事业费补助金、地方支付税的特例等财政支援政策。同时，政府还制定税收、金融和市场准入等优惠政策吸引外部企业进入开发区。1962 年设立的产煤地域振兴公团，为开发工业园小区的融资，开发好的土地，给予新投资者长期低息贷款等优惠，吸引投资者新建工厂。减免不动产取得税、固定资产税等地方税，国家对 80%的减收额给予补贴。出台促进加速折旧的政策，对企业技术更新给予税收优惠，为中小企业提供特别贷款等一系列措施，促进产业转型。通过优惠政策加强煤炭产区的基础设施建设。因兴建道路、治理环境等公共事业而产生的债务，国库补助率最高可上调 25%，同时给予矿区小水系用水开发费补助，支持工业区改造。

九州地区产业转型经验说明，依据产业结构演进的趋势，结合区位条件制定正确的发展战略，培育新兴的替代产业，将援助政策与新兴产业扶持政策结合推进产业转型，是摆脱煤炭产业衰退困境的有效途径。随着全球化进程的推进和科技的进步，产业生命周期不断缩短，主导产业更替速度加快，产业衰退加速和衰退产业增多，增加了产业转型风险。如果煤炭型城市不能及时促进衰退的煤炭产业转型，将阻碍产业结构升级，在激烈的市场竞争中处于劣势。日本九州地区煤炭产业转型的经验对中国具有重要的借鉴意义。

小结：本章建立煤炭产业发展对全要素生产率的非线性计量模型，将政府干预和技术创新投入作为控制变量引入模型，实证检验中国煤炭城市煤炭产业发展对其全要素生产率的倒U型影响，并最终得出以下结论，煤炭产业发展对全要素生产率影响模型回归结果验证了假设1，即煤炭产业发展对全要素生产率的影响是非线性的，“资源诅咒”效应的出现是有条件的。中国煤炭城市煤炭产业发展对其全要素生产率产生倒U型影响，拐点为采矿业就业比10.02%。同时各控制变量的影响作用也基本和理论分析及文献梳理的结果相符，政府的财政扶植政策保护了落后产能，减少了企业创新的动力，降低了要素配置效率，对煤炭城市全要素生产率产生了抑制作用。煤炭资源产权的不清晰的特殊性增加了寻租和腐败行为，制度弱化及其恶性的变迁路径依赖，增加了煤炭产业发展对全要素生产率的抑制作用。在煤炭城市政府强行的制度供给导致市场机制不健全，也提高了煤炭产业的沉淀成本，使煤炭产业扩张过度。技术创新投入提高了区域创新能力和技术进步水平，显著的促进了煤炭城市全要素生产率。煤炭城市的经济发展严重依赖煤炭资源禀赋，但对煤炭资源的开发、利用多处于初级阶段，使用的技术相对落后，对高新技术需求动力不足。煤炭产业发展对技术进步的挤出效应抑制了工业结构的高加工度化和高技术化过程，加剧了产业结构硬化，抑制了煤炭城市的全要素生产率。全要素生产率维度的“有条件资源诅咒”存在。中国煤炭城市煤炭产业发展对其全要素生产率的倒U型非线性影响表明，煤炭产业发展对城市经济发展效率是“祝福”还是“诅咒”取决于由采矿业就业比重反映的煤炭产业发展程度。利用这个“诅咒”拐点可以将样本煤炭城市分为两类，“资源祝福”型煤炭城市和“资源诅咒”型煤炭城市。从变动情况来看，“资源祝福”型煤炭城市的数量和比重总体上呈现出U型的变化趋势，在2011年达到了最低值，之后“资源诅咒”状况得到了缓解。2013年，“资源祝福”型煤炭城市的数量明显地增加，之后“资源诅咒”现象逐步缓解。

将样本数据分为西部和中东部两组，通过煤炭产业发展对全要素生产率影响模型的回归分析来检验中国煤炭城市煤炭产业发展对其全要素生产率影响的区域差异。回归结果显示在两个区域内假设1仍然成立，明确了中国煤炭城市煤炭产业发展对其全要素生产率存在稳定的倒 U 型影响。西部样本的回归结果显示，在样本期内煤炭产业发展对全要素生产率产生显著的倒 U 型影响，曲线的拐点为采矿业从业人数占比 7.54%，低于全国和中东部的拐点。西部煤炭城市普遍经历了煤炭产业的快速扩张期，短期的煤炭资源繁荣过程造成区域内产业结构演变，影响了要素市场发育，导致煤炭产业发展抑制全要素生产率。政府干预对全要素生产率的抑制作用更严重，制度弱化效应加剧了煤炭产业发展对全要素生产率的抑制作用。中东部样本的回归结果显示，在样本期内煤炭产业发展对全要素生产率产生显著的倒 U 型影响，曲线的拐点为 2.7061，远高于全国和西部的拐点。说明中东部煤炭城市的煤炭产业发展对全要素生产率的抑制作用较轻。这是由中东部煤炭城市的煤炭资源禀赋和经济发展现状决定的，中东部煤炭城市的煤炭产业发展并没有显著的繁荣过程，良好的经济区位条件和经济发展基础为中东部煤炭城市提供了更有效利用煤炭资源的条件。且政府干预对全要素生产率的抑制作用不显著，制度弱化效应不明显使得煤炭产业发展能更好地促进全要素生产率。

中国煤炭型城市“资源诅咒”问题较严重，煤炭产业造成严重的环境污染，产业转型过程中大量工人失业，很多煤炭型城市煤炭资源枯竭导致城市发展陷入困境，通过对德国鲁尔区、法国洛林地区、英国伯明翰和日本九州的煤炭产业转型的国际案例进行分析，为中国煤炭型城市产业转型提供借鉴。

第六章　产业结构演变传导机制的实证检验

通过“荷兰病”修正模型的分析发现煤炭产业发展是一个过程，早期煤炭产业发展为小型开放经济体带来大量的“天赐神粮”，为制造业发展提供生产资料，短期内小型开放经济体内出现经济繁荣现象。随着煤炭产业的不断发展，产业供给对产业结构演变产生直接影响，转移效应将生产要素从制造业和服务业转移出来，煤炭产业发展产生的资源红利，刺激了对不可贸易的服务业部门产品的需求，市场需求直接影响产业结构演变，支出效应出现，生产要素从制造业和煤炭产业流入服务业。两次产业结构的变化都损害了具有“干中学”特征，能够带来全要素生产率提高的制造业，导致煤炭产业发展对全要素生产率产生倒U型非线性影响。因此提出本研究的假设2：煤炭产业发展初期产生资源红利，促进全要素生产率提高，煤炭产业发展过程中引发产业结构演变，对服务业产生综合效应、对制造业产生“去工业化”效应，挤出具有“干中学”特征的制造业，使煤炭产业发展对全要素生产率产生倒U型非线性影响。

中国煤炭城市产业结构存在严重的供给结构和需求结构的锁定效应，制造业具有“干中学”效应，制造业的萎缩抑制全要素生产率，“资源诅咒”效应显现。本章将建立计量模型对“荷兰病”修正模型解释的产业结构演变传导机制进行检验，重点检验产业结构演变过程中，服务业和制造业的传导作用。将样本分为西部和中东部两个样本组，检验产业结构演变传导机制的区域差异。

第一节 服务业发展传导作用的实证检验

根据中国国家统计局的划分方法，服务业为产业结构层次中的第三产业，是除了第一、第二产业之外的其他产业部门。目前，关于服务业的含义和概念并没有统一的标准，一般情况下都把服务业界定为提供或生产服务产品的企业或者产业部门。服务业可以分为生产性服务业、生活性服务业和公益性服务业。

威廉·配第（1672）阐述了产业结构与国民收入水平关系的演进规律，工业的收入和附加值高于农业，商业的收入和附加值又高于工业。澳大利亚经济学家 Fisher（1935）对产业结构的演变进行了经济史视角上的理论分析，首次对三次产业进行了分类。第一产业是以农业和畜牧业为主的初级产业；工业革命后机器制造业发展标志着第二产业出现，第三阶段发展的产业即为第三产业，是以科教、保健、旅游、文娱、政府服务等产业为主。他还提出了产业结构演变过程中，生产要素由第一产业不断向第二产业转移，随着经济的发展再由第二产业向第三产业转移的客观历史发展规律。

“配第-克拉克”定理阐述了在三次产业间劳动力移动的规律，随着经济的发展，由于各产业之间收入的相对差异导致就业人口从第一产业不断地转移出来，第二产业和第三产业的就业人口比重依次增加。多数的经济学家肯定了这种产业结构变化，经济发展史已经证明了就业人口从农业部门向工业部门转移是经济高速增长的主要动力来源。产业结构的转移也是要素优化配置的结果，生产要素由低效部门转移至高效部门。但是，在就业人口继续向第三产业转移的相关研究中，很多学者产生了争议，认为第三产业过度发展和传统制造业衰退不利于经济发展。富克斯（1968）等人的实证研究发现，服务业即第三产业的生产率增长近似于零，“非工业化”理论应运而生。巴肯等（Bacon et al，1976）认为，“非工业化”导致了19

世纪70至80年代英国的经济“滞胀”，制造业比重加速下降，第三产业特别是服务业中的非市场化部门占用了大量的经济投入要素，服务业具有不可贸易且生产率低的特征，经济投入要素流入这些部门相当于净消耗。Singh（1987）从全球一体化经济体系的视角分析认为，近几十年来，国际分工导致了发达国家服务业的快速发展，“非工业化”并不仅是国内市场结构失衡问题，更是在国内市场与国际市场接轨时出现的产业结构失衡问题，制造业在经济中仍具有重要作用。

通过“荷兰病”修正模型解释了随着煤炭产业的不断发展，转移效应将生产要素从制造业和服务业转移出来，煤炭产业发展产生的资源红利，刺激了对不可贸易的服务业部门产品的需求，支出效应出现，生产要素从制造业和煤炭产业流入服务业。支出效应分析了煤炭产业发展对制造业和服务业的最终消费需求增加，不可贸易的服务部门通过提高产品价格，增加利润，提高劳动者工资，将劳动力从制造业和煤炭产业部门转移出来。制造业是可贸易部门，因此其产品的价格由经济体外产品的价格外生决定，所以制造业无法通过提价来弥补劳动力成本的上升，劳动力流出，制造业受到了转移效应和支出效应的“双重去工业化”。

还有很多学者研究了当煤炭资源枯竭，煤炭产业进入衰退期时，还会出现劳动力向服务业转移的现象。在煤炭城市，煤炭资源一旦枯竭，煤炭及其相关产业的生产效率下降会导致行业工资水平降低，致使劳动力转移。煤炭城市往往以第二产业为主，第二产业可分为采掘业与制造业，一旦煤炭资源枯竭，则煤炭产业所在的第二产业劳动力便会转移至服务业。通常认为第二产业的升级也包括了煤炭产业向制造业的转变，但这一路径往往需要较长的时限。一方面，通常煤炭产业投入劳动力便可增加生产量，制造业对先进技术与劳动者的技能水平要求高，因此劳动人口更容易转入技能水平要求较低的第三产业。煤炭城市的制造业往往依托煤炭资源建立产业链条，若煤炭资源枯竭，相关产业必然产生运营压力，也可能存在劳动力向服务业转移的现象。刘伟和张立元的研究认为服务业发展对经济增长的促进作用比制造业低。在煤炭城市，劳动力如果过快地由第二产业流入第三产业，可能会对经济发展造成负面影响，对全要素生产率产生抑制。

“荷兰病”模型中，煤炭产业发展引发的转移效应和支出效应产生的最显著影响就是对制造业的“双重去工业化”，这对经济发展是极为不利的。所以大多数研究者将“荷兰病”效应简单地理解为对制造业的挤出，而忽略了服务业部门的影响，特别是在支出效应中服务业部门对煤炭部门的反向挤出作用导致综合效应中煤炭部门和服务业部门作用的不确定性。所以在对“荷兰病”修正模型进行计量检验时，应先考察服务业发展在中国煤炭城市煤炭产业发展对其全要素生产率影响中的传导作用，明确了样本期内服务业发展在“荷兰病”修正模型中的综合效应后，再对制造业的转移效应和支出效应产生的“双重去工业化”进行实证检验。

一、模型设计

“荷兰病”修正模型解释了煤炭产业发展过程中，转移效应将生产要素从服务业转移出来，对服务业产生了挤出效应，煤炭产业发展产生的资源红利，刺激了对不可贸易的服务业部门产品的需求，支出效应出现，生产要素从制造业和煤炭产业流入服务业，煤炭产业发展又促进了服务业发展，所以在煤炭产业发展过程中对服务业产生了不确定的综合作用，转移效应和支出效应都对制造业产生了挤出效应，在转移效应中，煤炭产业发展挤出了制造业，但是在支出效应中，煤炭产业发展通过服务业作为中介传导了对制造业的挤出，抑制了全要素生产率。煤炭产业发展对全要素生产率产生了非线性影响，所以无法通过 Hayes 与温忠麟（2014）的中介效应检验方法来测算服务业发展的中介效应，但是可以参照中介效应检验方法，构建递归方程，逐一检验服务业发展在煤炭产业发展过程中的综合效应，通过考察服务业发展对曲线拐点的冲击来分析其在中国煤炭城市煤炭产业发展对其全要素生产率非线性影响中的传导作用，其变量之间的关系见图 6-1。

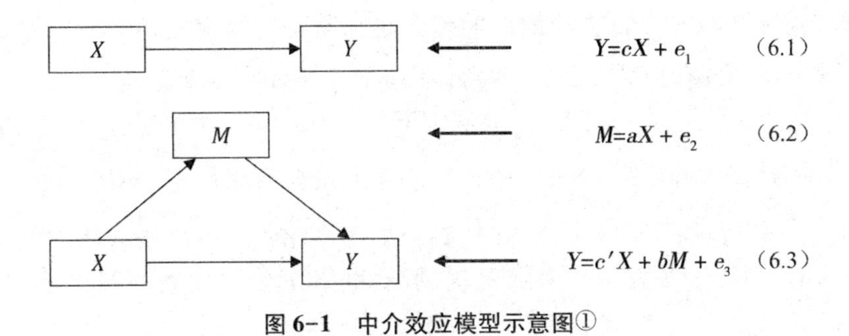

图6-1 中介效应模型示意图①

在图6-1中，式（6.1）描述了解释变量 X 对被解释变量 Y 的影响，系数 c 为解释变量 X 对被解释变量 Y 的回归系数；式（6.2）描述了解释变量 X 对变量 M 的影响，回归系数为 a；式（6.3）为解释变量 X 与变量 M 共同对被解释变量 Y 的影响，其各自的回归系数分别为 c' 和 b。

第一步，构建基准回归模型，将煤炭产业发展 RD 作为解释变量，全要素生产率 TFP 作为被解释变量纳入模型中。检验中国煤炭城市煤炭产业发展对其全要素生产率影响时，以第五章中的模型（5.2）为基础，因为技术创新投入采用科研、技术服务和地质勘查业就业比这一指标来刻画，而科研、技术服务和地质勘查业属于服务业的一部分，会与服务业发展产生内生性问题，因此在模型（6.4）中剔除技术创新投入变量，建立基准回归模型如下：

$$TFP_{it} = \alpha_0 + \alpha_1 RD_{it} + \alpha_2 RD_{it}^2 + \alpha_3 GI_{it} + \varepsilon_{it} \tag{6.4}$$

第二步，检验“荷兰病”修正模型中转移效应和支出效应中煤炭产业发展 RD 对服务业发展 FD 的影响作用，构建回归模型：

$$FD_{it} = \beta_0 + \beta_1 RD_{it} + \varepsilon_{it} \tag{6.5}$$

第三步，将服务业发展引入模型（6.4）中，检验服务业发展在“荷兰病”模型中的综合效应，并检验服务业发展对中国煤炭城市煤炭产业发展与其全要素生产率的关系曲线拐点的影响，如果控制住服务业的差异后

① 温忠麟，叶宝娟．中介效应分析：方法和模型发展［J］．心理科学进展，2014（05）：5-19.

曲线拐点提高，说明服务业发展的差异是加剧“资源诅咒”效应的原因，反之则对“资源诅咒”起到了缓解作用，回归模型形式如下：

$$TFP_{it} = \alpha_0' + \alpha_1'RD_{it} + \alpha_2'RD_{it}^2 + \alpha_3'GI_{it} + \alpha_4'FD_{it} + \varepsilon_{it} \quad (6.6)$$

在模型（6.4）~（6.6）中，*TFP* 表示全要素生产率，*RD* 表示煤炭产业发展，*GI* 表示政府干预，*FD* 表示服务业发展，$\alpha_0 \sim \alpha_3$，$\beta_0 \sim \beta_1$，$\alpha_0' \sim \alpha_4'$ 为待估参数，ε_{it} 为随机扰动项，i 和 t 分别代表各截面单位和时间。

二、变量说明及数据来源

服务业发展。在“荷兰病”模型中，自然资源繁荣引发的转移效应和支出效应对小型开放经济体产生的最显著影响就是对制造业的双重挤出。大多数研究者将“荷兰病”效应简单地理解为对制造业的挤出，甚至认为“荷兰病”效应就只是“去工业化”的过程，忽略了以服务业为代表的不可贸易部门的传导作用，特别是在支出效应中不可贸易的服务部门对煤炭部门的反向挤出作用导致服务业部门和煤炭部门综合效应的不确定。本研究在实证模型中重点检验以服务业为代表的不可贸易部门在中国煤炭城市煤炭产业发展对其全要素生产率影响中的传导作用。《国民经济行业分类》对中国经济中的三次产业进行划分，明确界定了第三产业即服务业，包含了除第一、二产业以外的其他行业。“荷兰病”修正模型是通过劳动力和资本在各部门间的转移来分析煤炭产业发展对产业结构演变的影响。因为煤炭产业是劳动力投入型产业，本研究用第三产业从业人员占比来度量服务业发展能更好地检验理论分析中所得出的假设。

本研究的数据主要来源于《中国城市统计年鉴》，其中少量缺失数据通过《中国统计年鉴》及样本所在省份的统计年鉴、城市统计公报或使用线性插值法补齐。

使用 Stata15.0 软件对服务业发展 *FD* 进行描述性统计，结果见表6-1。服务业发展的均值为 0.4899，标准差为 0.1150，离差较大达到了 0.5413，数据分布比较离散，样本城市的服务业发展水平差异较大。其中，最大值为云南省的昭通市，其第三产业从业人员比重高达76.63%，昭通市旅游资源丰富，煤炭产业和旅游业都是城市的支柱产业，大量劳动力集中在第三产业和煤炭产业，导致制造业发展不足，这种特殊的产业结构不利于城市全要素生产率提高。服务业发展的最小值为黑龙江省的七台河市，第三产业从业人员比重仅为22.5%，产业结构不合理，服务业发展滞后，样本数据的分布特征反映了煤炭城市产业结构发展不均的特征。

样本数据显示服务业发展的均值为0.4899，低于发达国家的服务业占比超70%的发展水平，但是符合样本期内中国服务业发展特征。配第-克拉克定理认为人均收入水平和各部门之间的收入差距是劳动力在不同产业间转移的动因，可以用劳动力在各产业间占比来衡量国家和地区经济发展水平。人均国民收入水平提高，劳动力会从第一产业向第二产业转移；随着人均国民收入水平进一步提高，劳动力大量流入第三产业。产业结构发展经历了劳动力在各产业间占比由“一、二、三”结构向“三、二、一”结构转变的过程。

表6-1 服务业发展变量描述性统计

变量名称	变量说明	单位	均值	标准差	最小值	最大值	样本量
服务业发展 *FD*	第三产业从业人员比重	%	0.4899	0.1150	0.225	0.7663	660

改革开放初期，中国三次产业的就业结构是“一、二、三”型的初级结构；1994年，第三产业从业人员比重首次超过第二产业，就业结构升级为“一、三、二”结构；2011年，就业结构转变为“三、一、二”结构；2014年，中国劳动力就业结构发生本质变化，就业结构达到了“三、二、一”结构。第一和第二产业就业总量和占比逐年呈下降趋势，第三产业成为吸纳就业的主力。2017年，中国第三产业从业人员占比高达44.9%，不断缩短与发达国家的差距。

第五章通过样本数据实证检验煤炭产业发展对全要素生产率影响的总体回归模型时，已经对其他变量进行了说明和描述性统计。将服务业发展的数据引入计量模型（6.5）和（6.6），检验服务业发展在煤炭产业发展过程中的综合效应，通过考察服务业发展对曲线拐点的冲击来分析其在中国煤炭城市煤炭产业发展对其全要素生产率非线性影响中的传导作用。

三、实证检验与结果分析

（一）多重共线性检验

为防止因变量间的多重共线性而导致单个变量估计结果不准确，有必要在模型估计之前，通过考察各变量的“方差膨胀因子”（VIF）对模型中的变量进行多重共线性检验，检验结果见表6-2。

表6-2 变量的方差膨胀因子（VIF）检验

方差膨胀因子	*RD*	*GI*	*FD*	Mean*VIF*
VIF	1.57	1.13	1.73	1.48
1/*VIF*	0.6377	0.8845	0.5785	-

从表6-2中的结果来看，最高的变量*VIF*值仅为1.73，*VIF*均值为1.48都低于10的大样本容忍值，可以认为变量之间不存在多重共线性问题。

（二）变量平稳性检验

继续使用LLC检验和ADF-fisher检验这两种最常用且具有代表性的单位根检验方法对服务业发展*FD*进行面板单位根检验。在这两种检验中均拒绝原假设才认定变量时间序列是平稳的，否则认为时间序列不平稳。输出结果见表6-3。

从表6-3中可以看出，服务业发展*FD*在1%的显著性水平上通过了LLC检验和ADF-fisher，强烈拒绝了原假设，模型中的所有变量的时间序列都是平稳的。因此，可以继续对面板样本数据进行计量分析。

表 6-3　服务业发展的单位根检验结果

变量	LLC	ADF-fisher	结论
FD	-8.1678 * * *	170.6259 * * *	平稳

注：* * *、* *、*分别表示在1%、5%、10%水平下显著。

（三）估计结果与分析

将服务业发展引入模型，检验煤炭产业发展通过转移效应和支出效应影响服务业发展，引发产业结构演变并影响煤炭城市全要素生产率的传导路径。依据检验程序，第一步中，若煤炭产业发展对全要素生产率的影响系数显著，则进行检验的第二步。检验煤炭产业发展对服务业发展的影响，在回归系数显著的基础之上，进行第三步。将服务业发展纳入基准回归模型，检验各回归系数的经济性和显著性，明确“荷兰病”修正模型中服务业发展的综合效应。

第五章在煤炭产业发展对全要素生产率影响的总体模型回归时，进行了时间虚拟变量的联合显著性检验，拒绝了“无时间效应”的原假设，选择时间个体双向固定效应来对总体模型进行检验。因此，本章的递归方程回归也采用双向固定效应，不再利用多种回归方法进行稳健性检验了。

表 6-4　服务业发展的传导作用检验

检验程序	第一步	第二步	第三步
变量	*TFP*	*FD*	*TFP*
模型	模型（6.4）	模型（6.5）	模型（6.6）
RD	0.1857 * * * （0.0627）	-0.0261 * * * （0.0081）	0.1917 * * * （0.0613）
RD^2	-0.0427 * * * （0.0124）	–	-0.0420 * * * （0.0122）

续表

检验程序	第一步	第二步	第三步
GI	-0.2660 * * * (0.1026)	_	-0.4151 * * * (0.1040)
FD	_	_	0.3523 * * * (0.0657)
_ cons	-0.1517 * * (0.0775)	0.5658 * * * (0.02419)	-0.3336 * * * (0.0830)
R^2	0.4771	0.6663	0.5103
样本量	660	660	660
参数检验 F 值	0.0000	0.0000	0.0000
影响关系	倒 U 型	抑制	倒 U 型
曲线拐点	2.1745	_	2.2821

注：*、**、***分别表示在10%、5%、1%的显著性水平下显著。

表6-4展示了煤炭产业发展过程中，服务业发展的传导作用检验的三个步骤。第一步是对基准回归模型（6.4）进行检验，以判断中国煤炭城市煤炭产业发展对其全要素生产率的影响。从模型（6.4）回归结果中可以看出，煤炭产业发展 *RD* 的一次方项系数符号为正，系数为0.1857，平方项系数符号为负，系数为-0.0427。煤炭产业发展 *RD* 及其平方项 RD^2 的系数 $\alpha_1 > 0$、$\alpha_2 < 0$，所以中国煤炭城市煤炭产业发展对其全要素生产率呈现倒U型影响，拐点为2.1745，还原为采矿业就业比8.79%，在1%的统计水平下显著，递归方程检验的第一步成立。

模型（6.5）是递归方程检验的第二步，判断煤炭产业发展对服务业发展的影响，从回归结果上来看，模型（6.5）中煤炭产业发展 *RD* 的回归系数为-0.0261，在1%的统计水平下显著，表明煤炭产业发展小幅抑制了服务业发展，煤炭产业发展对服务业生产要素的转移效应略大于支出效应，煤炭产业发展对服务业发展产生挤出效应，递归方程检验的第二步成立。

递归方程检验的第三步，利用模型（6.6）来检验服务业发展对煤炭城市全要素生产率和“资源诅咒”拐点的影响。随着服务业发展这一变量的加入，模型（6.6）的回归结果没有发生结构性的改变，煤炭产业发展 *RD* 的一次方项系数符号为正，系数为 0.1917，平方项系数符号为负，系数为-0.0420。中国煤炭城市煤炭产业发展对其全要素生产率产生倒 U 型非线性影响，且均在 1%的统计水平下通过了显著性检验，递归方程的检验第三步成立。

服务业发展 *FD* 的回归系数为 0.3523，证明服务业发展对煤炭城市的全要素生产率产生了促进作用。“资源诅咒”拐点由 2.1745 小幅回升至 2.2821。说明在模型中控制了服务业发展的差异以后，“资源诅咒”效应得到了缓解，可以认为服务业的发展现状一定程度上加剧了中国煤炭城市煤炭产业发展对其全要素生产率的抑制作用，“荷兰病”模型中服务业的传导作用表现为服务业发展的支出效应将生产要素从制造业和煤炭产业中转移出来弥补了一部分煤炭产业发展在转移效应对生产要素的抢夺，但综合效应表现为生产要素的净损失导致煤炭产业发展抑制了服务业的发展，加剧了中国煤炭城市煤炭产业发展对其全要素生产率的抑制作用。

从第三章的现状分析可以看出，样本城市的第三产业就业比均值达到了 48.99%，接近了全国 51.77%的均值，相对而言制造业的就业比均值却只有 28.11%，比全国均值的 45.42%低了近一倍。从数据上也能反映出服务业的支出效应发挥了较大的作用，煤炭产业发展带来的资源红利刺激了煤炭城市的消费需求，具有不可贸易性质的服务业通过提高价格将生产要素从制造业和煤炭产业吸引出来。因为资源红利增加的都是终端产品需求，导致煤炭城市的服务业以生活性服务业为主，对劳动力的技能和资本投入要求不高，进入壁垒低，大量生产要素转入。从模型（6.5）的回归结果来看，*RD* 的回归系数为-0.0261，说明在煤炭产业发展过程中还是一定程度上限制了服务业的发展。结合理论分析可以推断，因为煤炭城市的劳动力和资本市场发育不良，要素配置效率低，导致煤炭产业的沉淀成本上升，劳动力和资本无法高效地从煤炭产业转移出来导致煤炭产业扩张过度，所以服务业的支出效应增加的生产要素主要是从制造业部门吸引出来的。制造业为可贸易部门，产品价格外生决定，因此无法通过提价来缓解生产要素价格上涨所产生的成本压力，制造业进一步萎缩。下一小节将利用样本数据来验证制造业发展的传导作用，并且在递归方程的第二步模型中引入服务业发展的控制变量，以验证服务业支出效应抑制了制造业发展这一推断。

第二节　制造业发展传导作用的实证检验

在中国，制造业是支柱性产业，对经济的健康发展起到了决定性作用。但在中国煤炭城市，技术和资本密集型制造业占比较低，仍然是以劳动密集型制造业为主，高能耗、高污染、高投入的发展模式使制造业面临产业中低端化、自主创新能力弱、比较优势不足、缺乏核心竞争力等困境。

一、模型设计

“荷兰病”修正模型分析了煤炭产业发展过程中，转移效应从制造业部门转移出大量的生产要素，对制造业产生挤出效应，煤炭产业发展带来的资源红利，刺激了对不可贸易的服务业部门的产品需求，支出效应出现，生产要素从制造业和煤炭产业流入服务业，在煤炭产业发展过程中对制造业产生了“双重去工业化”的挤出作用，具有“干中学”特征的制造业的技术进步有溢出效应，制造业的技术进步决定了煤炭城市的全要素生产率，煤炭产业发展通过对制造业的挤出抑制了煤炭城市的全要素生产率。制造业发展在中国煤炭城市煤炭产业发展对其全要素生产率非线性影响中起到了中介传导作用。继续参照温忠麟的中介效应检验方法，构建出递归方程，通过考察制造业发展对曲线拐点的冲击来分析其在中国煤炭城市的煤炭产业发展对其全要素生产率非线性影响中的传导作用。

第一步，构建基准回归模型，将煤炭产业发展 *RD* 作为解释变量，全要素生产率 *TFP* 作为被解释变量纳入模型中。检验中国煤炭城市煤炭产业发展对其全要素生产率产生影响时，以控制了服务业发展的综合效应的模型（6.6）为基准回归模型，以便检验支出效应和转移效应对制造业发展的影响：

$$TFP_{it} = \alpha_0 + \alpha_1 RD_{it} + \alpha_2 RD_{it}^2 + \alpha_3 GI_{it} + \alpha_4 FD_{it} + \varepsilon_{it} \tag{6.6}$$

第二步，检验“荷兰病”修正模型中煤炭产业发展的转移效应和煤炭产业发展通过服务业的支出效应对制造业发展的影响，构建如下回归模型：

$$MD_{it} = \beta_0 + \beta_1 RD_{it} + \beta_2 FD_{it} + \varepsilon_{it} \tag{6.7}$$

第三步，将制造业发展引入模型（6.6）中，检验制造业发展在“荷兰病”修正模型中的“去工业化”效应，并检验制造业发展对中国煤炭城市煤炭产业发展与其全要素生产率的曲线拐点的影响，如果控制住制造业的差异后曲线拐点提高，说明制造业发展的差异是加剧“资源诅咒”效应的原因，反之则对“资源诅咒”起到了缓解作用，回归模型形式如下：

$$TFP_{it} = \alpha_0' + \alpha_1' RD_{it} + \alpha_2' RD_{it}^2 + \alpha_3' GI_{it} + \alpha_4' FD_{it} + \alpha_5' MD_{it} + \varepsilon_{it} \tag{6.8}$$

在模型（6.6）~（6.8）中，*TFP* 表示全要素生产率，*RD* 表示煤炭产业发展，*GI* 表示政府干预，*FD* 表示服务业发展，*MD* 表示制造业发展，$\alpha_0 \sim \alpha_4$，$\beta_0 \sim \beta_2$，$\alpha_0' \sim \alpha_5'$ 为待估参数，ε_{it} 为随机扰动项，i 和 t 分别代表各截面单位和时间。

二、变量说明及数据来源

制造业发展变量的引入主要用来考察中国煤炭城市煤炭产业发展过程中的“荷兰病”效应，制造业部门具有“干中学”特征，制造业的技术进步具有溢出效应，能提高所有部门的生产率，最终影响煤炭城市的全要素生产率。第四章的内生增长模型和“荷兰病”修正模型已经从理论上解释了煤炭产业发展对制造业的“去工业化”效应，大量的学者利用理论和实证分析了制造业在煤炭产业发展对全要素生产率影响中的传导作用。“去工业化”是指制造业的就业人数及占比的相对比重出现持续下降的过程，所以本研究利用制造业就业比重对制造业发展进行度量可以更准确地验证理论分析中所提出的假设。

作为支柱产业的制造业在中国经济发展中的地位日益提升，制造业发展的健康与否将对就业、社会稳定和经济健康发展等方面都有影响。制造业发展水平可以反映一国或地区的经济实力和国际竞争力。

改革开放以来，中国制造业持续增长，中国凭借着生产要素成本优势成为制造业大国，制造业在国民经济中占有重要地位，推动了中国经济的高速发展。2005 年以来中国制造业增加值增速持续高于 GDP 增速，2010 年中国制造业增加值占比世界第一，并持续稳居世界第一。世界经济形势日趋严峻和复杂的背景下，中国制造业面临生产要素成本上升压力的同时，发达国家高端制造业的回流和发展中国家的中低端制造业分流也在双向挤压中国制造业的发展空间。钱纳里的工业化阶段理论认为，一个国家三大产业的结构可以代表其工业化发展阶段。改革开放以来，中国三大产业之间的结构关系变化是第一产业明显下降，第二产业上涨一段时间之后，出现了下降趋势，第三产业稳定上涨。可以看出，中国的主导产业正在发生变化，但是第三产业即服务业的发展，特别是生产性服务业需要制造业带动，长期以来，制造业对中国 GDP 的贡献率比较稳定，制造业对中国经济具有非常重要的作用。

使用 Stata15. 0 软件对制造业发展 *MD* 进行描述性统计，结果见表 6-5。制造业发展的均值为 0. 1668，标准差为 0. 0862，离差较大达到了 0. 5133。说明煤炭城市制造业发展水平较低且数据分布比较离散，样本城市的制造业发展水平差异较大。制造业发展的最大值为宿州市，制造业从业人员比重高达 53. 6%；制造业发展的最小值为平凉市，制造业从业人员比重仅为 2. 27%，制造业发展极其滞后，产业结构不合理，样本数据的分布特征反映样本期内煤炭城市产业结构发展不均衡的特征。

表 6-5　制造业发展变量描述性统计

变量名称	变量说明	单位	均值	标准差	最小值	最大值	样本量
制造业发展 *MD*	制造业从业人员比重	%	0.1668	0.0862	0.0227	0.5360	660

将制造业发展 *MD* 引入计量模型（6.7）和（6.8），检验制造业发展在煤炭产业发展过程中的“去工业化”效应，通过考察制造业发展对曲线拐点的冲击来分析其在中国煤炭城市的煤炭产业发展对其全要素生产率非线性影响中的传导作用。

三、实证检验与结果分析

（一）多重共线性检验

为防止因变量间的多重共线性而导致单个变量估计结果不准确，有必要在模型估计之前，通过考察各变量的“方差膨胀因子”，对模型中的变量进行多重共线性检验，检验结果见表 6-6 所示。

表 6-6　变量的方差膨胀因子（VIF）检验

方差膨胀因子	*RD*	*GI*	*FD*	*MD*	Mean*VIF*
VIF	2.22	1.31	2.14	1.71	1.84
1/*VIF*	0.4503	0.7655	0.4668	0.5859	-

从表 6-6 中的结果来看，各变量 *VIF* 值的最高值仅为 2.22，*VIF* 均值为 1.84 都低于 10 的大样本容忍值，可以认为变量之间不存在多重共线性问题。

（二）变量平稳性检验

继续使用 LLC 检验和 ADF-fisher 检验这两种最常用且具有代表性的检验方法对制造业发展 *MD* 进行面板单位根检验。在这两种检验中均拒绝原假设才认定变量是时间序列平稳的，否则认为时间序列不平稳。输出结果见表 6-7 所示。

从表 6-7 中可以看出，制造业发展 *MD* 在 1%的显著性水平上通过了 LLC 检验和 ADF-fisher 检验，拒绝原假设，模型中的所有变量的时间序列都是平稳的。因此，可以继续对面板样本数据进行计量分析。

表 6-7　制造业发展的单位根检验结果

变量	LLC	ADF-fisher	结论
MD	-7.3229 * * *	151.6427 * * *	平稳

注：* * *、* *、* 分别表示在 1%、5%、10%水平下显著。

（三）估计结果与分析

本研究将制造业发展 *MD* 引入模型当中，继续采用双向固定效应对递归方程进行回归，检验煤炭产业发展通过转移效应和支出效应影响制造业发展，引发产业结构演变并影响煤炭城市全要素生产率的传导路径。依据检验程序，在第一步中，若煤炭产业发展对全要素生产率的影响系数显著，则进行检验的第二步。检验煤炭产业发展及服务业发展对制造业发展的影响，在回归系数显著的基础之上，进行第三步。将制造业发展纳入基准回归模型，检验各回归系数的经济性和显著性，明确在“荷兰病”修正模型中制造业发展的传导作用。

表 6-8　制造业发展的传导作用检验

检验程序	第一步	第二步	第三步
变量	*TFP*	*MD*	*TFP*
模型	模型（6.6）	模型（6.7）	模型（6.8）
RD	0.1917 * * * （0.0613）	-0.0850 * * * （0.0064）	0.2025 * * * （0.0612）

续表

检验程序	第一步	第二步	第三步
RD^2	-0.0420＊＊＊ (0.0122)	_	-0.0407＊＊＊ (0.0121)
GI	-0.4151＊＊＊ (0.1040)	_	-0.4180＊＊＊ (0.1036)
FD	0.3523＊＊＊ (0.0657)	-0.4132＊＊＊ (0.0319)	0.4365＊＊＊ (0.0735)
MD	_	_	0.2012＊＊ (0.0804)
_ cons	-0.3336＊＊＊ (0.0830)	0.6218＊＊＊ (0.0262)	-0.4519＊＊＊ (0.0952)
R^2	0.5103	0.5849	0.5175
样本量	660	660	660
参数检验 F 值	0.0000	0.0000	0.0000
影响关系	倒 U 型	抑制	倒 U 型
曲线拐点	2.2821	—	2.3712

注：＊、＊＊、＊＊＊分别表示在 10%、5%、1%的显著性水平下显著。

表 6-8 显示了煤炭产业发展过程中，对制造业发展传导作用的检验步骤。第一步建立基准回归模型（6.6），判断中国煤炭城市煤炭产业发展对其全要素生产率的影响。回归结果显示中国煤炭城市煤炭产业发展对其全要素生产率产生倒 U 型影响，拐点为 2.2821，在 1%的统计水平下显著，递归方程检验的第一步成立。

模型（6.7）是递归方程检验的第二步，判断煤炭产业和服务业对制造业发展的影响，从回归结果上来看，模型（6.7）中煤炭产业发展 *RD* 的回归系数为-0.0850，在 1%的统计水平下显著，表明煤炭产业发展抑制了制造业发展，煤炭产业发展对制造业生产要素的转移效应和支出效应，对制造业产生“双重去工业化”效应，递归方程检验的第二步成立。对比服务业递归模型第二步（6.5）中煤炭产业发展 *RD* 系数仅为-0.0261，说明煤炭产业发展对制造业发展和服务业发展都产生了挤出效应，但是因为不可贸易的服务业还有支出效应中回流的一部分生产要素，对服务业发展的挤出效应不严重，制造业在转移效应和支出效应中受到了两次挤出，所以煤炭产业发展对制造业的抑制作用更严重。在模型（6.7）中引入了服务业发展作为控制变量，回归结果显示 *FD* 的系数为-0.4132，验证了在上一小节的推断，服务业的支出效应大量地从制造业转移了生产要素，弥补了煤炭产业发展的转移效应对服务业发展的损害，因此对制造业产生了“双重去工业化”，抑制了制造业发展。

递归方程检验的第三步，将制造业发展纳入模型（6.8）中，检验制造业发展对煤炭城市全要素生产率和“资源诅咒”拐点的影响。随着制造业发展这一变量的加入，模型（6.8）的回归结果没有发生结构性的改变，回归结果显示，煤炭产业发展 *RD* 的一次方项系数为 0.2025，平方项系数为-0.0407。中国煤炭城市煤炭产业发展对其全要素生产率的影响是倒 U 型的，且均在 1%的统计水平下通过了显著性检验，进一步验证了假设 1，递归方程的检验第三步成立。

制造业发展 *MD* 的回归系数为 0.2012，说明制造业发展对煤炭城市全要素生产率起到了促进作用。控制了制造业发展这一变量之后，“资源诅咒”拐点由 2.2821 继续升至 2.3712，验证了煤炭产业发展对制造业的挤出，使具有“干中学”效应的制造业萎缩加剧了“资源诅咒”效应，煤炭城市的制造业发展差异是中国煤炭城市煤炭产业发展对其全要素生产率倒 U 型影响的成因之一。

通过这两节对服务业发展和制造业发展递归方程的实证检验，验证了假设 2，煤炭产业发展初期产生资源红利，促进全要素生产率提高，煤炭产业发展过程中引发产业结构演变，对服务业产生综合效应、对制造业产生“去工业化”，挤出服务业的发展和具有“干中学”特征的制造业，使第二产业内部和三产之间的结构发生改变，使煤炭产业发展对全要素生产率产生倒U型非线性影响。通过实证检验明确了在样本期内服务业的综合效应中支出效应略小于转移效应，不可贸易的服务业发展可以依靠支出效应中回流的一部分生产要素而得到一定程度的发展，煤炭产业发展对服务业发展产生了小幅的挤出。“荷兰病”修正模型中煤炭产业发展对制造业的转移效应和消费需求增加带来的支出效应，对制造业产生“双重去工业化”，煤炭产业发展对制造业发展的抑制作用更大。因为煤炭城市的劳动力和资本市场发育不良，要素配置效率低，使煤炭产业的沉淀成本上升，生产要素无法高效地从煤炭产业转移出来，导致煤炭产业扩张过度，服务业的支出效应增加的生产要素主要是从制造业部门吸引出来的。煤炭产业发展引发的产业结构演变使具有“干中学”效应的制造业严重萎缩，这是中国煤炭城市煤炭产业发展对其全要素生产率倒U型影响的成因之一。

第三节 产业结构演变传导机制的区域差异检验

中国西部与中东部地区经济发展水平存在差异，西部的经济发展相对落后，制造业和服务业发展水平与中东部地区存在明显的差距，煤炭产业发展对第二产业内部和三产之间的结构演变有可能存在不同影响。理论分析中无法明确推断服务业的综合效应，有必要将样本分为西部和中东部两组，来实证检验产业结构演变在中国煤炭城市煤炭产业发展对其全要素生产率影响中传导机制的区域差异。

一、服务业发展传导作用的区域差异检验

在验证了产业结构演变的传导机制后，将样本数据分为西部和中东部两组，对模型（6.4）、（6.5）和（6.6）进行递归方程模型回归来检验服务业发展传导作用的区域差异。利用双向固定效应模型对所提假设进行检验。表6-9汇总了分区域回归的结果，服务业发展的传导作用存在显著的区域差异，西部和中东部两个样本组内服务业发展表现出了不同的综合

效应。

西部样本回归结果显示，样本期内服务业发展的传导作用与总体样本的传导路径基本一致。从基准回归模型（6.4）的回归结果可以看出，煤炭产业发展 *RD* 的一次方项系数符号为正，系数为 0.4416，平方项系数符号为负，系数为-0.1096。煤炭产业发展对煤炭城市全要素生产率的影响是倒 U 型的，拐点为 2.0146，还原为采矿业就业比 7.50%，在 1%的统计水平下显著，递归方程检验的第一步成立。

递归方程检验的第二步，模型（6.5）的回归结果显示，煤炭产业发展 *RD* 的回归系数为-0.1270，在 1%的统计水平下显著，表明煤炭产业发展小幅抑制了服务业发展，煤炭产业发展对服务业生产要素的转移效应略大于支出效应，煤炭产业发展对服务业发展产生挤出效应，递归方程检验的第二步成立。

将服务业发展纳入模型（6.6）中进行递归方程检验的第三步，检验服务业发展对煤炭城市全要素生产率和“资源诅咒”拐点的影响。煤炭产业发展 *RD* 的一次方项系数符号为正，系数为 0.4254，平方项系数符号为负，系数为-0.0997。煤炭产业发展对全要素生产率产生倒 U 型影响，且均在 1%的统计水平下通过了显著性检验，递归方程检验的第三步成立。服务业发展 *FD* 的回归系数为 0.2268，说明服务业发展对全要素生产率起到了促进作用，“资源诅咒”拐点由 2.0146 小幅回升至 2.1334。在模型中控制了服务业发展的差异以后，“资源诅咒”效应得到了缓解，服务业的发展现状一定程度上加剧了煤炭产业发展对全要素生产率的抑制作用。与总体样本的回归结果一致，西部样本组“荷兰病”修正模型中，服务业部门的支出效应略小于转移效应，综合效应表现为生产要素的净损失，服务业发展现状加剧了西部煤炭城市煤炭产业发展对其全要素生产率的抑制作用。

表 6-9 服务业发展的传导作用的区域差异检验

检验程序	第一步		第二步		第三步	
变量	*TFP*		*FD*		*TFP*	
模型	模型（6.4）		模型（6.5）		模型（6.6）	
区域	西部	中东部	西部	中东部	西部	中东部
RD	0.4416 * * * (0.1553)	0.1846 * * * (0.0632)	-0.1270 * * * (0.0115)	0.0304 * * * (0.0103)	0.4254 * * * (0.1559)	0.1526 * * (0.0625)
RD^2	-0.1096 * * * (0.0336)	-0.0353 * * * (0.0120)	–	–	-0.0997 * * * (0.0348)	-0.0307 * * * (0.0118)
GI	-0.7496 * * * (0.2214)	0.0670 (0.1063)	–	–	-0.7512 * * * (0.2213)	-0.1005 (0.1121)
FD	—	—	—	—	0.2268 * (0.1055)	0.2677 * * * (0.0654)
_ cons	0.7122 * * * (0.1672)	0.7584 * * * (0.0841)	0.8532 * * * (0.0303)	0.3793 * * * (0.0321)	0.5650 * * * (0.2138)	0.6993 * * * (0.0838)
R^2	0.4854	0.5980	0.6645	0.6553	0.4906	0.6213
样本量	195	465	195	465	195	465
参数检验 F 值	0.0195	0.0001	0.0000	0.0000	0.0301	0.0000
影响关系	倒 U 型	倒 U 型	抑制	促进	倒 U 型	倒 U 型
曲线拐点	2.0146	2.6147	—	—	2.1334	2.4853

注：*、* *、* * *分别表示在 10%、5%、1%的显著性水平下显著。

中东部样本的回归结果显示，在样本期内服务业发展的传导作用与总体和西部样本的传导作用不一致。基准回归模型（6.4）的回归结果中可以看出，煤炭产业发展 *RD* 的一次方项系数为 0.1846，平方项系数为-0.0353，在1%的统计水平下显著，煤炭产业发展对全要素生产率产生倒U型影响，拐点为2.6147，还原为采矿业就业比13.66%，拐点高于西部和总体样本，递归方程检验的第一步成立。

递归方程检验的第二步，模型（6.5）的回归结果显示，煤炭产业发展*RD*的回归系数为0.0304，在1%的统计水平下通过了显著性检验。表明煤炭产业发展对服务业发展产生了促进作用，煤炭产业发展对服务业生产要素的转移效应略小于支出效应，中东部的煤炭城市没有明显地资源繁荣过程，服务业发展基础好，特别是技能要求较高的生产性服务业发展较好。煤炭产业发展过程中对服务业生产要素转移能力较弱，而煤炭产业发展带来的资源红利对服务业需求增加，促进了服务业发展，煤炭产业发展并没有对服务业发展产生挤出效应，递归方程检验的第二步成立。

将服务业发展纳入模型（6.6）中进行递归方程检验的第三步，检验服务业发展对全要素生产率和“资源诅咒”拐点的影响。在中东部样本组内，模型（6.6）的回归结果显示，煤炭产业发展*RD*的一次方项系数为0.1526，平方项系数为-0.0307，且均在1%的统计水平下通过了显著性检验，煤炭产业发展对全要素生产率产生倒U型影响。递归方程检验的第三步成立。服务业发展*FD*的回归系数为0.2677，服务业发展促进了煤炭城市全要素生产率提高。“资源诅咒”拐点由2.6147降至2.4853。在模型中控制了服务业发展的差异以后，“资源诅咒”效应严重了，说明服务业发展的现状缓解了中国煤炭城市煤炭产业发展对其全要素生产率的抑制作用。与西部和总体样本回归结果正好相反，在中东部煤炭城市，“荷兰病”修正模型中服务业的综合效应是服务业部门的支出效应略大于转移效应，服务业发展的支出效应将生产要素从制造业和煤炭产业中转移出来，弥补了煤炭产业发展在转移效应对服务业生产要素的抢夺，缓解了煤炭产业发展对全要素生产率的抑制作用。

二、制造业发展传导作用的区域差异检验

验证了服务业发展传导作用的区域差异后，继续使用西部和中东部的

样本数据对模型（6.6）、（6.7）和（6.8）进行递归模型回归来检验制造业发展传导作用的区域差异。继续利用双向固定效应模型对所提假设进行检验。表6-10汇总了分区域的制造业传导作用回归结果，煤炭产业发展对制造业发展的挤出效应在两个区域内都存在，抑制具有“干中学”效应的制造业发展是煤炭产业发展对全要素生产率倒U型影响的成因之一。

西部样本组的回归结果显示，制造业发展的传导作用与总体样本基本一致。基准回归模型（6.6）的回归结果显示，煤炭产业发展 *RD* 的一次方项系数为0.4254，平方项系数为-0.0997，在1%的统计水平下显著。煤炭产业发展对全要素生产率产生倒U型影响，拐点为2.1334，还原为采矿业就业比8.44%，递归方程检验的第一步成立。

表6-10 制造业发展传导作用的区域差异检验

检验程序	第一步		第二步		第三步	
变量	*TFP*		*MD*		*TFP*	
模型	模型（6.6）		模型（6.7）		模型（6.8）	
区域	西部	中东部	西部	中东部	西部	中东部
RD	0.4254 *** (0.1559)	0.1526 ** (0.0625)	-0.0197 * (0.0117)	-0.1158 *** (0.0086)	0.3917 *** (0.1568)	0.1873 *** (0.0640)
RD^2	-0.0997 *** (0.0348)	-0.0307 *** (0.0118)	—	—	-0.0902 *** (0.0352)	-0.0337 *** (0.0118)
GI	-0.7512 *** (0.2213)	-0.1005 (0.1121)	—	—	-0.7032 *** (0.2226)	-0.1134 (0.1117)
FD	0.2268 * (0.1055)	0.2677 *** (0.0654)	-0.2839 *** (0.0601)	-0.3531 *** (0.0405)	0.3512 * (0.2202)	0.3268 *** (0.0701)
MD	—	—	—	—	0.3966 * (0.2591)	0.1658 ** (0.0729)

续表

检验程序	第一步		第二步		第三步	
_ cons	0.5650 * * * (0.2138)	0.6993 * * * (0.0838)	0.3638 * * * (0.0564)	0.6979 * * * (0.0307)	0.4479 * * (0.2263)	0.5658 * * * (0.1020)
R^2	0.4906	0.6213	0.4815	0.6553	0.5007	0.6284
样本量	195	465	195	465	195	465
参数检验P值	0.0301	0.0000	0.0000	0.0000	0.0149	0.0000
影响关系	倒U型	倒U型	抑制	抑制	倒U型	倒U型
曲线拐点	2.1334	2.4853	—	—	2.1713	2.7789

注：*、* *、* * *分别表示在10%、5%、1%的显著性水平下显著。

模型（6.7）是递归方程检验的第二步，用来判断煤炭产业发展和服务业发展对制造业发展的影响。从回归结果上来看，模型（6.7）中煤炭产业发展 *RD* 的回归系数为-0.0197，表明在西部煤炭城市煤炭产业发展也抑制了制造业发展。同时在模型（6.7）中还引入了服务业发展作为控制变量，回归结果显示 *FD* 的系数为-0.2839，验证了在上一小节的推断，服务业的支出效应的确从制造业转移了生产要素，弥补了煤炭产业发展的转移效应对服务业发展的损害，但也抑制了制造业发展。煤炭产业发展对制造业生产要素产生转移效应和支出效应，对制造业产生"双重去工业化"，递归方程检验的第二步成立。

递归方程检验的第三步，将制造业发展纳入模型（6.8）中，检验制造业发展对全要素生产率和"资源诅咒"拐点的影响。随着制造业发展这一变量的加入，模型（6.8）的回归结果没有发生结构性的改变，煤炭产业发展 *RD* 的一次方项系数为正，平方项系数为负。进一步验证了假设1在西部样本组也成立。煤炭产业发展 *RD* 的一次方项系数为0.3917，平方项系数为-0.0902，且均在1%的统计水平下通过了显著性检验，煤炭产业发展对全要素生产率的影响是倒U型的，递归方程检验的第三步成立。

制造业发展 *MD* 的回归系数为 0.3966，制造业发展促进了全要素生产率提高。控制了制造业发展这一变量之后，“资源诅咒”拐点由 2.1334 升至 2.1713，验证了煤炭产业发展对制造业发展的挤出，使具有“干中学”效应的制造业萎缩加剧了“资源诅咒”效应，西部煤炭城市的制造业发展现状是煤炭产业发展对全要素生产率倒 U 型影响的成因之一。

中东部样本的回归结果显示，在样本期内制造业发展的传导作用与西部和总体样本的传导作用基本一致。基准回归模型（6.6）的回归结果显示，煤炭产业发展 *RD* 的一次方项系数为 0.1526，平方项系数为-0.0307，分别在 5%和 1%的统计水平下显著。煤炭产业发展对全要素生产率产生倒 U 型影响，拐点为 2.4853，递归方程检验的第一步成立。

模型（6.7）是递归方程检验的第二步，判断煤炭产业发展和服务业发展对制造业发展的影响，从回归结果上来看，煤炭产业发展 *RD* 的回归系数为-0.1158，表明在中东部煤炭城市煤炭产业发展抑制了制造业发展，在煤炭产业发展对制造业生产要素的转移效应和支出效应的共同作用下，制造业受到了“双重去工业化”，递归方程检验的第二步成立。

对比西部样本组回归结果中，煤炭产业发展的系数-0.0197 可以发现，在中东部区域内，煤炭产业发展对制造业的挤出效应更严重。在中东部煤炭城市，经济发展相对较好，制造业发展已经有了一定的基础，煤炭产业和制造业对生产要素的需求较大，没有过剩的闲置资本和劳动力，煤炭产业发展的过程中，对生产要素的竞争激烈，煤炭产业从制造业大量转移生产要素，对制造业发展的抑制作用更大。同时在模型（6.7）中引入了服务业发展作为控制变量，回归结果显示 *FD* 的系数为-0.3531，验证了之前的推断，服务业的支出效应的确从制造业转移了生产要素，来弥补煤炭产业发展的转移效应对服务业发展的损害，对制造业产生的“双重去工业化”，抑制了制造业发展。

递归方程检验的第三步，将制造业发展纳入模型（6.8）中，检验制造业发展对全要素生产率和“资源诅咒”拐点的影响。随着制造业发展这一变量的加入，模型（6.8）的回归结果没有发生结构性的改变，煤炭产

业发展 *RD* 的一次方项系数为 0. 1873，平方项系数为-0. 0337，且均在 1% 的统计水平下通过了显著性检验。煤炭产业发展对全要素生产率产生倒 U 型影响，递归方程检验的第三步成立。

制造业发展 *MD* 的回归系数为 0. 1658，说明制造业发展对全要素生产率有促进作用。控制了制造业发展这一变量之后，中东部样本组的"资源诅咒"拐点由 2. 4853 大幅提升至 2. 7789，验证了煤炭产业发展对制造业发展的挤出，使具有"干中学"效应的制造业萎缩加剧了"资源诅咒"效应，中东部煤炭城市的制造业发展现状是煤炭产业发展对全要素生产率倒 U 型影响的成因之一。通过和西部样本组的回归结果比较，发现因为煤炭产业发展对制造业发展的严重挤出，导致中东部煤炭城市制造业发展对曲线拐点的影响更大。

将样本分为西部和中东部，分别检验产业结构演变在中国煤炭城市煤炭产业发展对其全要素生产率影响中的传导机制，回归结果在两个区域内都验证了假设 2。煤炭产业发展初期产生资源红利，促进煤炭城市全要素生产率提高，煤炭产业发展过程中引发产业结构演变，对服务业产生综合效应、对制造业产生"去工业化"效应，挤出具有"干中学"特征的制造业，使中国煤炭城市煤炭产业发展对其全要素生产率产生倒 U 型非线性影响。但是回归结果显示，在两个区域内，服务业发展的综合效应存在差异。西部样本组和总体样本回归结果一致，"荷兰病"修正模型中服务业综合效应的作用效果是服务业部门的支出效应略小于转移效应，综合效应表现为生产要素的净损失导致煤炭产业发展抑制了服务业发展，服务业发展的现状加剧了煤炭产业发展对全要素生产率的抑制作用。在中东部煤炭城市，"荷兰病"修正模型中服务业发展的综合效应的影响效果是服务业部门的支出效应略大于转移效应，服务业发展的支出效应将生产要素从制造业和煤炭产业部门中转移出来，弥补了煤炭产业发展在转移效应中对服务业部门生产要素的抢夺，缓解了煤炭产业发展对全要素生产率的抑制作用，这也导致在两个区域内产业结构演变的传导机制存在差异。在西部煤炭城市中，煤炭产业发展对服务业发展和制造业发展都产生了抑制作用，导致第二产业内部和三产之间的结构发生改变，使煤炭产业发展对全要素生产率产生倒U型影响。在中东部煤炭城市，煤炭产业发展引发的服务业支出效应大于转移效应，对制造业的“双重去工业化”程度更严重，煤炭产业和服务业都得到发展，挤出了具有“干中学”效应的制造业发展，这种产业结构演变加剧了煤炭产业发展对全要素生产率的抑制作用。

第四节 “一带一路”背景下煤炭型城市双鸭山产业转型探索

“一带一路”倡议的实施为煤炭型城市转型提供了新的机遇。黑龙江省内有鸡西、鹤岗、双鸭山和七台河四座煤炭型城市，在对接“一带一路”规划时具有地缘优势，黑龙江省积极参与“中蒙俄经济走廊”建设，以对俄合作发展为重点形成新时期的对外开放格局。全方位转变对俄合作，改变传统经贸合作格局。其中，双鸭山市煤炭资源丰富，“中蒙俄经济走廊”途径俄罗斯、哈萨克斯坦、蒙古等煤炭资源丰富的地区，有助于带动双鸭山煤炭企业借助新一轮“走出去”的政策机遇，积极对外投资。中俄两国于2009年签署了备忘录，规划合作路线，互惠互利，扩大煤炭流通量，通过进出口贸易，帮助推动煤炭产业降产能，缓解国内煤炭供求矛盾，提升国际的影响力。

一、双鸭山市经济发展现状分析

十九大报告中提出要坚持人与自然的和谐共生，建设生态文明是中华民族永续发展的千年大计。城市发展的产业结构、空间格局、生产方式和生活方式都要节约资源、保护环境，打造优质生存环境。煤炭型城市要将生态文明建设植根于“五位一体”的总体布局之中。双鸭山作为典型的煤炭型城市，近年陷入“煤竭城衰”的困境，多年来一直探索可持续发展道路，借助“一带一路”倡议，积极进行产业转型。

双鸭山位于黑龙江省东北部，地处三江平原腹地，与俄罗斯隔乌苏里江相望，是对俄远东开放的重要窗口，矿产资源丰富，是黑龙江省第一大煤田基地，也是全国十个特大煤矿之一。煤炭储量占黑龙江省总储量的54%，煤炭产业是双鸭山的支柱产业，是支撑黑龙江省电力的核心城市，为黑龙江省经济发展提供能源支持，是环渤海城市的第二大煤炭供应基地。

双鸭山市依托丰富的矿产资源，形成了较完备的工业体系，中华人民共和国成立70多年来，双鸭山市为中国的经济建设输送了7亿多吨优质煤炭，为国家和黑龙江的经济建设做出重要贡献。虽然双鸭山的煤炭资源丰富，但经过长年开采煤炭资源逐渐枯竭，2012年双鸭山被确定为第三批资源枯竭型城市。

近些年，双鸭山市加快转型推动经济高质量发展，走好煤炭型城市转型发展新路子。抢抓全面振兴和全方位振兴的发展机遇，由"一煤独大"向现代煤电化、石墨及新材料、粮食、生态旅游等多元发展格局转变，引进了神华国能煤电化、建龙钢铁、万里润达粮食仓储等项目，通过主导产业的战略升级带动经济发展方式转变。加快煤炭资源的高效开发利用，依托重点项目建设达到增加煤炭供给，提高煤矿安全水平，释放优质产能，优化产业结构的目的，实现煤炭产业的高质量发展和煤炭型城市的转型发展。双鸭山政府出台了《双鸭山市煤炭资源高效开发利用三年（2021—2023年）行动方案》，加快在建煤矿项目建设进度，不断加快煤炭矿区总体规划和环评编制工作，在确保安全的前提下，加强技术人才的引进，推进煤炭优质产能释放。

（一）经济总量出现回落停滞趋势

如图6-2所示，双鸭山市的经济经历了一个阶段高速发展后出现回落，近几年出现小幅上扬后陷入经济发展的停滞状态。2000—2012年，在中国煤炭产业发展的黄金期，双鸭山的经济持续呈快速上升趋势，地区经济发展重点依靠包括煤炭产业在内的第二产业。2011年双鸭山市的地区生产总值同比增长 15.8%，2012 年全市地区生产总值达到历史高峰的 565.4 亿元。2012 年煤价大跌，煤炭产业开始走下坡路，受煤炭产业低迷影响，2013 年起，双鸭山市的地区生产总值大幅回落，2014 年到达低谷期，出现了大幅度经济负增长。2016 年后经济出现小幅回升趋势，地区生产总值同比增长 2.6%，之后经济一直处于低速增长阶段。

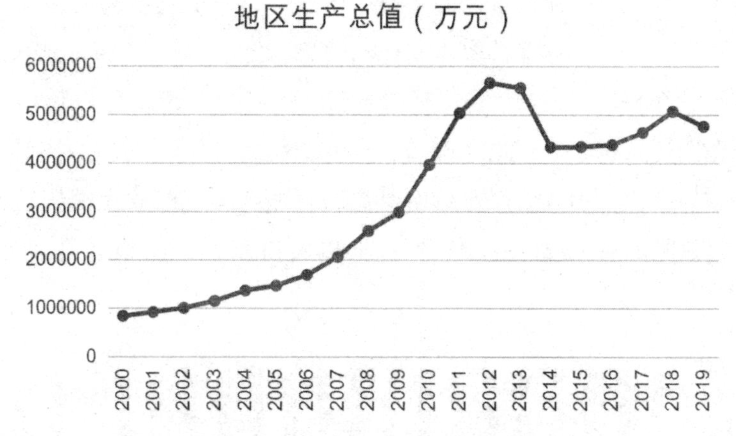

图 6-2　2000-2019 年双鸭山市地区生产总值折线图

数据来源：中国国家统计局，由 EPS DATA 整理

（二）产业结构持续调整

改革开放以来，中国经济发展进入快车道，双鸭山市的产业结构也在不断优化升级，进入 2000 年，双鸭山的三产占比较为均衡，三产产值分别为 24.7 亿元、32 亿元和 27.4 亿元，产业结构为“二、三、一”型，且第二产业规模不断扩大。第一产业生产效率持续处于较低水平发展阶段，第二产业过分依赖煤炭产业，产业结构单一，产业结构的多元化和高度化不够，难以优化升级。随着经济发展的逐步深入，双鸭山政府逐渐调整产业体系布局，缓解煤炭型城市产业单一的局面。双鸭山借助东北老工业基地振兴计划和“一带一路”倡议的发展契机不断做出调整，经济社会进入良性发展阶段。为解决发展难题，不断完善产业格局，加速第三产业发展，不断降低第二产业中煤炭产业的主导地位。

图6-3显示2000—2019年双鸭山市GDP三大产业比重变化趋势，第一产业整体呈缓慢上升趋势但起伏范围较小，2011—2015年明显上升，2016年小幅回落。2013年以前第二产业平稳发展，2013—2016年比重明显下降。第三产业比重起伏较大，呈现出倒U型发展的趋势，2011年为第三产业发展的低谷，之后进入了快速发展阶段。2014年为变化的关键节点，当年第一、三产业比重仍低于第二产业，但发展速度均明显高于第二产业。其中，第一产业增长率为2.0%，第二产业下降了3.4%，第三产业涨幅达到了6.8%。三产比重为36.2：22.1：41.7。2019年双鸭山市三大产业的比例达到40.3：22.9：36.7，产业结构为“一、三、二”型，第一产业为主导产业，表现出产业结构退化的表征，第三产业规模超过了第二产业，但是服务业的发展要依靠工业和人口基础，所以产业结构仍不合理。

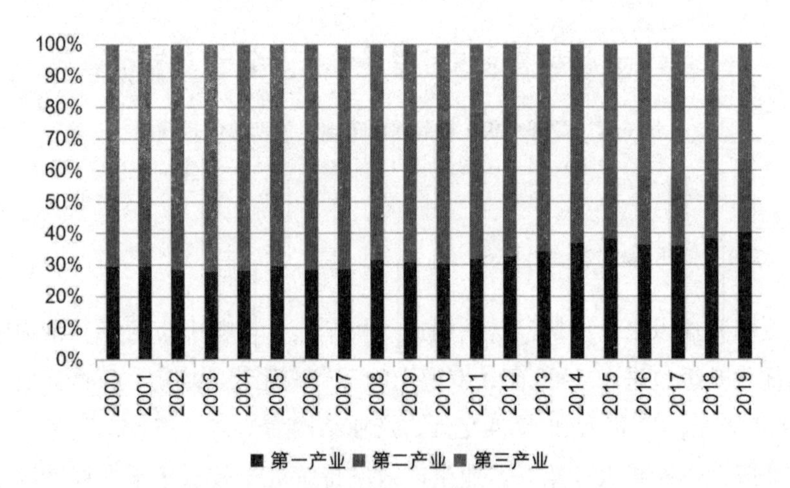

图6-3 2000—2019年双鸭山市三产占比图

数据来源：CEIC数据库

（三）煤炭产业效益下降

双鸭山是典型的煤炭城市，工业产值和经济效益呈负增长态势。自2012年以来，全国范围内煤炭经济的增速逐渐放缓，这种低速运行模式导致煤炭产业的下游企业需求量迅速减少。其次，在国际煤炭价格下降和国内煤炭需求降低的双重冲击下，双鸭山煤炭产业的发展举步维艰。国内的供给侧改革也对煤炭产业产生巨大影响。近几年双鸭山市煤炭产量逐年下降、原煤价格波动大，原煤价格受需求拉动在2008年与2011年两次达到高点后滑落，2015年价格大跌至2004年水平，之后的供给侧改革使煤炭价格呈现回升态势，叠加疫情和国际能源市场的影响，2020年煤价又回到高位。在双鸭山原煤产量持续下降和煤炭价格波动大的情况下，煤炭产业经营难度加大，产业效益下降。

煤炭的过度开采造成煤炭资源枯竭和矿区塌陷问题严重，煤炭产业转型过程中必然带来大量的矿工失业问题。煤炭产业从业人员普遍文化素质低、工作技能单一，而且吸收新知识、新技术能力弱，再就业困难大。为了增加煤炭产业的经济效益，解决失业问题，双鸭山市提出要将资源优势向经济优势转变，发展煤炭产业深加工，实现由原料向材料转变，调整产业结构，较快由煤炭经济向非煤经济转变。

（四）借助“一带一路”倡议的发展机遇促进产业转型

双鸭山位于黑龙江省对俄远东开放的核心区位，是“中蒙俄经济走廊”建设的重要节点城市。境内的饶河口岸是国家一类对俄口岸，是全国对俄贸易的集散地。中俄同江铁路大桥、乌苏里江公路大桥正在加快推进，相继开通了双鸭山至比罗比詹、哈巴罗夫斯克等国际客货运输线路，促进了为对俄经贸物流发展。例如，双鸭山市集贤县利用“一带一路”建设机遇，打造了黑龙江省东部地区的大型综合性商贸平台。集贤县利用内部优势和外部机遇，打通俄罗斯等周边国家市场，建设完成农副产品交易、物流仓储等功能区及多种配套体系。农副产品远销20多个“一带一路”沿线国家，双鸭山市借助“一带一路”倡议，为双鸭山市乃至全国煤炭型城市探索产业转型发展路径。

二、“一带一路”倡议下双鸭山转型发展中存在的问题

（一）国际形势不稳定加剧投资风险

当前，受政治经济及新冠肺炎疫情等因素影响，国际的形势跌宕起伏、动荡不安，极端主义和恐怖主义盛行。由于“一带一路”倡议下的沿线国家政局不稳、社会和经济环境持续动荡，增加了国际投资与产业合作的不稳定因素。其中双鸭山市也与部分政局不稳的国家存在贸易往来，如双鸭山与哈萨克斯坦、巴基斯坦和吉尔吉斯斯坦铁路联运等，政局动荡加剧双鸭山市“走出去”的投资风险。“一带一路”沿线国家的国民经济发展水平、政治、经济和文化存在较大差异，国家开放程度会影响国际合作，“一带一路”沿线国家的宗教信仰与习俗不同。煤炭产业是资源依赖型产业，生产过程还会造成环境污染，现存的社会、经济和文化差异会影响煤炭产业的海外投资。

（二）思想保守转型意识差

双鸭山是中国东北部的老工业基地，对外开放的水平较低，国际交流经验少，缺少外贸人才，对“一带一路”沿线国家的了解大多停留在理论层面，缺少实际交流的经验和能力。对外投资和贸易往来常常因经验缺失而陷入被动局面，产生不必要的经济损失。政府的干部对“一带一路”倡议了解不深，双鸭山的主导产业是依靠当地的土地和资源禀赋发展起来的，以农业和煤炭产业为主，先进制造业和服务业发展迟缓，没有对外投资和贸易的优势产业，陷入发展慢、不敢发展的恶性循环，城市转型机会少，把握机会的能力不强，错失发展契机。

（三）资源枯竭转型难度大

2012 年双鸭山为第三批资源枯竭型城市，在煤炭产业发展的过程中导致产业结构失衡，三大产业分布不合理，煤炭产业和农业为主导产业，粗

放的生产方式和低端的产品结构导致市场竞争力弱。根据煤炭资源勘探情况，双鸭山市煤炭远景储备117亿吨，经过长期开采，煤炭资源接近枯竭，市区中型煤矿面临倒闭破产的困境。市区外出现多处矿井塌陷等情况，开采难度逐年增高，煤炭开采成本高，剩余的煤炭资源开采难度大。双鸭山市煤炭产业技术薄弱，缺乏煤炭化工专业的技术人员，陷入勘探出的煤炭资源无法开采的困境，受多种因素影响，作为资源枯竭城市，因煤而兴的双鸭山如今也因煤炭资源短缺而陷入发展困境。

（四）环境污染严重

煤炭及其相关产业是高污染型产业，发展过程中必然带来大量生态问题。煤炭开采最常见的危害就是造成地面塌陷，双鸭山市塌陷面积达到133平方千米，塌陷区按照采矿走向分布，对地表建筑物造成危害，威胁区域内居民的生命财产安全，不得不进行大面积的拆迁和改造，后期治理的资金投入巨大，缺口严重。目前，双鸭山市的大气污染主要属于煤烟型污染，空气中的污染的主要来源于生产和生活中排放的废气带来的大量悬浮颗粒、多种化合物和降尘。煤炭开采还会导致地下水的污染和短缺，采矿区生产过程中大量使用地下水进行加工，同时为防止地下水涌入矿井，往往采取直接排放的方法，大量产生地下水疏干区，对城市的安全供水带来了极大威胁，影响正常的生产生活用水，同时矿区和工厂未经处理的废水直接排放造成严重的水污染。

三、“一带一路”倡议下双鸭山产业转型建议

（一）坚持“走出去”的发展战略

为适应“一带一路”沿线国家经济社会环境差异，双鸭山煤炭产业在应对“走出去”战略面临的挑战时，应充分准备，以做好发展前沿工作为首要目标，借鉴东部沿海对外开放水平高的城市经验，结合国家经济文化差异应对产业转型和国际差异的双重挑战。根据不同国家经济贸易制度要

求，针对存在贸易壁垒的国家，要提早做好应对方案及防范措施。尊重各国文化信仰，做好与目标国的公共关系，营造良好的经营环境，尽量避免因经济、社会和文化差异造成的投资损失，建设更多高质量、抗风险、可持续、包容性强、价格合理的合作项目，促进惠民项目落地，打造国内国际双赢局面。同时面对动荡的国际形势，必须运用好法律武器，对于社会动荡的投资国家，签署损失赔偿条款，在“一带一路”沿线各国的规章条款约束下，明确权责，维护好自身权益，也可以寻求第三方担保，分摊损失，降低投资风险。

（二）深化煤化工产业高端增值

双鸭山市的发展规划是由矿区型城市向区域性中心城市转化，将城市产业结构由以煤炭产业为主向多元产业并重发展调整。随着双鸭山煤炭资源日益衰竭，城市产业必须朝着高端增值方向发展。通过设备升级改造对煤炭进行深加工，充分利用双鸭山市煤炭资源优势和区域环境特点，增加煤炭产业附加值，依托资源优势进行产业链延伸。传统产业在转型升级的过程中，同步完善对外开放合作体系，跨境打造产业链。将传统产业与新兴产业结合，与“一带一路”沿线的国家共同建设上下游相互衔接的跨国煤炭产业联合基地，高效利用资源，实现低成本、高收益的跨越式发展。

（三）加大人力资本投入

双鸭山煤炭产业转型发展要解放思想以科技创新为基础，充分发挥思想力量，提高政府及企业管理人员的思想觉悟，认真解读“一带一路”倡议的中心思想。在政府引导下以企业为主体坚持市场化运作原则，结合东道国的资源禀赋和市场特点，根据其实际需求和具体条件，深化国际合作与“一带一路”国家在相关产业进行投资合作。为了适应新的产业发展需要，鼓励大中型企业建立科学技术研发中心，监会引进科技人才。依托科技进步，发挥“一带一路”优势，体现人才和科技的创造力，提高科技成果的转化和推广与使用，使其成为经济增长的主导力量。双鸭山市应实施人才战略，培养一批具有国际化视野的创新者和优秀企业家，开拓出一条新型煤炭城市发展道路。

（四）开发绿色产品加工产业

近半个世纪的煤炭产业等重工业的高速发展使双鸭山市的生态环境遭到严重破坏，结合双鸭山在农业上的产业优势，积极发展绿色产品加工业可以在一定程度上恢复生态环境。双鸭山在粮食生产、仓储及深加工领域拥有优势，第一产业占比较高，第三产业发展优势不明显，所以可将煤炭产业的转型与第一产业升级相结合，利用双鸭山市在原粮品质、产量等方面的优势，在矿区改造和环境治理的过程中，发展绿色产品加工产业。“一带一路”倡议的提出将中国梦与世界梦完美连接，务实合作实现优势互补，全方位构建起“利益共同体”和“命运共同体”，给双鸭山转型发展提供了新的契机。深陷“资源诅咒”的双鸭山应顺应时代发展潮流，紧跟国家发展步伐，探索出一条振兴之路。

小结：本章利用计量模型对“荷兰病”修正模型解释的产业结构演变传导机制进行检验，建立递归方程模型，检验煤炭产业发展过程中，对服务业的综合效应和制造业的挤出效应，是否引发了中国煤炭城市煤炭产业发展对其全要素生产率的倒 U 型影响，并最终得出以下结论：

服务业发展传导作用的实证检验结果验证了“荷兰病”模型中，服务业的综合效应结果是服务业部门的支出效应略小于转移效应，煤炭产业发展一定程度抑制了服务业发展。在递归模型中控制了服务业发展的差异后“资源诅咒”拐点由 2. 1745 小幅回升至 2. 2821，“资源诅咒”效应得到了缓解，说明服务业发展的现状加剧了中国煤炭城市煤炭产业发展对其全要素生产率的抑制作用。

制造业发展传导作用的实证检验结果显示，制造业发展的回归系数为 0. 2012，制造业发展促进了全要素生产率的增长。控制了制造业发展这一变量之后，“资源诅咒”拐点由 2. 2821 继续升至 2. 3712，验证了煤炭产业发展对制造业的挤出，使具有“干中学”效应的制造业萎缩加剧了“资源诅咒"。

本章的实证结果验证了理论分析中提出的假设2，"荷兰病"模型中煤炭产业发展对制造业的转移效应和消费需求增加带来的支出效应，对制造业产生"双重去工业化"。通过实证检验明确了在样本期内服务业的综合效应是支出效应略小于转移效应，不可贸易的服务业可以依靠支出效应中回流的一部分生产要素而得到一定程度的发展，煤炭产业发展对服务业的挤出效应不严重。制造业在转移效应和支出效应中受到了两次挤出，服务业的支出效应中增加的生产要素主要是从制造业部门吸引出来的，煤炭产业发展对制造业的抑制作用更大。煤炭产业发展对服务业和制造业发展都产生了抑制作用，导致第二产业内部和三产之间的结构发生改变。煤炭产业发展引发的产业结构演变使具有"干中学"特征的制造业严重萎缩，这是中国煤炭城市煤炭产业发展对其全要素生产率倒U型影响的成因之一。

将样本分为西部和中东部，验证了产业结构演变的传导作用存在区域差异。西部和总体样本的传导作用一致，服务业部门的支出效应略小于转移效应，服务业的综合效应结果是生产要素的净损失抑制了服务业发展，服务业发展的现状加剧了煤炭产业发展对煤炭城市全要素生产率的抑制作用。在中东部煤炭城市，"荷兰病"修正模型中服务业发展的综合效应的影响效果是服务业部门的支出效应略大于转移效应，服务业发展的支出效应将生产要素从制造业和煤炭产业部门中转移出来，弥补了煤炭产业发展在转移效应中对服务业部门生产要素的抢夺，缓解了煤炭产业发展对煤炭城市全要素生产率的抑制作用。这也导致在两个区域内产业结构演变的传导机制存在差异。在西部煤炭城市，煤炭产业发展对服务业发展和制造业发展都产生了抑制作用，导致第二产业内部和三产之间的结构发生改变，使煤炭产业发展对煤炭城市全要素生产率产生倒U型影响。在中东部煤炭城市，煤炭产业发展引发的服务业支出效应大于转移效应，对制造业的"双重去工业化"程度更严重，煤炭产业和服务业都得到发展，挤出了具有"干中学"效应的制造业发展，这种产业结构演变加剧了煤炭产业发展对煤炭城市全要素生产率的抑制作用。

第七章　要素配置效率传导机制的实证检验

第四章分析了煤炭产业发展导致的生产要素在各部门间的配置效率变动是煤炭产业发展对全要素生产率倒 U 型影响形成的原因之一。劳动和资本是产业发展中的主要生产要素，煤炭产业发展不利于劳动力和资本市场发育，影响要素配置效率。要素配置效率的代理变量人力资本和金融发展在煤炭产业发展对全要素生产率影响中具有门槛特征。煤炭产业发展对人力资本和金融发展的挤出降低要素配置效率，导致劳动力市场和金融市场发育不良，产生大量的沉淀成本降低煤炭厂商通过负投资来调节产能甚至退出产业的动力，导致煤炭产业扩张过度。人力资本和金融发展在煤炭产业发展对全要素生产率影响中存在门槛特征；煤炭产业扩张过度使煤炭产业发展与全要素生产率的关系越过倒 U 型曲线的拐点，表现出“资源诅咒”效应，抑制全要素生产率。

本章要进一步实证检验要素配置效率在煤炭产业发展对全要素生产率倒 U 型影响中的传导机制。为此至少需要解答以下两个问题：煤炭产业发展对不同要素配置效率具有何种影响？在要素配置效率不同的阈值条件下煤炭产业发展对全要素生产率的影响有何差异？第一个问题可以通过建立面板回归模型，来检验煤炭产业发展挤出人力资本和金融发展而对劳动和资本配置效率产生影响的传导机制。第二个问题通过建立门槛回归模型来检验人力资本和金融发展的门槛效应。据此来综合检验要素配置效率的传导机制。劳动和资本是产业供给的主要生产要素，本章将分别检验劳动和资本配置效率在中国煤炭城市煤炭产业发展对其全要素生产率影响中的传导作用，验证理论分析中提出的假设 3 和假设 4。将样本分为西部和中东部两个样本组，检验要素配置效率传导机制的区域差异。

第一节 劳动配置效率传导作用的实证检验

第六章利用“荷兰病”模型实证检验了煤炭产业发展过程中劳动在煤炭产业、制造业和服务业之间的转移和支出效应引发的产业结构演变的传导机制。“荷兰病”模型将劳动投入视为简单劳动，只分析了劳动投入的数量变化，没有分析劳动配置效率的变化。第四章第三节将具有专业化知识的人力资本和简单劳动分解开作为自变量加入生产函数中，论证了影响劳动力市场在各部门间配置劳动力效率的关键因素是人力资本，将人力资本作为劳动配置效率的代理变量，人力资本在煤炭产业发展对全要素生产率影响中具有门槛效应。人力资本约束降低了劳动配置效率导致煤炭产业发展对全要素生产率产生倒 U 型影响。提出了本研究的假设 3：劳动配置效率会引发煤炭产业发展对全要素生产率的倒 U 型影响。人力资本是煤炭产业发展对全要素生产率影响的门槛变量，在人力资本门槛值的两边煤炭产业发展对全要素生产率的影响由负转正。本小节将建立计量模型利用样本数据实证检验劳动配置效率的传导机制，验证假设 3。

一、煤炭产业发展影响劳动配置效率的实证检验

煤炭资源禀赋会影响一个国家或地区的产业结构及经济发展。煤炭城市往往优先发展煤炭产业，以带动其他产业的发展，这些地区的产业结构带有本区域自然资源结构特征，形成煤炭开发型和煤炭加工型的产业结构，丰富的煤炭资源促进了煤炭产业发展。劳动力市场的主要功能是在各部门间配置劳动，劳动力市场发育影响劳动配置效率。在煤炭城市，煤炭产业为劳动密集型产业，煤炭产业对从业者的技术水平和文化素质要求不

高，致使劳动者缺乏人力资本投入的动力，引发劳动者的短视行为对人力资本产生挤出，严重损害了该地区的人力资本积累[38]。新增长理论认为人力资本已经超越了简单要素的范畴，人力资本对生产效率提高具有配置效应。影响劳动力市场在各部门间配置劳动力效率的关键因素是人力资本，在检验人力资本的门槛特征之前，先要建立面板回归模型验证煤炭产业发展挤出人力资本影响劳动配置效率这一推断。

（一）模型设计

继续参考 Sachs 和 Warner 的实证研究范式，建立面板回归模型(7.1)，选取对人力资本产生重要影响的因素作为控制变量引入模型，来检验煤炭产业发展对人力资本的挤出效应，煤炭产业发展对人力资本的挤出影响劳动配置效率。

人力资本和物质资本是重要的经济投入要素，二者积累的协调性会影响经济发展的可持续性。物质资本投资对人力资本投资有重要的影响作用。较长一段时间里，中国经济的发展模式是物质资本投资拉动型，物质资本和人力资本积累严重失衡。王询和孟望生（2013）建立家庭和企业两部门世代交叠的人力资本投资分析模型，提出了人力资本投资与预期物质资本回报率成反比的理论假说。赵领娣等（2018）认为物质资本和人力资本投资回报率存在反向变化关系，经济主体的理性决策会使资本流向投资回报率较高的一方。长期来看，物质资本和人力资本投资会呈现出相互促进、螺旋上升的变化规律。

本研究第四章构建的“荷兰病”修正模型中，假设制造业具有“干中学”特征，可以产生技术溢出，制造业部门的技术进步水平等于全社会的技术进步水平。制造业发展可以使劳动力在生产实践过程中得到知识和技能积累，对人力资本积累产生重要的影响，所以将制造业发展作为控制变量引入模型。

借鉴赵领娣等的经验分析建立面板模型（7.1）：

$$HC_{it} = \alpha_0 + \alpha_1 RD_{it} + \alpha_2 FI_{it} + \alpha_3 MD_{it} + \varepsilon_{it} \tag{7.1}$$

其中，HC 为人力资本，RD 为煤炭产业发展，FI 为物质资本，MD 为制造业发展，$\alpha_0 \sim \alpha_3$ 为待估参数，ε_{it} 为随机扰动项，i 和 t 分别代表截面单位和时间。

（二）变量说明和数据来源

人力资本。对于人力资本的度量，从产出和绩效的角度来看，可以使用劳动力报酬进行衡量；从投入的角度来看，可以使用学历指数、教育经费投入和平均受教育年限进行衡量。理论分析论证了煤炭产业发展影响劳动力市场在各部门间配置劳动效率的关键因素是人力资本，本研究将人力资本作为劳动配置效率的代理变量，人力资本投入和积累是影响劳动力市场发育的关键。因此应从投入的角度来度量人力资本，但中国城市层面受教育程度数据并不可得。煤炭城市劳动者受教育水平普遍不高，教育不发达导致的人才净流出，影响人力资本积累。使用教育业从业人员占比来度量煤炭城市的人力资本具有一定的合理性。

物质资本。从固定资产的角度，物质资本集聚提供了足以进行技术创新的多样化机械及平台；从资本流量的角度，充足的资本投入强度可推动创新活动的开展，激发人力资本投资的动力。本研究采用全社会固定资产投资与 GDP 占比来度量物质资本投入。

使用 Stata15.0 软件对新增变量人力资本 HC 和物质资本 FI 进行描述性统计，结果见表 7-1。人力资本的均值为 0.1396，标准差为 0.0550，离差较大达到了 0.4136，数据分布比较离散，样本城市的人力资本水平差异较大。最大值的昭通市人力资本水平高达 45.41%，作为成长型的煤炭城市，昭通市具有丰富的煤炭和旅游资源，主导产业为旅游业，煤炭产业发展还处于起步阶段，其对产业结构演变的影响较小，没有表现出明显的人力资本挤出现象。人力资本的最小值为乌海市，教育业从业人员占比仅为 4.15%。作为一个衰退型的煤炭城市，人力资本的投入和积累较低，对人力资本表现出明显的挤出效应。资源型城市的人力资本水平决定了劳动力市场的发育情况，影响劳动配置效率。人力资本水平低、劳动配置效率下降的现状不利于发挥煤炭资源优势，促进煤炭城市全要素生产率提高。将数据引入计量模型（7.1），检验煤炭产业发展对人力资本的挤出影响了劳动配置效率这一推断。

表 7-1　变量描述性统计

变量名称	变量说明	单位	均值	标准差	最小值	最大值	样本量
人力资本 *HC*	教育业从业人员占比	%	0.1396	0.0550	0.0415	0.4541	660
物质资本 *FI*	全社会固定资产投资与 GDP 占比	%	0.6646	0.2802	0.1022	2.1691	660

（三）实证检验与结果分析

1. 多重共线性检验

为防止因变量间的多重共线性而导致单个变量估计结果不准确，在模型估计之前，通过考察各变量的“方差膨胀因子”，对模型中的变量进行多重共线性检验，检验结果见表 7-2。

表 7-2　变量的方差膨胀因子（VIF）检验

方差膨胀因子	*RD*	*FI*	*MD*	Mean*VIF*
VIF	1.10	1.02	1.09	1.07
1/*VIF*	0.9070	0.9843	0.9201	-

从表 7-2 中的结果来看，最高的变量 *VIF* 值为 1.10，*VIF* 均值为 1.07，都低于 10 的大样本容忍值，可以认为变量之间不存在多重共线性问题。

2. 变量平稳性检验

使用 LLC 检验和 ADF-fisher 检验对新增变量人力资本 *HC* 和物质资本 *FI* 进行面板单位根检验。在这两种检验中均拒绝原假设才认定变量时间序列平稳，否则认为时间序列不平稳。输出结果见表 7-3。

从表 7-3 中可以看出，人力资本 *HC* 和物质资本 *FI* 都在 1%的显著性水平上通过了 LLC 检验和 ADF-fisher 检验，拒绝了原假设，模型中的所有变量的时间序列都是平稳的。因此，可以继续对面板样本数据进行计量分析。

表 7-3　变量单位根检验结果

变量	LLC	ADF-fisher	结论
HC	-8.2474 * * *	178.9264 * * *	平稳
FI	-13.2125 * * *	219.5868 * * *	平稳

注：* * *、* *、*分别表示在 1%、5%、10%水平下显著。

3. 估计结果与分析

本研究将样本数据引入模型（7.1）当中，因为下一小节的门槛回归模型是以固定效应为基础进行回归分析的，所以采用固定效应对模型（7.1）进行回归分析，结果见表 7-4。通过检验煤炭产业发展对人力资本的挤出效应，验证理论分析中煤炭产业发展挤出人力资本影响劳动配置效率的推断。

表 7-4　煤炭产业发展对人力资本挤出效应检验

被解释变量	*RD*	*FI*	*MD*	_ cons	R^2	参数检验 F 值	样本量
HC	-0.0215 * * * (0.0034)	-0.0204 * * * (0.0030)	-0.1822 * * * (0.0188)	0.2463 * * * (0.0122)	0.5165	0.0000	660

注：*、* *、* * *分别表示在 10%、5%、1%的显著性水平下显著。

回归结果显示煤炭产业发展 *RD* 的回归系数为-0.0215，对人力资本产生了挤出效应，验证了理论分析的判断。在煤炭城市，长期依赖煤炭产业，降低了人力资本回报率，抑制人力资本的投资动力；地区间的工资差距吸引人力资本流出，影响人力资本积累。物质资本 *FI* 的回归系数为

-0.0204，物质资本和人力资本具有反向作用，经济主体的理性决策会使资本流向投资回报率较高的物质资本投资，抑制了人力资本投资。制造业发展 *MD* 的系数为-0.1822，反映出在煤炭城市，制造业的发展规模和结构都受到了破坏，现有的制造业与煤炭产业关联度高，制造业的技术溢出减少，不利于劳动力在生产实践过程中得到人力资本的积累。

Sachs 和 Warner（1995）认为自然资源开发和初级产品生产并不需要劳动力拥有较高的技能，而且会带来大量的短期利益，所以资源型城市的政府和家庭都忽略了对教育的投入，使得人力资本积累弱化，具有较高技术水平的劳动力增长缓慢，长期经济增长乏力。自然资源丰裕度高的地区注重发展资源型产业，挤出了人力资本，导致人力资本积累不足，阻碍地区经济增长[39]。人力资本水平低不仅会降低资源部门的生产效率，同时对其他部门特别是制造业的人力资本构成产生消极影响，降低所有部门产品竞争力，对全要素生产率产生抑制作用[40]。人力资本已经超越简单要素的范畴具有提高效率的配置效应，煤炭产业发展挤出人力资本降低了劳动配置效率。

二、人力资本门槛效应的实证检验

理论分析部分将具有专业化知识的人力资本和简单劳动分解开作为自变量加入生产函数中，来分析要素配置效率的传导作用，构造了包含煤炭和金融两部门的内生经济增长模型，证明了人力资本存在门槛效应的可能性。人力资本的约束会导致煤炭产业发展抑制全要素生产率，人力资本是煤炭产业发展对全要素生产率倒 U 型影响的门槛变量，人力资本水平的差异会引发煤炭产业发展对全要素生产非线性影响，在人力资本门槛值的两边煤炭产业发展对全要素生产率的影响由负转正。

上一节验证了煤炭产业发展挤出人力资本降低劳动配置效率。本小节将建立门槛回归模型，用中国煤炭城市样本数据实证检验人力资本在煤炭产业发展对全要素生产率影响中的门槛效应，验证理论分析部分提出的假设 3。

（一）门槛模型分析方法

1. 单一门槛回归模型

本研究使用 Hansen（1999）提出的静态面板门槛回归模型。该模型不仅可以判断门槛效应是否存在，还可以测算出门槛数量与具体的门槛值。

门槛回归模型的一般形式为：

$$\begin{cases} y_{it} = \mu_i + \beta_1 x_{it} + \varepsilon_{it},\ q_{it} \leq \gamma \\ y_{it} = \mu_i + \beta_2 x_{it} + \varepsilon_{it},\ q_{it} > \gamma \end{cases} \tag{7-1}$$

在方程（7-1）中，时间为 t，个体为 i，y_{it} 为方程的被解释变量，x_{it} 为方程的解释变量，q_{it} 为门槛变量，γ 表示待估计的门槛值，根据门槛变量 q_{it} 与门槛值 γ 的关系，观察样本被分为两个部分，每个部分都有各自的回归系数 β_1、β_2。

为了简化模型，可以将两个模型合并，通过设置虚拟变量 $I(\gamma)$ 来区分样本，$I(\cdot)$ 是一个指示函数，当 $q_{it} > \gamma$ 时，$I = 0$；当 $q_{it} \leq \gamma$ 时，$I = 1$。式（7-1）中的两个公式可以合并为：

$$Y_{it} = c + \beta_1 x_{it} I(q_{it} \leq \gamma) + \beta_2 x_{it} I(q_{it} > \gamma) + \varepsilon_{it} \tag{7-2}$$

利用最小二乘法对方程（7-2）进行估计，所给定的任意门槛值 γ 的残差平方和为：

$$S_1(\gamma) = e(\gamma)^T e(\gamma) \tag{7-3}$$

利用方程（7-3），可得残差平方和最小时所对应的门槛值 γ：

$$\gamma = \mathrm{argmin} S_1(\gamma) \tag{7-4}$$

由残差平方和斜率的估计值可得斜率方程为：

$$\beta' = \beta(\gamma) \tag{7-5}$$

残差平方方程为：

$$\sigma^2 = \frac{e(\gamma)^T e(\gamma)}{T} = \frac{S_1(\gamma)}{T} \tag{7-6}$$

为验证所得门槛值，第一步应先检验模型的门槛效应是否显著，第二步要检验估计值是否为真实值。

门槛模型检验的假设为 H_0：$\beta_1 = \beta_2$，备择假设为 H_1：$\beta_1 \neq \beta_2$，如果 $\beta_1 = \beta_2$，表明模型的门槛效应不明显，模型不是非线性模型，此时模型为：

$$y_{it} = c + \beta_i x_{it} + \mu_{it} \tag{7-7}$$

如果拒绝原假设，接受备择假设，即 H_1：$\beta_1 \neq \beta_2$，则验证了模型的门槛效应显著，可以进一步构造 F 检验统计量：

$$F = \frac{S_0 - S_1(\gamma)}{\sigma^2} \tag{7-8}$$

在方程（7-8）中，为原假设 H_0：$\beta_1 = \beta_2$ H_0：$\theta_1 = \theta_2$ 成立的条件下所得的残差平方和，由于存在结构突变和干扰项，F 统计量呈非标准正态分布，为解决这一问题，Hansen（1999）提出了自主抽样法，通过计算检验统计量的渐进分布，来检验门槛效应的显著性。

2. 多门槛回归模型

在现实中，单门槛往往并不能如实反映实际经济现象，存在着包含多个门槛值的可能性，可构建多门槛值的面板回归模型。本研究的样本量仅为 660 个，检验三重及以上门槛会出现门槛值过于接近而失去经济意义，因此仅检验双重门槛的可能性。

$$\begin{aligned} y_{it} = {} & \mu_i + \beta_1{}' x_{it} \cdot I(q_{it} \leq \gamma_1) + \beta_2{}' x_{it} \cdot I(\gamma_1 < q_{it} \leq \gamma_2) \\ & + \beta_3{}' x_{it} \cdot I(q_{it} > \gamma_2) + \varepsilon_{it} \end{aligned} \tag{7-9}$$

存在 γ_1 与 γ_2 两个门槛值的双重门槛模型可能存在三种情况，分别是不存在门槛效应、存在一个门槛值或存在两个门槛值。因此需要先判断是否具有门槛效应，如果门槛效应存在，下一步判断门槛值的个数。首先用单一门槛模型来检验门槛效应的显著性，当结果拒绝原假设时表明存在门槛效应。然后可检验门槛值的个数，先假设已知第一个门槛值 $\hat{\gamma}_1$，在此基础上估计第二个门槛值。

双重门槛回归模型的估计方法与单门槛模型相同，最小化第二个门槛值的残差平方和 $S_2(\gamma_2)$，可求得对应的门槛值 $\hat{\gamma}_2$，可表示为：

$$Z_2^T(\gamma_2) = \begin{cases} Z(\hat{\gamma}_1, \gamma_2), & \hat{\gamma}_1 < \gamma_2 \\ Z(\gamma_2, \hat{\gamma}_1), & \hat{\gamma}_1 > \gamma_2 \end{cases} \tag{7-10}$$

$$\hat{\gamma}_2^v = argminZ_2^T(\gamma_2) \tag{7-11}$$

求得 $\hat{\gamma}_2^v$ 之后，需要再次对 $\hat{\gamma}_1$ 进行搜索，可得：

$$Z_1^T(\gamma_1) = \begin{cases} Z(\gamma_1, \hat{\gamma}_2^v), \gamma_1 < \hat{\gamma}_2^v \\ Z(\hat{\gamma}_2^v, \gamma_1), \gamma_1 < \hat{\gamma}_2^v \end{cases} \tag{7-12}$$

$$\hat{\gamma}_1^v = argminZ_1^T(\gamma_1) \tag{7-13}$$

（二）模型设计

根据 Hansen 的静态面板门槛回归模型，本节将构建门槛回归模型来检验人力资本 HC 在中国煤炭城市煤炭产业发展对其全要素生产率影响中的门槛效应。在煤炭产业发展对全要素生产率非线性影响模型（5.1）的基础上，去除煤炭产业发展的平方项，将人力资本和金融发展同时引入模型，先检验人力资本门槛值的显著性来判断线性模型是否存在结构性突变。受样本量的限制，本研究仅检验双重门槛的可能性。为保证模型设定的一般性，在未确定具体门槛数量时，同时建立单门槛模型（7.2）和双门槛模型（7.3），检验确定门槛数量后，再选择相应的模型进行门槛回归。

具体模型如下所示：

$$\begin{aligned} TFP_{it} = \alpha_0 + \alpha_1 RD_{it} I(HC_{it} \leq \gamma_1) + \alpha_2 RD_{it} I(HC_{it} > \gamma_1) \\ + \alpha_3 GI_{it} + \alpha_4 TI_{it} + \alpha_5 FB_{it} + \varepsilon_{it} \end{aligned} \tag{7.2}$$

$$\begin{aligned} TFP_{it} = \beta_0 + \beta_1 RD_{it} I(HC_{it} \leq \gamma_1) + \beta_2 RD_{it} I(\gamma_1 < HC_{it} \leq \gamma_2) \\ + \beta_3 RD_{it} I(HC_{it} > \gamma_2) + \beta_4 GI_{it} + \beta_5 TI_{it} + \beta_6 FB_{it} + \varepsilon_{it} \end{aligned} \tag{7.3}$$

其中，全要素生产率 *TFP* 为被解释变量，煤炭产业发展 *RD* 为解释变量，人力资本 *HC* 为门槛变量，*GI* 表示政府干预，*TI* 表示技术创新投入，*FB* 表示金融发展。$\alpha_0 \sim \alpha_5$，$\beta_0 \sim \beta_6$ 为待估参数，ε_{it} 为随机扰动项，i 和 t 分别代表截面单位和时间；γ 为待估计门槛值，$I(\cdot)$ 为指示函数。

在前文的实证检验中已经证实了煤炭产业发展挤出人力资本，通过考察在门槛值两边煤炭产业发展 *RD* 的回归系数 α_1 和 α_2 的关系，可以判断出煤炭产业发展与全要素生产率线性关系的结构突变特征。以单一门槛模型为例，如果 $\alpha_1 < 0$，且 $\alpha_2 > 0$，说明煤炭产业发展对人力资本的挤出，降低了劳动配置效率。人力资本水平较低时，煤炭产业发展抑制全要素生产率，煤炭产业适度发展；人力资本水平较高时，劳动配置效率高，煤炭产业发展能够促进全要素生产率。煤炭产业发展对全要素生产率产生倒 U 型影响。如果 $\alpha_1 > 0$，且 $\alpha_2 < 0$，则正好相反，说明煤炭产业发展对全要素生产率产生 U 型影响。当 $\alpha_1 > 0$，且 $\alpha_2 > 0$ 时，说明煤炭产业发展促进全要素生产率。如果 $\alpha_1 < \alpha_2$，人力资本增加使煤炭产业发展对全要素生产率的促进作用增强；$\alpha_1 > \alpha_2$ 则反映人力资本增加降低了煤炭产业发展对全要素生产率的促进作用。当 $\alpha_1 < 0$，且 $\alpha_2 < 0$ 时，说明煤炭产业发展抑制了全要素生产率。如果 $\alpha_1 < \alpha_2$，人力资本增加使煤炭产业发展对全要素生产率的抑制作用降低了；$\alpha_1 > \alpha_2$ 则反映人力资本水平的上升增强了煤炭产业发展对全要素生产率的抑制作用。

（三）门槛检验与门槛值估计

在门槛变量人力资本 *HC* 存在单一或双重门槛的设定下进行估计，得到 F 统计量和 P 值（见表 7-5）。本研究使用 Hansen 自举抽样法来确定门槛值，设定重叠模拟似然比检验统计量为 500 次，估计出 Bootstrap 法的 F 值、P 值和门槛数量及估计值。结果显示人力资本存在双门槛，门槛值为 0.12 和 0.23。表明中国煤炭城市煤炭产业发展对其全要素生产率为非线性影响，二者之间的线性关系存在结构性突变，根据门槛值的数量选择模型（7.3）进行门槛回归。

表 7-5 人力资本的门槛效应显著性检验结果

门槛变量	单门槛		双门槛		门槛数量	门槛值
	F 值	P 值	F 值	P 值		
HC	53.749 ***	0.000	32.510 ***	0.000	双门槛	$\gamma_1 = 0.12$，$\gamma_2 = 0.23$

注：*、**、***分别表示在 10%、5%、1%的显著性水平下显著。

（四）实证结果与分析

在确定模型人力资本的门槛数量和具体门槛值后，利用估计出的门槛值将煤炭城市样本划分为不同的区间，检验在各区间内，煤炭产业发展对全要素生产率影响的回归系数差异。表7-6汇总了煤炭产业发展影响全要素生产率的人力资本门槛模型（7.3）的参数回归结果。依据人力资本的门槛值 $\gamma_1=0.12$，$\gamma_2=0.23$，可将样本分为三个不同的人力资本水平区间，在这三个区间内检验中国煤炭城市煤炭产业发展对其全要素生产率的影响差异是否显著。

表7-6　煤炭产业发展对全要素生产率影响的人力资本双门槛模型参数估计结果

变量	模型（7.3）
$RD\ (HC_{it} \leq \gamma_1)$	-0.0221＊＊＊（0.0086）
$RD\ (\gamma_1 < HC_{it} \leq \gamma_2)$	-0.0066（0.0087）
$RD\ (HC_{it} > \gamma_2)$	0.0379＊＊＊（0.0122）
GI	-0.4182＊＊＊（0.0694）
TI	0.6266（0.6631）
FB	0.0199＊＊（0.0096）
cons	-0.0095（0.0307）
样本量	660
R^2	0.3312
参数检验F值	0.0000
曲线关系	倒U型

注：＊、＊＊、＊＊＊分别表示在10%、5%、1%的显著性水平下显著；模型的系数下括号为t统计量。

从三个阶段的回归系数可以看出，当人力资本水平小于0.12时，煤炭产业发展 *RD* 的回归系数为-0.0221，在1%的统计水平下通过显著性检验，表明当人力资本水平较低时，煤炭产业发展对全要素生产率起到了抑制作用。当人力资本水平在 0.12～0.23 时，煤炭产业发展 *RD* 的回归系数为-0.0066，没有通过显著性检验。当人力资本水平超过 0.23 时，煤炭产业发展 *RD* 的回归系数为 0.0379，在 1%的统计水平下通过显著性检验，表明随着人力资本水平提高，煤炭产业发展对全要素生产率起到了促进作用。这一回归结果验证了理论部分提出的假设 3：劳动配置效率会引发煤炭产业发展对全要素生产率的倒 U 型影响，人力资本是煤炭产业发展对全要素生产率影响的门槛变量，在人力资本门槛值的两边煤炭产业发展对全要素生产率的影响作用由负转正。各控制变量的回归结果与模型（5.1）基本一致，这里就不做解释了。

在低人力资本区间，即人力资本水平小于 0.12 时，煤炭产业发展 *RD* 的回归系数为负，表明煤炭产业发展对人力资本的挤出使劳动力市场发育不良，劳动配置效率低，沉淀成本提高了煤炭产业的退出壁垒导致煤炭产业发展过度抑制了全要素生产率。样本数据显示，煤炭城市人力资本大部分处在较低水平，人力资本的均值为 0.1396，远低于人力资本促进全要素生产率的门槛值 0.23。样本期内，人力资本均值低于 0.12 的样本城市有 27 个占总样本的 61.36%。人力资本水平低于门槛值时煤炭产业发展抑制全要素生产率，突破人力资本约束后，劳动在各部门间高效地配置，“资源祝福”效应才会出现。中国煤炭城市人力资本水平较低，劳动没有达到最优配置是由于煤炭城市长期依赖煤炭产业，降低了人力资本回报率，抑制人力资本的投资动力；地区间的工资差距吸引人力资本流出，影响人力资本积累。经济主体的理性决策会使资本流向投资回报率较高的物质资本投资，抑制了人力资本投资。在煤炭城市，制造业的发展规模和结构都受到了破坏，现有的制造业与煤炭产业关联度高，制造业的技术溢出减少，不利于劳动力在生产实践过程中得到人力资本的积累。高质量经济发展的关键是转变经济增长方式，从规模速度型发展方式转向质量效率型，当前急需解决的问题是提高人力资本水平，使中国煤炭城市煤炭产业发展能够促进其全要素生产率，同时还要积极寻求其他提高要素配置效率的途径，更合理地利用煤炭资源使其能够促进全要素生产率，实现高质量增长的目标。

第二节 资本配置效率传导作用的实证检验

煤炭城市倾向于优先发展煤炭产业，以带动其他部门的发展，丰富的煤炭资源促进了煤炭产业发展，投资回报率较高的煤炭产业吸引大量的资本流入，煤炭产业快速发展。理论部分分析了煤炭产业的固定资产专用性强，资产难以高效地流动，将整个地区的资本锁定于产业链的低端，煤炭产业发展为劳动驱动型，对资本相对需求量不大，抑制了金融发展，导致资本市场发育不良，影响资本配置效率。金融发展的约束会降低资本在各部门之间的配置效率导致煤炭产业发展抑制全要素生产率，煤炭产业发展对全要素生产率产生倒U型影响。由此提出了本研究的假设4：资本配置效率会引发煤炭产业发展对全要素生产率的倒U型影响，金融发展是煤炭产业发展对全要素生产率影响的门槛变量，在金融发展门槛值的两边煤炭产业发展对全要素生产率的影响由负转正。

一、煤炭产业发展影响资本配置效率的实证检验

中国煤炭资源所有权属于国家，中国煤炭资源的所有权同经营权分离，煤炭资源采矿权资产证券化还处于理论研究阶段。这种所有权和经营权分离的现状，限制了煤炭城市资本市场的发育，降低了资本配置效率。

煤炭城市资本市场发育的完善程度会影响资本市场的要素配置功能。资本的需求方需要通过资本市场经济高效地获取资本，资本的供给方则需要金融机构为其提供资本金融工具销售服务。政策性因素也会在一定程度上影响金融要素配置功能的实现。出于政治和经济利益的目的，地方政府会对区域内的金融发展实施干预，影响资本配置效率。金融政策可以弥补金融在要素配置中的不足，但是煤炭城市普遍存在对煤炭产业增加贷款投入等金融倾斜政策也会产生短期效应。

煤炭产业发展带来的资源红利和不可贸易的服务业部门的发展会增加

对包括消费信贷在内的金融服务的需求，资本没能流入制造业部门，而是大量流入煤炭产业和服务业，形成资本流动性过剩问题。煤炭资源的红利对消费产生平滑作用，失去了建立更高效金融体系的动力。煤炭产业发展挤出了金融系统的技术和投资，制度弱化效应还抑制了金融发展所必需的健全的制度体系。在检验金融发展的门槛特征之前，先要建立面板回归模型验证煤炭产业发展挤出金融发展影响资本配置效率这一推断。

（一）模型设计

参考 Sachs 和 Warner 的实证研究范式，建立面板回归模型（7.4）来检验煤炭产业发展对金融发展的挤出效应，选取对金融发展产生影响的因素作为控制变量引入模型。

贸易开放使企业可以高效地利用全球范围内的生产要素来组织生产，外部融资从整体上扩大了金融规模。刘方与曹文婷（2016）认为“一带一路”建设进一步加深了中国和东盟各国的经济金融合作层次，贸易开放有助于金融发展。但是，贸易开放也存在对金融发展产生负面影响的可能性。王蕊（2017）认为贸易开放对金融发展存在不确定的影响，在发达国家，贸易开放显著地促进了金融发展；但在金融危机导致全球经济失衡时，贸易开放对金融发展产生抑制作用。金融发展要素禀赋理论认为，殖民者在自然资源丰裕地区倾向于建立攫取性的制度，不利于形成有效的产权和契约执行制度，抑制了金融发展。

政府干预影响金融投资部门发挥吸收储蓄、消除流动性风险、分散物质和人力资本投资风险、缓解信贷约束等功能，使自然资源对金融发展产生消极影响。刘耀彬等（2015）从理论上分析了金融发展在“资源诅咒”中的门槛作用，并验证了政府干预可以显著促进金融发展。

根据刘耀彬等的经验分析，将贸易开放和政府干预作为控制变量引入模型建立面板模型（7.4）：

$$FB_{it} = \alpha_0 + \alpha_1 RD_{it} + \alpha_2 OP_{it} + \alpha_3 GI_{it} + \varepsilon_{it} \tag{7.4}$$

其中，FB 为金融发展，RD 为煤炭产业发展，OP 为贸易开放，GI 为政府干预，$\alpha_0 \sim \alpha_3$ 为待估参数，ε_{it} 为随机扰动项，i 和 t 分别代表个体和时间。

（二）变量说明和数据来源

金融发展。现有研究中常用的金融发展指标有私人信贷与GDP的比值、流动负债与GDP的比值以及存贷款额与GDP的比值等，也有很多学者使用金融深化指数即金融机构年末贷款余额与GDP占比来度量金融发展水平。本研究要通过实证检验资本的配置效率在中国煤炭城市煤炭产业发展对其全要素生产率影响中的传导作用，采用金融深化指数来度量金融发展更合理。

贸易开放。在解释中国煤炭城市煤炭产业发展对其全要素生产率影响时，贸易开放程度可以刻画各部门的经营环境，是一个重要的影响变量。改革开放政策是中国经济腾飞的一个重要原因，贸易开放程度较高的东部沿海城市资本市场得到了快速发育机会，资本市场发育水平优于内陆地区城市。使用出口总额与地区生产总值的比值万分比取对数来度量贸易开放 *OP*，将其作为一个重要的控制变量引入模型。

继续用扣除科教支出的财政支出占GDP比重来度量政府干预 *GI*，也将其作为控制变量引入模型。

使用Stata15.0软件对新增变量金融发展 *FB* 和贸易开放 *OP* 进行描述性统计，结果见表7-7。金融发展的均值为0.7120，标准差为0.3869，离差较大达到了5.9712，数据分布比较离散，样本城市的金融发展水平差异较大。金融发展的最大值为吕梁市，贷款余额与GDP比重高达619.30%。金融发展的最小值为鄂尔多斯市，作为一个煤炭储量极其丰富的成长型煤炭城市，贷款余额与GDP比重仅为22.18%，金融发展水平相对滞后，金融市场发育不良。将数据引入计量模型（7.4），检验煤炭产业发展对金融发展的挤出效应。

表 7-7　变量描述性统计

变量名称	变量说明	单位	均值	标准差	最小值	最大值	样本量
金融发展 *FB*	金融机构年末贷款余额与 GDP 占比	%	0.7120	0.3869	0.2218	6.1930	660
贸易开放 *OP*	出口总额与 GDP 的比值加 1 并取对数	%	0.0003	0.0003	2.07×10^{-7}	0.0027	660

（三）实证检验与结果分析

1. 多重共线性检验

为防止因变量间的多重共线性而导致单个变量估计结果不准确，在模型估计之前，通过考察各变量的“方差膨胀因子”，对模型中的变量进行多重共线性检验，检验结果如表 7-8 所示。

表 7-8　变量的方差膨胀因子（VIF）检验

方差膨胀因子	*RD*	*GI*	*OP*	Mean*VIF*
VIF	1.04	1.10	1.09	1.08
1/*VIF*	0.9586	0.9126	0.9177	-

表 7-8 显示，各变量中最高的 *VIF* 值为 1.10，*VIF* 均值为 1.08，都低于 10 的大样本容忍度，可以不用考虑变量之间多重共线性的问题。

2. 变量平稳性检验

同样使用 LLC 检验和 ADF-fisher 检验对新增变量服务业发展 *FB* 和贸易开放 *OP* 进行面板单位根检验。在这两种检验中均拒绝原假设才认定变量时间序列平稳。输出结果见表 7-9。

金融发展 *FB* 和贸易开放 *OP* 都在 1%的显著性水平通过了 LLC 检验和 ADF-fisher 检验，拒绝原假设，模型中的所有变量的时间序列都是平稳的。因此，可以继续对面板样本数据进行计量分析。

表 7-9 单位根检验结果

变量	LLC	ADF-fisher	结论
FB	-8.6572 * * *	209.1285 * * *	平稳
OP	-14.8401 * * *	254.0295 * * *	平稳

注：* * *、* *、* 分别表示在 1%、5%、10%水平下显著。

3. 估计结果与分析

本研究将样本数据引入模型（7.4）当中，继续采用固定效应对模型进行回归检验，检验煤炭产业发展对金融发展的挤出效应，煤炭产业发展对金融发展的挤出影响资本市场发育，降低资本配置效率。回归结果见表 7-10。

表 7-10 煤炭产业发展对金融发展挤出效应检验

被解释变量	*RD*	*OP*	*GI*	_ cons	R^2	参数检验 F 值	样本量
FB	-0.1525 * * * (0.0520)	-0.0278 * (0.0152)	1.9203 * * * (0.2928)	0.9049 * * * (0.1647)	0.4942	0.0000	660

注：*、* *、* * * 分别表示在 10%、5%、1%的显著性水平下显著。

回归结果显示煤炭产业发展 *RD* 的回归系数为-0.1525，对金融发展产生了挤出作用，验证了理论分析的判断。煤炭资源的开发降低了个人储蓄和投资的需求，煤炭产业发展带来的资源红利在一段时间内，为煤炭城市的居民提供较为持续的收入来源，让他们对未来的持续收入建立稳定的安全感，所以居民在现期不会为了保证后期的生活而增加储蓄或投资。煤炭城市集中发展煤炭产业，金融业等第三产业发展滞后，间接阻碍了投资和储蓄增长，资本市场发育不良降低资本配置效率。

贸易开放 *OP* 的系数为-0.0278，金融发展要素禀赋理论认为，国际资本在中国煤炭城市的对外贸易往往以资源寻求为目的，国际资本的进入极易引发煤炭产品价格波动，增加资本市场运行风险，出于安全性考虑金融机构倾向于减少信贷规模，不利于金融发展。

政府干预 *GI* 的系数为 1.9203，反映了在煤炭城市，政策性因素也会在一定程度上影响金融配置要素功能的实现，出于政治和经济利益的目的，地方政府会对区域内金融发展实施干预，一定程度的促进金融发展。金融政策可以弥补金融在要素配置功能中的不足。为了加大对煤炭产业的贷款投入，政府的金融倾斜政策需要金融部门提供金融中介服务，短期内促进了金融发展。

二、金融发展门槛效应的实证检验

理论分析部分构建了包含煤炭和金融两部门的内生增长模型，证明金融发展在煤炭产业发展影响全要素生产率过程中存在门槛效应。金融发展约束会降低资本配置效率，导致煤炭产业发展抑制全要素生产率，引发煤炭产业发展对全要素生产率的非线性影响，在金融发展门槛值的两边煤炭产业发展对全要素生产率的影响由负转正。

前文验证了煤炭产业发展挤出金融发展，限制了资本市场发育，降低资本配置效率。本小节将建立门槛回归模型，用样本数据实证检验金融发展的门槛效应以验证假设 4。

（一）模型设计

本节将金融发展 *FB* 作为门槛变量，继续利用 Hansen（1999）的静态面板门槛回归模型，检验金融发展在煤炭产业发展对全要素生产率影响中的门槛效应。在煤炭产业发展对全要素生产率非线性影响模型（5.1）的基础上，去除煤炭产业发展的平方项，将人力资本和金融发展同时引入模型，检验金融发展门槛值的显著性，来判断线性模型是否存在结构性突变。受样本量的限制，本研究仅检验双重门槛的可能性。为保证模型设定的一般性，在确定具体门槛数量前，先同时建立单门槛模型（7.5）和双门槛模型（7.6），经检验确定门槛数量之后，再选择相应的模型进行门槛回归。

具体模型如下所示：

$$TFP_{it} = \alpha_0 + \alpha_1 RD_{it} I(FB_{it} \leq \gamma_1) + \alpha_2 RD_{it} I(FB_{it} > \gamma_1) + \alpha_3 GI_{it} + \alpha_4 TI_{it} + \alpha_5 HC_{it} + \varepsilon_{it} \quad (7.5)$$

$$TFP_{it} = \beta_0 + \beta_1 RD_{it} I(FB_{it} \leq \gamma_1) + \beta_2 RD_{it} I(\gamma_1 < FB_{it} \leq \gamma_2) + \beta_3 RD_{it} I(FB_{it} > \gamma_2) + \beta_4 GI_{it} + \beta_5 TI_{it} + \beta_6 HC_{it} + \varepsilon_{it} \quad (7.6)$$

其中全要素生产率 *TFP* 为被解释变量，煤炭产业发展 *RD* 为解释变量，门槛变量为金融发展 *FB*，*GI* 表示政府干预，*TI* 表示技术创新投入，*HC* 表示人力资本。$I(\cdot)$ 为指示函数，ε_{it} 为随机扰动项，$\alpha_0 \sim \alpha_5$、$\beta_0 \sim \beta_6$ 为待估参数，γ 为待估门槛值，i 和 t 分别代表个体和时间。

（二）门槛检验与门槛值估计

在门槛变量金融发展 *FB* 存在单一或双重门槛的设定下进行估计，得到 F 统计量和 P 值（见表 7-11）。本研究使用 Hansen 自举抽样法来确定门槛值，设定重叠模拟似然比检验统计量为 500 次，估计出 Bootstrap 法的 F 值、P 值和门槛数量及估计值。结果显示金融发展存在单一门槛，门槛值为 1.488。表明中国煤炭城市煤炭产业发展对其全要素生产率产生非线性影响，二者之间的线性关系存在结构性突变，根据门槛值的数量选择模型（7.5）进行门槛回归。

表 7-11 金融发展的门槛效应显著性检验结果

门槛变量	单门槛		双门槛		门槛数量	门槛值
	F 值	P 值	F 值	P 值		
FB	14.767 *	0.052	13.656	0.106	单门槛	γ_1 = 1.488

注：*、**、***分别表示在 10%、5%、1%的显著性水平下显著。

前文的实证检验中已经验证了煤炭产业发展对金融发展的挤出效应，通过考察在金融发展门槛值两边煤炭产业发展 *RD* 的回归系数可以判断出煤炭产业发展与全要素生产率线性关系的结构突变特征。

（三）实证结果与分析

在确定金融发展门槛数量和具体门槛值后，依据门槛值来确定使用模型（7.5）将样本划分为两个不同的区间，以检验在不同的金融发展区间内，煤炭产业发展对全要素生产率影响回归系数的差异。表7-12为煤炭产业发展对全要素生产率影响的金融发展单门槛模型（7.5）的参数回归结果。

表7-12　煤炭产业发展对全要素生产率影响的金融发展单门槛模型参数估计结果

变量	模型（7.5）
RD（$FB_{it} \leq \gamma_1$）	-0.0361＊＊＊（0.0127）
RD（$FB_{it} > \gamma_1$）	0.0077＊（0.0155）
GI	-0.5569＊＊＊（0.0743）
TI	0.9174＊（0.4665）
HC	1.4317＊＊＊（0.1445）
_cons	-0.1101＊＊（0.0470）
样本量	660
R^2	0.4241
参数检验F值	0.0000
曲线关系	倒U型

注：＊、＊＊、＊＊＊分别表示在10%、5%、1%的显著性水平下显著；模型的系数后括号为t统计量。

依据金融发展的门槛值γ_1 = 1.488，可以将样本分为两个区间，在两个金融发展水平区间内，煤炭产业发展对全要素生产率的影响差异显著。从两个区间的回归系数可以看出，当金融发展水平小于1.488时，煤炭产业发展RD的回归系数为-0.0361，表明金融发展水平较低时，煤炭产业发展对全要素生产率产生了抑制的作用。当金融发展水平超过1.488时，煤炭产业发展RD的回归系数为0.0077，表明随着金融发展水平提高，煤炭产业发展促进全要素生产率提高，且两个区间的回归系数都通过了显著性检验。这一回归结果验证了假设 4：资本配置效率会引发煤炭产业发展对全要素生产率的倒 U 型影响，金融发展是煤炭产业发展对全要素生产率影响的门槛变量，在金融发展门槛值的两边煤炭产业发展对全要素生产率的影响由负转正。

金融发展水平小于 1.488 时，在金融发展处于低水平区间，煤炭产业发展 *RD* 的回归系数为负，表明煤炭产业发展对金融发展的挤出使资本市场发育不良，资本配置效率降低，导致煤炭产业扩张过度抑制了全要素生产率。从样本数据来看，当前中国煤炭城市的金融发展大部分处在较低水平，金融发展变量的均值仅为 0.7120。金融发展水平低时，煤炭产业发展对全要素生产率产生抑制，突破金融约束后，资本配置效率提高，"资源祝福"出现。中国煤炭城市金融发展总体水平没有达到最优配置。当金融发展水平越过门槛值以后，经济进入健康发展的良性循环之中。应该将提高金融发展，促进煤炭城市资本市场发育看作解决中国煤炭城市全要素生产率损失问题的一条有效途径，实现经济的高质量发展。

金融发展水平高于 1.488 的样本城市仅占总样本的 13.64%，样本期内，金融发展水平较低说明资本市场发育不良，资本配置效率低，煤炭资源优势没有很好的转化为全要素生产率提高的动力。与人力资本门槛回归结果进行比较发现，中国煤炭城市的金融发展约束更严重，大部分样本城市资本配置效率过低，使煤炭产业发展抑制了全要素生产率。通过样本数据发现邯郸、阳泉、宿州、晋中、临汾、赤峰、郴州、达州、六盘水、昭通、曲靖、渭南、延安、榆林的人力资本水平超过了门槛值，但是受金融发展的约束，煤炭产业发展抑制了全要素生产率。双鸭山和鹤岗不存在金融发展约束，但是人力资本水平低是其煤炭产业发展抑制全要素生产率的主要原因。可见，想要打破煤炭产业"资源诅咒"实现经济的高质量发展，必须同时加强对劳动力和资本的市场培育，提高劳动和资本的配置效率，才能使中国煤炭城市煤炭产业发展对其全要素生产率产生促进作用。

第三节 要素配置效率传导机制的区域差异检验

利用中国煤炭城市样本数据检验了要素配置效率在煤炭产业发展对全要素生产率非线性影响中的传导作用，验证了理论分析中提出的假设 3 和假设 4。劳动和资本配置效率会引发煤炭产业发展对全要素生产率的倒 U 型影响，人力资本和金融发展是煤炭产业发展对全要素生产率影响的门槛变量，在人力资本和金融发展的门槛值两边煤炭产业发展对全要素生产率的影响由负转正。证实了煤炭产业发展对人力资本和金融发展的挤出，劳动力和资本市场发育不良，劳动和资本配置效率变动是煤炭产业发展对全要素生产率倒 U 型影响的成因之一。因为区位条件和经济发展程度不同，劳动和资本配置效率在中国煤炭城市中存在一定的差异，有必要继续将样本分为西部和中东部两个样本组，进一步检验要素配置效率在中国煤炭城市煤炭产业发展对其全要素生产率影响中传导机制的区域差异。

一、劳动配置效率传导作用的区域差异

西部地区和中东部地区对人力资本的需求偏好是不一致的，劳动力可以在区域间自由流动，很多城市都出台了各种增加人力资本投入和吸引人才流入的政策，人力资本水平高的劳动力大量流向工资相对较高的中东部地区，西部地区人力资本流失严重。西部煤炭城市具有较好的煤炭资源天然禀赋，煤炭产业依靠煤炭资源优势得到了快速发展，对具有较高人力资本水平的劳动力需求不足，煤炭资源带来的资源红利也降低了以教育投入衡量的人力资本积累动力，抑制劳动力市场发育，降低劳动配置效率。本小节将利用西部和中东部样本组数据来实证检验劳动配置效率在中国煤炭城市煤炭产业发展对其全要素生产率影响中传导作用的区域差异。

(一) 煤炭产业发展影响劳动配置效率的区域差异

将西部和中东部样本组的样本数据引入模型(7.1)当中,采用固定效应对模型进行回归分析(见表7-13),以检验煤炭产业发展对人力资本的挤出效应,验证理论分析中煤炭产业发展对人力资本的挤出,限制劳动力市场发育,降低资本配置效率的推断。

表7-13 煤炭产业发展对人力资本挤出效应的区域差异

被解释变量		*RD*	*FI*	*MD*	_cons	R^2	参数检验F值	样本量
HC	西部	-0.0408 * * * (0.0063)	-0.0216 * * * (0.0063)	-0.1963 * * * (0.0523)	0.3233 * * * (0.0194)	0.5399	0.0000	195
	中东部	-0.0050 (0.0041)	-0.0183 * * * (0.0033)	-0.1359 * * * (0.0197)	0.1772 * * * (0.0152)	0.3836	0.0000	465

注:*、* *、* * *分别表示在10%、5%、1%的显著性水平下显著。

回归结果显示在西部样本组中煤炭产业发展*RD*在1%的显著水平下通过检验,回归系数为-0.0408,煤炭产业发展对人力资本产生了挤出作用,验证了理论分析的判断,在西部煤炭城市,长期依赖煤炭资源的生产路径降低了人力资本回报率,抑制人力资本的投资动力,对教育的平均投资更少。煤炭产业发展挤出了人力资本,不利于劳动力市场发育,降低劳动配置效率。

在中东部样本组中煤炭产业发展*RD*的回归系数为-0.0050,但是并没有通过检验。中东部煤炭城市技术密集型产业发展较好,对人力资本的需求和较高的回报率激发了人力资本投入的动力,使得煤炭产业发展并没有显著地挤出人力资本,对劳动力市场发育没有产生很明显的抑制作用,劳动配置效率没有受到煤炭产业发展的影响。模型中各控制变量回归结果与总体样本回归结果没有结构性变化，对人力资本的影响作用不存在明显的区域差异，因此就不再详细解释了。

（二）人力资本门槛效应的区域差异

人力资本是煤炭产业发展对全要素生产率倒U型影响中的门槛变量，人力资本水平不同引发了煤炭产业发展对全要素生产率的非线性影响，在人力资本门槛值的两边煤炭产业发展对全要素生产率的影响由负转正。中东部煤炭城市煤炭产业发展对人力资本没有产生明显的挤出效应，所以就不需要再去检验人力资本的门槛效应了。西部煤炭城市煤炭产业发展对人力资本的挤出不利于劳动力市场发育，劳动配置效率降低，利用门槛回归模型（7.2）或（7.3），使用西部样本组的面板数据实证检验人力资本在煤炭产业发展对全要素生产率影响中的门槛效应，以验证假设3在西部是否成立。

1. 门槛检验与门槛值估计

在门槛变量人力资本*HC*存在单一或双重门槛的设定下进行估计，得到F统计量和P值（见表7-14）。本研究使用Hansen自举抽样法来确定门槛值，设定重叠模拟似然比检验统计量为500次，估计出Bootstrap法的F值、P值和门槛数量及估计值。结果显示，在西部样本组内，人力资本存在双门槛，门槛值为0.231和0.313。表明煤炭产业发展对全要素生产率产生非线性影响，二者之间的线性关系存在结构性突变，根据门槛值的数量选择模型（7.3）进行门槛回归。

表7-14 西部样本组人力资本的门槛效应显著性检验结果

门槛变量		单门槛		双门槛		门槛数量	门槛值
		F值	P值	F值	P值		
HC	西部	10.133＊＊	0.046	13.865＊	0.090	双门槛	γ_1 = 0.231，γ_2 = 0.313

注：＊、＊＊、＊＊＊分别表示在10%、5%、1%的显著性水平下显著。

2. 实证结果与分析

在确定西部样本组人力资本的门槛数量和具体门槛值后，利用门槛模型（7.3）进行回归分析，并将样本数据划分为三个不同的区间，检验在不同的人力资本水平区间内，煤炭产业发展对全要素生产率影响的回归系数差异。表7-15汇总了煤炭产业发展影响全要素生产率的人力资本双门槛模型（7.3）的参数回归结果。依据人力资本的门槛值 γ_1 = 0.231，γ_2 =0.313，可以将西部样本分为三个区间，在三个人力资本水平区间内，煤炭产业发展对全要素生产率的影响差异显著。

表7-15 西部样本组煤炭产业发展对其全要素生产率影响人力资本双门槛模型参数估计结果

变量	西部
	模型（7.3）
RD（$HC_{it} \le \gamma_1$）	-0.0127*（0.0172）
RD（$\gamma_1 < HC_{it} \le \gamma_2$）	0.0499**（0.0221）
RD（$HC_{it} > \gamma_2$）	0.1930***（0.0450）
GI	-0.6297***（0.1423）
TI	-3.5732*（2.0840）
FB	-0.0678*（0.0375）
_cons	1.1393***（0.0678）
样本量	195
R^2	0.4373
F值（P-value）	0.0000
曲线关系	倒U型

注：*、**、***分别表示在10%、5%、1%的显著性水平下显著；模型的系数后括号为t统计量。

从三个阶段的回归系数可以看出，当人力资本水平小于0.231时，煤炭产业发展 *RD* 的回归系数为-0.0127，表明当人力资本水平较低水平时，煤炭产业发展对全要素生产率起到了抑制的作用。煤炭产业发展对人力资本的挤出使劳动力市场发育不良，劳动配置效率低，沉淀成本提升了煤炭产业的退出壁垒，导致煤炭产业发展过度抑制了全要素生产率。当人力资本水平在0.231~0.313时，煤炭产业发展 *RD* 的回归系数为0.0499，当人力资本水平超过0.313时，煤炭产业发展 *RD* 的回归系数为0.1930。三阶段的回归系数都不同程度地通过了显著性检验，表明当人力资本达到第二个区间之后，煤炭产业发展开始促进全要素生产率，随着人力资本水平提高，煤炭产业发展对全要素生产率的促进作用增强。这一回归结果验证了假设3在西部煤炭城市也成立，劳动配置效率会引发煤炭产业发展对全要素生产率倒U型的影响，人力资本是煤炭产业发展对全要素生产率影响的门槛变量，在人力资本门槛值的两边煤炭产业发展对全要素生产率的影响由负向转为正向。在西部煤炭城市中，劳动配置效率变动是煤炭产业发展与全要素生产率倒U型关系的成因之一。

二、资本配置效率传导作用的区域差异

作为重要的生产要素，资本对地区经济发展产生重要影响，资本在各部门间的配置效率会影响煤炭产业发展与全要素生产率的关系。但是由于中国的资本市场发育和产业结构区域差异较明显，煤炭产业发展过程中抑制资本市场发育降低资本配置效率，这种传导作用可能存在区域差异。煤炭产业发展对资本配置效率的影响及金融发展的门槛效应是否存在区域差异，还需要将样本分为西部和中东部两个样本组进行实证检验。

（一）煤炭产业发展影响资本配置效率的区域差异

将两个样本组数据引入模型（7.4）当中，继续采用固定效应对模型进行回归，检验煤炭产业发展对金融发展影响的区域差异，验证煤炭产业发展对金融发展的挤出影响资本配置效率的理论推断，回归结果见表

7-16。

表 7-16 煤炭产业发展对金融发展挤出效应的区域差异

被解释变量		*RD*	*OP*	*GI*	_ cons	R^2	参数检验F值	样本量
FB	西部	-0.0646 * (0.0470)	0.0395 * * * (0.0112)	1.2400 * * * (0.2422)	0.6634 * * * (0.1286)	0.3826	0.0000	195
	中东部	-0.1919 * * (0.0746)	-0.1031 * * * (0.0253)	2.1733 * * * (0.4454)	1.1283 * * * (0.2542)	0.3282	0.0000	465

注：*、* *、* * *分别表示在10%、5%、1%的显著性水平下显著。

在西部样本组的回归结果显示，煤炭产业发展 *RD* 的回归系数为-0.0646，对金融发展产生了挤出作用，验证了理论分析的判断。煤炭产业发展降低了个人储蓄和投资的需求，抑制金融发展导致资本市场发育不良，降低资本配置效率。中东部样本组中，煤炭产业发展 *RD* 的回归系数为-0.1919，煤炭产业发展对金融发展的挤出效应比西部更为严重。结合煤炭产业发展对劳动配置效率的区域差异检验结果，可以发现西部煤炭城市中，煤炭产业发展挤出了人力资本和金融发展，对劳动力和资本市场的发育都产生了抑制作用，降低了劳动和资本配置效率。在中东部煤炭城市，煤炭产业发展明显地挤出了金融发展，抑制资本市场的发育，降低资本配置效率。但是对资本配置效率的抑制作用比西部严重，说明资本配置效率是影响中东部煤炭城市煤炭产业发展对其全要素生产率非线性影响的关键。进一步利用两个样本组数据检验金融发展门槛效应的区域差异，以检验假设 4 在西部和中东部煤炭城市中是否成立。

（二）金融发展门槛效应的区域差异

金融发展是煤炭产业发展对全要素生产率倒 U 型影响的门槛变量，金融发展水平变动会引发煤炭产业发展和全要素生产率之间的非线性关系，在门槛值的两边煤炭产业发展对全要素生产率的影响由负转正。在验证了西部和中东部样本组煤炭产业发展挤出金融发展，导致资本市场发育不良，资本配置效率降低后，利用门槛回归模型，用西部和中东部样本组数据实证检验金融发展门槛效应的区域差异，继续验证理论分析部分提出的假设4。

1. 门槛检验与门槛值估计

在门槛变量金融发展 *FB* 存在单一或双重门槛的设定下进行估计，得到F统计量和P值（见表7-17）。本研究使用 Hansen 自举抽样法来确定门槛值，设定重叠模拟似然比检验统计量为500次，估计出 Bootstrap 法的F值、P值和门槛数量及估计值。结果显示在西部样本组内金融发展不存在门槛效应，金融发展在中东部样本组内存在双门槛，门槛值为1.219和4.613，因此利用中东部样本对模型（7.6）进行门槛回归。

表7-17 金融发展的门槛效应显著性区域差异检验结果

门槛变量		单门槛		双门槛		门槛数量	门槛值
		F值	P值	F值	P值		
FB	西部	5.908	0.458	3.089	0.238	无	无
	中东部	14.619	0.322	5.106***	0.010	双门槛	γ_1 = 1.219, γ_2 = 4.613

注：*、**、***分别表示在10%、5%、1%的显著性水平下显著。

煤炭产业发展对资本配置效率影响的区域差异实证检验中，已经明确了煤炭产业发展在两个样本组内都对金融发展产生了挤出。门槛效应显著性检验的结果显示，在西部，金融发展在煤炭产业发展对全要素生产率的影响中不存在门槛效应。说明在西部煤炭城市中，资本配置效率并不是影响煤炭产业发展与全要素生产率倒U型关系的关键，假设4在西部样本组不成立。利用中东部样本组数据，检验在金融发展 *FB* 门槛值两边煤炭产

业发展 *RD* 的回归系数，可以用来判断煤炭产业发展对全要素生产率影响关系的结构突变特征，来验证假设 4 在中东部样本组是否成立。

2. 实证结果与分析

在确定中东部样本组门槛回归模型中金融发展具有双门槛后，依据金融发展的门槛值 $\gamma_1 = 1.219$ 和 $\gamma_2 = 4.613$，可以将中东部样本分为三个区间。检验在不同区间内，煤炭产业发展对全要素生产率回归系数的差异，来判断金融发展约束对于二者关系的影响。表 7-18 为中东部样本组煤炭产业发展对全要素生产率影响的金融发展双门槛模型（7.6）参数估计结果。在三个金融发展水平区间内，煤炭产业发展对全要素生产率的影响差异显著。

表 7-18　中东部煤炭产业发展对全要素生产率影响的金融发展双门槛模型参数估计结果

变量	中东部
	模型（7.6）
$RD\ (FB_{it} \leq \gamma_1)$	-0.0232 * * （0.0104）
$RD\ (\gamma_1 < FB_{it} \leq \gamma_2)$	-0.0021（0.0118）
$RD\ (FB_{it} > \gamma_2)$	0.0535 * * （0.0250）
GI	-0.4740 * * * （0.0826）
TI	0.4859（0.8312）
HC	0.7204 * * * （0.1254）
_ cons	0.9485 * * * （0.0399）
样本量	465
R^2	0.3695
F 值（P-value）	0.0000
曲线关系	倒 U 型

注：*、* *、* * *分别表示在 10%、5%、1%的显著性水平下显著；模型的系数后括号为 t 统计量。

从三个阶段的回归系数可以看出，在中东部煤炭城市，当金融发展水平小于1.219时，煤炭产业发展*RD*的回归系数为-0.0232，在5%的显著水平下通过检验。表明金融发展水平较低时，煤炭产业发展对全要素生产率产生了抑制作用，煤炭产业发展对金融发展的挤出使资本市场发育不良，资本配置效率降低导致煤炭产业扩张过度抑制了全要素生产率。当金融发展水平在1.219~4.613时，煤炭产业发展*RD*的回归系数为-0.0021，但是没有通过检验。当金融发展的水平大于4.613以后，煤炭产业发展*RD*的回归系数为0.0535，在5%的显著水平下通过检验。这表明随着金融发展水平提高，突破金融约束后，资本配置效率提高，“资源祝福”出现，煤炭产业发展对全要素生产率产生促进作用。这一回归结果验证了假设4在中东部样本组成立。资本配置效率会引发煤炭产业发展对全要素生产率的倒U型影响，在中东部煤炭城市中，金融发展是煤炭产业发展对全要素生产率影响的门槛变量，在金融发展门槛值的两边煤炭产业发展对全要素生产率的影响由负转正。

通过检验要素配置效率在中国煤炭城市煤炭产业发展对其全要素生产率影响中传导机制的区域差异，证实了西部和中东部要素配置效率在煤炭产业发展对全要素生产率影响中的传导机制不同。具有明显资源繁荣期的西部煤炭城市，煤炭产业发展通过挤出人力资本和金融发展抑制了劳动力和资本市场发育，降低了劳动和资本配置效率。但门槛回归结果显示只有人力资本在煤炭产业发展对全要素生产率影响中存在门槛效应，说明劳动配置效率是西部煤炭城市煤炭产业发展对其全要素生产率倒U型影响形成的关键。中东部样本组的实证结果显示，煤炭产业发展并没有显著地抑制人力资本水平，没有对劳动力市场发育产生影响，劳动配置效率没有在煤炭产业发展对全要素生产率影响中起到传导作用，煤炭产业发展通过抑制金融发展影响资本市场发育，资本在各部门间的配置效率变动是中东部煤炭城市煤炭产业发展对其全要素生产率倒U型影响产生的主要原因。

第四节 金融支持古交市可持续发展研究

山西省是煤炭资源大省，古交市位于山西省的核心腹地，是太原都市圈的枢纽城市，地处太原盆地以西吕梁山脉，是全国著名的焦煤生产基地，已探明的煤炭储量98.3亿吨，70%以上是优质焦煤，是中国最大的炼焦煤生产基地之一。区域内山岭连绵，丘陵山地超过全市总面积的95%，城镇主要分布在汾河干流与屯兰川、大川河、原平川三条季节性河流形成的狭长河谷地带，耕地面积仅有76平方千米。作为典型的煤炭型城市，多年来古交市依赖煤炭产业发展，地区生产总值和财政收入曾经高居太原辖区四县市之首，但也陷入了“资源诅咒”。2012年以前没有抓住煤炭产业“黄金十年”的发展机遇，产业结构未能及时升级，错失产业转型的有利时机。2012年以后，煤炭市场持续疲软、煤炭产业供给侧改革、宏观经济增速趋缓等因素影响，古交市经济的下行压力大，政府不得不进行产业结构调整，但是转型效果不明显，为了助推地区经济转型，古交市深化区域金融改革创新。煤炭型城市转型是新兴产业替代衰退的煤炭产业的过程，金融发展是产业转型的重要支持，使用金融手段引入信贷资本、风险投资、民间资本和直接融资，能够缓解地方财政压力。

一、古交市煤炭产业发展现状

一直以来，煤炭产业都是古交市的支柱产业，受煤炭市场波动影响，对古交市经济发展影响很大。2009年年初，山西省整合煤炭资源，撤并和关闭了很多中小煤矿，当年古交市GDP近乎被腰斩，由2008年的57.3亿元跌落至25.9亿元，2009年全市财政收入也由2008年的31.3亿元跌至12.2亿元。2016年煤炭价格大跌，平均售价从2011年的596元每吨降到2016年的292元每吨，累积跌幅高达51%。与2011年相比，古交市2016年的地区生产总值和财政收入降幅也分别达到25%和66.5%。煤炭产业的衰退导致居民收入增长不足，投资增长乏力，产业结构调整缓慢。长期以来，古交市经济粗放式增长，严重依赖以煤炭产业为主的第二产业。2009—2018年，第三产业增加值占GDP比重从3.8∶52.5∶47.3调整为3.9∶49.2∶46.9，产业结构变动不大。第二产业中煤炭产业占比高，国企占比高。2018年，古交市煤炭、电力等传统产业占工业比重高达85%以上，固定资产投资完成仅为23.75亿元，同比下降15.3%，受土地、资金等制约因素影响，重点项目落地、开工和投产率不高，严重制约古交市经济发展。

民营经济的发达程度影响地区经济活力，民营经济体制灵活但竞争激烈，迫使企业不断提高效率、激发创新，是地区经济发展的重要推动力。近年来，古交市一直致力于优化营商环境，但煤炭资源整合过程中，民营企业大量被整合，国有企业在资源要素获取中具有垄断优势，国有企业大量挤出民营企业。而民营企业之前从煤炭产业获得的高收益也并没有转化为资本在当地投资，非煤产业发展缓慢，民营经济成为阻碍经济可持续发展的短板。

近年来，古交市财政收支矛盾突出，受大环境影响，煤炭资源需求下降，古交市煤炭产能严重过剩，受国际煤炭进口的竞争等因素影响，煤炭产业经济运行效率低，古交市经济受到重挫，地方经济总量和财政收入大幅下降。长期依靠煤炭经济的发展方式导致产业结构不合理、生态环境恶化、城市基础建设滞后，古交市经济转型的资金需求大，财政收支矛盾突出。基础建设、生态环保、教育投入严重滞后，经济发展动力不足。煤炭资源开采形成了大量的煤炭采空区，约占古交市总面积的23%，进一步压缩了城区的发展空间，同时还引发较为严重的土地塌陷、水资源污染等生态问题，环境治理成本负担沉重。

二、古交市金融发展现状

古交市的金融供给市场发展不够均衡，截至2019年年末，古交市银行业金融机构配置较为充裕，共拥有11家银行业金融机构，但非银金融机构欠缺，金融供给市场发展不均衡。古交市煤炭经济虽然大幅下滑，但地方金融机构发展较稳定，货币流动性比较充裕，不断提升金融服务能力。受古交市产业结构单一和行业集中度较高的影响，金融机构的贷款对象比较单一，信贷投向主要集中于大型煤炭、电力等能源领域。近年来，古交市电厂的贷款余额全市占比就超过 40%，能源类企业的贷款额度占比高，会挤掉包裹新兴产业在内的其他产业可使用的金融资源，对民营企业和小微企业的金融支持度较低。

目前，古交市的金融政策对产业调整的针对性不强。2018 年古交市金融机构行业贷款中，电力、采矿及其配套的洗选业、煤炭运输等相关产业的贷款额占全市贷款余额的 62%，而批发零售、商务服务、住宿餐饮等第三产业贷款额占比仅有 4.7%，水利、教育、文化、卫生等公共领域的贷款余额也只占 5.1%。第三产业是为居民生活和其他两个产业服务的，由于第二产业严重依赖产业关联度低的煤炭业，高端制造业缺失，导致生产性服务业发育不良，而煤炭产业近年来经营效益低，居民收入水平不高，也限制了生活性服务的盈利能力。出于对资金安全的顾虑，大量金融资源仍然倾向于煤炭产业，对新兴产业的支撑严重不足。

国家在山西煤炭产业转型过程中给予了政策倾斜，2010 年，国务院设立山西省国家资源型经济转型综合配套改革试验区，2017 年再次出台《国务院关于支持山西省进一步深化改革促进资源型经济转型发展的意见》，要求破解体制机制障碍和解决结构性矛盾，以创新驱动加快产业转型升级。但是，对于煤炭型经济转型发展过程中出台的金融支持政策过于宏观，政策的具体落实措施还需因地制宜地出台针对性举措。

目前，山西省还在探索以推进产业转型升级，实现跨越式发展为目标的金融支持政策，仅大同和晋城等地市以地方政府为主要推动力量，零散出台了一些金融支持政策，仍然缺乏系统性的制度框架，市场机制尚未有效激发。古交市金融发展和市场机制的完善程度都与山西省内煤炭型城市存在较大差距，短期内难以出台较为完善的金融支持政策，制约地方经济转型升级。

三、以金融发展促进古交市煤炭产业高质量发展的对策建议

金融发展水平是煤炭产业发展对煤炭城市全要素生产率影响的门槛变量，提高金融发展水平可以使煤炭城市打破“资源诅咒”实现高质量经济发展。想要提高金融发展水平就必须在煤炭城市建立统筹运行、推动产业结构调整的金融协调机制。煤炭型城市转型是一个世界性的难题，同时也是一项需要多部门协同的系统工程，转型时间长、转型难度大。古交市的转型可以借鉴其他煤炭城市转型的成功经验，但是不能简单地复制，必须立足自身经济和金融发展实际，结合古交市煤炭资源发展现状，结合其经济和社会发展阶段综合考虑。

在建立金融协调机制过程中，政府要发挥协调作用。在政府的引导下，金融部门主导，金融机构参与形成金融议事协调机制。建立常态化、制度化的政府、金融机构和企业的合作平台，解决金融机构与政府、企业之间的信息不对称问题，降低金融风险，提高资本配置效率，使金融机构和企业间的合作能够实现双赢。

在产业转型过程中，政府应充分利用古交市丰富的旅游资源，打造特色小城镇，推进新型城镇化建设，推动古交市绿色高质量发展。联合太原市申请组建绿色金融综合改革试验区，发挥金融配置资源的功能，将金融支持与政府的财税、环保政策结合，提高资源配置效率，将绿色发展作为古交市转型升级发展的突破口。煤炭产业的发展对环境影响严重，政府在转变经济发展方式的同时，将环境综合治理、生态修复、资源集约利用等方面相结合，以生态环境保护倒逼发展转型。

古交市要进一步优化营商环境，以政府采购、融资担保、财政补贴等方式影响金融资源配置，引导金融资本流向新兴产业，促进民营和小微企业发展。在全社会加强信用体系建设，建立联合奖惩机制，建立信息公示平台，开展信用专项治理，建设社会信用体系的各项制度，政府、社会、市场共同参与构建良好信用环境，优化区域金融发展环境。

在煤炭型城市转型发展的过程中打造良好的金融环境，出台相关配套

制度，也是古交市促进金融发展的必要条件。金融管理部门应根据古交市金融配置现状，制订金融规划，并出台有针对性的金融支持政策，利用好中央和地方针对煤炭型城市转型发展的各项金融扶持政策，发挥金融定点支持的作用。利用融资担保、应收账款融资服务等金融平台，强化对新兴产业和煤炭延伸产业的信贷支持，改善对民营和小微企业金融服务。创新金融服务，大力发展民营银行、农村商业银行等中小金融机构，引导社会资本合理进入金融业，多元发展金融机构，深化金融市场化改革。建立并完善多渠道的融资体系，拓宽股票融资和企业债券等直接融资渠道，改善融资结构，缩短链条，降低成本。

发挥金融业先导作用和优化资源配置的功能，引导金融机构对接转型发展重点工程，开展金融支持工作。鼓励金融机构以市场化原则创新金融产品，发挥自身优势，完善信用评级、融资担保和授信评定机制，盘活信贷存量，满足古交市经济转型过程中的资金需求。政策性金融机构要加大金融支持力度，在产业扶持和重大转型项目建设上发挥引导作用。同时，加强金融机构财务规范和内部风险控制，防范金融风险，支持地方经济发展。

古交市的转型发展要加快推进，但也要进行长远谋划。2020 年 5 月，习近平总书记在山西考察时指出，“对山西来说，转型发展既有紧迫感，更要有长远的战略谋划，不能等到资源枯竭了再来搞转型。”为贯彻中央精神、加大金融对经济支持，推动经济金融融合发展，提升区域竞争力，山西省正在推进金融创新示范试点城市建设，深化金融改革创新，使经济金融互融互促，为山西省的经济转型升级注入动力。

古交市“因煤而兴，因煤而困”，摆脱对煤炭产业的过度依赖，利用金融在产业转型过程中的支持作用是关键。要推进金融改革创新，将经济与金融发展深度融合，有效提升古交市产业转型的质量和效率，实现经济高质量发展。

小结：本章利用实证检验了要素配置效率在中国煤炭城市煤炭产业发展对其全要素生产率倒 U 型影响中的传导机制。分别检验劳动和资本配置效率在煤炭产业发展对全要素生产率影响中的传导作用，验证理论分析中提出的假设 3 和假设 4。通过建立面板回归模型检验煤炭产业发展对人力资本和金融发展的挤出效应，影响劳动和资本配置效率。建立门槛回归模型来检验人力资本和金融发展的门槛效应，分析中国煤炭城市煤炭产业发展对其全要素生产率倒 U 型影响的成因，并得出以下结论：

煤炭产业发展对人力资本的挤出效应面板回归模型的回归结果显示，煤炭产业发展 *RD* 的回归系数为-0.0215，对人力资本产生了挤出作用，导致劳动力市场发育不良，降低劳动配置效率。人力资本的门槛回归模型估计结果显示，人力资本存在 0.12 和 0.23 这两个门槛值，验证了中国煤炭城市煤炭产业发展对其全要素生产率的非线性影响，二者之间的线性关系存在结构性突变。依据门槛值将中国煤炭城市样本划分为三个区间，在不同的人力资本区间内，煤炭产业发展对全要素生产率影响的回归系数存在差异。当人力资本水平小于 0.12 时，处于低人力资本区间，煤炭产业发展 *RD* 的回归系数为-0.0221，煤炭产业发展对人力资本的挤出使劳动力市场发育不良，劳动配置效率低，煤炭产业发展过度对全要素生产率产生了抑制作用。当人力资本水平超过 0.23 时，煤炭产业发展 *RD* 的回归系数为 0.0379，表明随着人力资本水平提高，煤炭产业发展对全要素生产率产生了促进作用。这一回归结果验证假设 3。样本数据显示，中国煤炭城市人力资本大部分处于较低水平，煤炭城市劳动没有达到最优配置。当前亟待解决的问题是增加人力资本，提高劳动配置效率使煤炭产业发展能够促进全要素生产率。

煤炭产业发展对金融发展的挤出效应面板回归模型的估计结果显示，煤炭产业发展 *RD* 的回归系数为-0.1525，对金融发展产生了挤出作用，使资本市场发育不良，资本配置效率低。金融发展的门槛回归模型估计结果显示，金融发展存在一个门槛值 1.488，煤炭产业发展对全要素生产率产生非线性影响，二者之间的线性关系存在结构性突变。依据门槛值将中国煤炭城市样本划分为两个区间，当金融发展水平小于 1.488 时，煤炭产业发展 *RD* 的回归系数为-0.0361。煤炭产业发展对金融发展的挤出不利于资本市场发育，资本配置效率低，煤炭产业发展对全要素生产率产生了抑制的作用。当金融发展水平超过 1.488 时，煤炭产业发展 *RD* 的回归系数为 0.0077，煤炭产业发展促进全要素生产率，验证了假设 4。从样本数据来看，当前中国大部分煤炭城市的金融发展处在较低水平，资本没有实现最优配置。可以将提高金融发展，促进煤炭城市资本市场发育，提高资本配置效率看作解决中国煤炭产业抑制全要素生产率问题的一条有效途径，实现经济的高质量发展。与人力资本门槛回归结果进行比较发现，中国煤炭城市的金融发展约束更严重，想要打破煤炭产业“资源诅咒”实现经济的高质量发展，必须同时加强对劳动力和资本市场的培育，提高劳动和资本配置效率，使中国煤炭城市煤炭产业发展对其全要素生产率产生促进作用。

西部和中东部两个样本组内要素配置效率在中国煤炭城市煤炭产业发展对其全要素生产率影响中的传导机制存在区域差异。样本期内西部煤炭城市，煤炭产业发展通过挤出人力资本和金融发展抑制了劳动力和资本市场发育，劳动和资本配置效率低，但只有人力资本在煤炭产业发展对全要素生产率影响中的门槛效应显著。在西部，劳动配置效率是影响煤炭产业发展与全要素生产率倒 U 型关系的关键。中东部样本组的实证结果显示，样本期内煤炭产业发展并没有显著地抑制人力资本，劳动配置效率不是煤炭产业发展与全要素生产率关系的主要影响因素，煤炭产业发展通过抑制金融发展影响资本市场发育，资本在各部门间的配置效率变动是中东部煤炭城市煤炭产业发展对其全要素生产率倒 U 型影响产生的主要原因。

第八章　中国煤炭城市经济高质量发展的政策建议

中国是世界上煤炭资源较丰富的国家之一，一直以来，煤炭都是中国的基础能源，为经济发展提供能源保障，是国民经济发展的有力支撑。本研究通过理论分析并实证检验了中国煤炭城市煤炭产业发展对其全要素生产率的非线性影响及其传导机制。在“一带一路”倡议下和高质量经济发展环境中，有必要深入研究中国煤炭城市煤炭产业发展对其全要素生产率的影响，更好地利用煤炭资源的优势促进煤炭型城市经济发展和质量提升。

2020年中共中央政治局常委会会议提出要构建国内国际双循环相互促进的新发展格局。习近平总书记指出面向未来，要把满足国内需求作为发展的出发点和落脚点，加快构建完整的内需体系，逐步形成以国内大循环为主体、国内国际双循环相互促进的新发展格局，培育新形势下中国参与国际合作和竞争新优势。[①] 中国煤炭产业发展肩负着国家能源安全的重任，应积极融入“双循环”经济发展格局中，在“一带一路”倡议下，立足国内的同时要积极推进国际化战略。把握世界能源产业发展趋势，在全球化视野下，规划产业布局，对接国内国外两个市场。中国是全世界最大的煤炭生产国和消费国，应秉承绿色发展理念，在全球范围内配置资本、劳

① 把满足国内需求作为发展的出发点和落脚点［N］. 人民日报，2020-05-24（04）.

务、产品、技术等生产要素，提高国际化的投入产出效率。煤炭资源是中国的主体能源，是中国国民经济运行的基础，是保障现代化工业发展的重要原材料，只有煤炭产业完善自身的产业循环才能更好地融入中国经济的“双循环”。

2021年是中国“十四五”规划的开局之年，世界经济进入后疫情时代。2018年，中美贸易摩擦阶段，面对错综复杂的国内国际环境，党中央提出了稳就业、稳金融、稳外贸、稳外资、稳投资、稳预期的“六稳”，2020年新冠肺炎疫情期间，党中央为了应对前所未有的国内外经济发展困难，提出了保居民就业、保基本民生、保市场主体、保粮食能源安全、保产业链供应链稳定、保基层运转的“六保”，并且明确了“六稳”和“六保”是要稳中求进，这是中国巩固全面建成小康社会胜利的基础。其中，保粮食能源安全是基础，目前新能源还无法替代煤炭成为主体能源，在现阶段的国际形势下，稳能源、保能源的重点仍是高质量地发展煤炭产业。

煤炭资源禀赋是中国煤炭产业发展的基础，煤炭产业发展经历了四个重要的阶段，当前中国煤炭产业面临发展问题，出现了产业扩张过度的表征。中国煤炭资源丰富，但是煤炭储量与经济发展水平存在区域分布错位的现象。全国煤炭产能仍然过剩，结构不合理的问题仍然较突出，落后产能占比较大。但是煤炭作为中国的主体能源，在相当长的时间内需求量仍然会保持相对稳定。近年来煤炭产业下行造成煤炭产业负担重、运行效率低、集中度低和产业链延伸不足等问题突出，煤炭产业扩张过度。煤炭城市的三次产业结构失衡现象较为严重，煤炭产业扩张过度抑制了第一产业发展，第二产业内部出现结构性失衡，煤炭产业对制造业存在严重的挤出现象。

本研究以具有“干中学”效应的内生增长模型为基础，结合煤炭产业特征，建立数理模型，将煤炭产业发展抑制或促进全要素生产率这两种可能纳入同一个研究框架中，以更加宽泛的研究视角重新审视煤炭产业发展对全要素生产率的影响。并从产业结构演变和要素配置效率两条传导路径分析煤炭产业发展对全要素生产率倒U型影响的产生原因。

煤炭产业发展对全要素生产率产生非线性影响，煤炭产业发展是有条件地抑制全要素生产率，关键的影响条件是代表经济体内各部门间生产要素配置效率的替代弹性参数β，当各部门协调发展，要素市场相对完善，经济单位努力追求利润最大化，生产要素配置效率高，煤炭产业发展会促进全要素生产率，反之则会表现为抑制作用。

“荷兰病”修正模型分析了煤炭产业发展引发的区域内产业结构演变，早期煤炭产业的发展为小型开放经济体带来大量的“天赐神粮”，为制造业发展提供生产资料和能源，短期内小型开放经济体内出现经济繁荣现象，煤炭产业发展对全要素生产率起到促进作用。随着煤炭产业的不断发展，转移效应将生产要素从制造业和服务业转移出来，煤炭产业发展产生的资源红利，刺激了对不可贸易的服务业部门产品的需求，支出效应出现，生产要素从制造业和煤炭产业流入服务业。两次产业结构演变都损害了具有“干中学”特征，能够带来经济体全要素生产率提高的制造业，导致煤炭产业发展对全要素生产率产生了抑制作用，这种产业结构演变是煤炭产业发展对全要素生产率产生倒U型影响的传导路径之一。

劳动和资本作为产业供给的主要生产要素，煤炭产业发展不利于劳动力和资本市场发育，影响要素配置效率。要素配置效率的代理变量，人力资本和金融发展在煤炭产业发展对全要素生产率影响中具有门槛特征。煤炭产业发展对人力资本和金融发展的挤出降低要素配置效率，导致要素市场发育不良，产生大量的沉淀成本降低煤炭厂商通过负投资来调节产能甚至退出产业的动力，提高了退出壁垒，增加了煤炭产业转型升级难度，最终导致煤炭产业扩张过度。使煤炭产业发展与全要素生产率的关系越过倒U型曲线的拐点表现出“资源诅咒”效应。要素配置效率是煤炭产业发展对全要素生产率倒U型影响的另一条传导路径。

中国煤炭城市煤炭产业发展对其全要素生产率的非线性影响是倒U型的。存在一个“诅咒”拐点，当煤炭产业发展低于拐点时，表现为“资源祝福”状态，当煤炭产业扩张过度并超过拐点时“资源诅咒”效应显现。制度环境对全要素生产率产生了抑制作用，煤炭资源产权不清晰的特殊性增加了寻租和腐败行为，制度弱化及其恶性的变迁路径依赖，增加了中国煤炭城市煤炭产业发展对其全要素生产率的抑制作用。技术进步促进了全要素生产率，由于煤炭城市经济发展严重依赖煤炭资源，并且对煤炭资源开发和利用的技术相对落后，对高新技术需求不足。煤炭产业发展对技术进步的挤出抑制了工业结构的高加工度化和高技术化过程，加剧了产业结构硬化，抑制了全要素生产率。利用"诅咒"拐点将样本煤炭城市分为两类，"资源祝福"型煤炭城市和"资源诅咒"型煤炭城市。"资源祝福"型煤炭城市的数量和比重总体上呈现出U型的变化趋势，"资源诅咒"逐步缓解。

具有明显煤炭资源繁荣过程的西部煤炭城市煤炭产业发展对其全要素生产率产生显著倒U型影响，曲线的拐点低于全国和中东部的拐点。短期的煤炭资源繁荣过程加剧了煤炭产业发展对全要素生产率的抑制。政府干预对全要素生产率的抑制作用更加严重，制度弱化效应也加剧了煤炭产业发展对全要素生产率的抑制作用。中东部煤炭城市煤炭产业的发展并没有显著的繁荣期，良好的经济区位条件和经济发展基础为中东部煤炭城市提供了更有效利用煤炭资源的条件。煤炭产业发展对全要素生产率的抑制作用较轻，制度弱化效应不显著，使得煤炭产业发展能更好地促进全要素生产率。

产业结构演变在中国煤炭城市煤炭产业发展对其全要素生产率影响中起到了传导作用。"荷兰病"修正模型中服务业的综合效应结果是服务业部门的支出效应略小于转移效应，煤炭产业发展一定程度地挤出了服务业发展，服务业的发展现状加剧了煤炭产业发展对全要素生产率的抑制作用。煤炭产业发展对制造业的挤出，使具有"干中学"效应的制造业萎缩，加剧了"资源诅咒"。服务业的支出效应增加的生产要素需求主要是从制造业部门吸引出来的。煤炭产业发展对制造业的转移效应和消费需求增加带来的支出效应，对制造业产生"双重去工业化"。煤炭产业发展对服务业和制造业发展都产生了抑制作用，导致第二产业内部和三产之间的结构发生改变。煤炭产业发展引发的产业结构演变使具有"干中学"特征的制造业严重萎缩，这是煤炭产业发展对全要素生产率倒U型影响形成的原因之一。

煤炭资源具有明显繁荣过程的西部煤炭城市，服务业部门的支出效应略小于转移效应，综合效应表现为生产要素的净损失抑制了服务业发展，服务业发展现状加剧了煤炭产业发展对全要素生产率的抑制作用。在中东部煤炭城市，服务业部门的支出效应略大于转移效应，服务业更好地发展一定程度上缓解了煤炭产业发展对全要素生产率的抑制作用。这也导致产业结构演变在煤炭产业发展对全要素生产率影响中的传导机制存在区域差异。在西部煤炭城市，煤炭产业发展对服务业发展和制造业发展都产生了抑制作用，导致第二产业内部和三产之间的结构发生改变，使煤炭产业发展对全要素生产率产生倒U型影响。在中东部煤炭城市，煤炭产业发展引发的服务业支出效应大于转移效应，对制造业的“双重去工业化”程度更严重，煤炭产业和服务业得到发展，挤出了具有“干中学”效应的制造业发展，这种产业结构演变特征加剧了煤炭产业发展对全要素生产率的抑制作用。

要素配置效率在中国煤炭城市煤炭产业发展对其全要素生产率倒U型影响中起到了传导作用。煤炭产业发展对人力资本产生了挤出作用，导致劳动力市场发育不良，劳动配置效率低。中国煤炭城市煤炭产业发展对其全要素生产率产生非线性影响，二者之间的线性关系存在结构性突变。人力资本存在两个门槛值，在不同的人力资本区间内，煤炭产业发展对全要素生产率的影响存在差异。在低人力资本区间，煤炭产业发展对人力资本的挤出使劳动配置效率低，煤炭产业发展过度抑制了全要素生产率。随着人力资本水平提高，煤炭产业发展对全要素生产率产生促进作用。中国大部分煤炭城市人力资本处在较低水平，煤炭城市劳动没有得到最优配置。

煤炭产业发展对金融发展产生了挤出作用，使资本市场发育不良，资本配置效率低。中国煤炭城市煤炭产业发展对其全要素生产率产生非线性影响，二者之间的线性关系存在结构性突变。金融发展存在一个门槛值，当金融发展水平低时，煤炭产业发展对金融发展的挤出使资本市场发育不良，资本配置效率降低，煤炭产业发展对全要素生产率产生了抑制作用。当金融发展水平突破了门槛值约束时，煤炭产业发展对全要素生产率产生促进作用。从样本数据来看，当前大部分中国煤炭城市的金融发展处在较低水平，资本没有实现最优配置。相对于人力资本约束而言，中国煤炭城市的金融发展约束更严重，想要打破煤炭产业“资源诅咒”实现经济的高质量发展，必须同时加强对劳动力和资本的市场的培育，提高劳动和资本的配置效率才能使中国煤炭城市煤炭产业发展对其全要素生产率产生促进作用。

西部煤炭城市煤炭产业发展通过挤出人力资本和金融发展抑制了劳动力和资本市场发育，劳动和资本要素配置效率低，但只有人力资本在煤炭产业发展对全要素生产率影响中存在门槛效应。劳动配置效率是影响煤炭产业发展对全要素生产率倒 U 型影响的关键。中东部煤炭城市，煤炭产业发展并没有显著地抑制人力资本，劳动配置效率没有在煤炭产业发展对全要素生产率影响中起到传导作用。煤炭产业发展通过抑制金融发展影响资本市场发育，资本在各部门间的配置效率变动是中东部煤炭城市煤炭产业发展对其全要素生产率倒 U 型影响产生的主要原因。

中国全面深化改革，推动经济高质量发展的理论分析和市场实践证明，改革是经济高质量发展的推动力。煤炭产业系统、全面地深化改革，要求产业发展过程中要贯彻和实施党中央提出的“四个革命”和“一个合作”的能源发展战略，构建新的发展格局，焕发经济发展新动能。煤炭产业全面深化改革，要在新发展理念指引下，深刻理解和领会党中央和国务院的战略部署，走中国特色社会主义道路，充分调动产业变革的积极性和主动性，发挥创造性，制定科学合理的改革方案。

煤炭产业的平稳运行要求煤炭产业市场供需保持相对均衡，价格控制在合理区间内。然而，近期受内外环境的影响，煤炭产业供求关系趋紧，进入 2020 年第四季度后，煤炭价格急速上涨，对国民经济的平稳发展产生威胁。进入 2021 年后，国家把稳定煤炭产业作为一项重要工作来抓，通过有序地释放储备的产能，科学增加产量，利用好国内、国际两个市场，缓解供求紧张，有效地控制煤价波动。同时，从长远来看，要对煤炭产业的供求关系进行预判，当主客观条件发生改变后，煤炭产业的供求将不再趋紧，大概率会恢复到供给大于需求的状态，为防止价格大起大落，应提前做好准备，及时减产，做好煤炭储备，在国家的宏观调控下，与其他能源产业建立联动机制协调发展，同时要建立并健全煤炭市场的交易中心，市场失灵状态下，政府要利用财政、产业和货币政策给予适当的产业规制。

一、调整产业结构科学规划煤炭产业发展

丰裕的煤炭资源本身并不是一件坏事，煤炭产业扩张过度才会阻碍全要素生产率，应合理规划煤炭产业发展，推动产业结构调整。政府可以制定“限额开采”等政策以提高煤炭产业准入门槛，利用资源税带来的财政收入增长，为以制造业为代表的非资源产业提供税收、金融等方面的优惠政策，促进产业结构调整。调整煤炭产业内部结构，引进先进技术提高煤炭资源利用率，促进煤炭产品深加工，完善配套产业，延长产业链条，形成完整的、绿色的煤炭产业链。将产业结构调整和煤炭产业淘汰落后产能相结合，建全煤炭产业退出机制。特别是进入衰退期的煤炭城市，退出过程中要面对许多现实障碍，大量沉淀成本导致煤炭产业退出壁垒较高，完全依赖市场的调节作用会导致要素不能有效地实现再配置，政府需要通过行政手段引导扩张过度的低效煤炭企业停产、限产或转产，并为其提供技术援助，利用财政政策，发放转产补贴或者减免税收，引导煤炭产业有序退出。

二、提高人力资本积累促进劳动力市场发育

人力资本是创新的基础和技术转化的重要条件，劳动力供给的人力资本水平决定了煤炭城市的创新和产业转型能力。具有专业技术能力的人力资本是制造业发展的基础。增加煤炭城市人力资本投资，加速人力资本积累，培育劳动力市场，可以高效地在各部门之间配置劳动，使煤炭产业发展促进全要素生产率提高。首先，政府应采取人才的定向培养策略，在加

强基础教育建设的同时，针对本地区产业发展的特点，有针对性地培育与当地产业相匹配的特定人力资本。其次，制定科学有效的留人和引人政策，人力资本的积累是一个长期过程，人力资本的能动性和个人产权属性决定了其不同于其他生产要素，人力资本具有较强的跨区流动性。煤炭城市人力资本流失严重，应该采取留人和引人政策并举，满足产业结构转型过程中的人力资本需求。再次，政府在煤炭产业转型过程中要解决好劳动力的就业衔接问题，为技能单一的煤炭产业剩余劳动力提供再就业培训，提高劳动配置效率。最后，政府还应该尽快完善社会保障体系，煤炭产业中的部分国有企业仍然面临企业办社会、债务负担和冗员负担，职工流动会产生大量的沉淀成本，阻碍企业从扩张过度的煤炭产业中退出，不利于煤炭产业的结构调整和升级。

三、加快金融发展促进资本市场发育

资本是产业发展必要的要素投入条件，资本供给的规模、增速、可获得性和价格会影响产业结构演变。在资本结构不变的情况下，获取资本的能力决定了产业发展的速度和规模。发育完善的资本市场可以提供充分的信息，完善企业资本结构，降低融资成本并提高要素在各部门间的配置效率。中国煤炭城市经济发展水平较低，资金短缺情况严峻。资本的约束使这些区域优先发展对资本需求较低的煤炭产业，而资金需求量较大的制造业发展受到抑制。煤炭城市资本市场发育不良使制造业发展受到融资约束，常常导致内源资金不足的制造业企业，由于缺乏抵押资产而无法获得外部融资或融资成本过高，错失发展机会。资本市场的融资约束，降低资本在各部门间的配置效率。中国煤炭资源的所有权属于国家，煤炭企业拥有矿业权，这种所有权和经营权分离的现状，限制了煤炭企业通过资本市场高效地获取资本。学习国外煤炭产业发展的相关经验，积极探索采矿权资产证券化，使具有实物形态的采矿权资产转换为证券价值形态，降低投资者的进入壁垒，将传统的矿权市场与资本市场结合起来，实现从资源到资本的转变，提高资本集中度，将煤炭资源优势转化为资本优势，促进资

本市场发育，实现要素在各部门间的优化配置。

四、推进“一带一路”能源合作伙伴关系建设

推进和落实“一带一路”能源合作伙伴关系应在能源命运共同体的理念下，坚持与时俱进，以创新思维引领能源合作伙伴关系建设。设计完善能源合作伙伴关系内部的运作机制，不断增强能源合作伙伴关系的影响力，构建能源合作伙伴关系新议程。深化能源统筹对接，协调推进国内外的煤炭合作计划，与各能源合作伙伴精准合作，建立煤炭合作新网络。实现政府与企业等多主体的联动，重视挑战和风险，提升企业和政府参与国际煤炭合作的能力。政府和企业是国际煤炭市场的参与主体，建立政府指导、企业参与、政企联合、产融结合的工作模式，加强技术、资金、人才等生产要素的国际合作。明确政府和企业在“一带一路”能源合作伙伴关系实施过程中的定位、任务与作用，在国际煤炭合作过程中不断创新工作方法和业务模式，改进参与国际煤炭合作的模式和管理方法，适应新关系和新伙伴。政府起到战略引领和政策指导作用，做好引路人，煤炭企业作为“一带一路”煤炭合作伙伴关系合作的实际参与主体，应努力提升合作绩效。在合作过程中，如金融、服务等其他主体也是不可或缺的支撑主体，为政府和煤炭企业提供专业的服务和保障。同时，在国际能源合作中的风险日趋复杂化，国际煤炭合作要正视合作中的多种风险，完善风险保障体系和防控机制，及时调整合作模式。

五、大力治理矿山和矿城的环境污染，优化居住环境

环境修复也是煤炭城市高质量发展的一项重要评价指标，是其经济可持续发展的动力，评价一个城市的发展水平不仅是考察其经济发展水平，还要从绿色全要素生产率的视角评价城市发展质量。目前，除了澳大利亚等少数新兴资源型国家和地区从一开始就重视保护环境，尽最大努力减少污染外，多数煤炭型城市由于各种原因都需要花大力气治理环境。特别是资源枯竭型煤炭城市，陷入环境破坏严重却又无力整治的困境，不仅影响

居民生活质量，还降低其区域吸引力，限制其新兴产业及服务业的发展。所以，在煤炭产业发展过程中必须严控污染排放，防止环境继续恶化，对于已关闭的矿区，政府提供专项资金，进行环境修复工作。对于产能落后，严重污染环境的煤炭企业要坚决关停，推广高效和洁净生产技术，加大环保考核，发展绿色经济和循环经济。在改造老工业基地时，将环境修复与国土整治、产业调整相结合，改善生态环境，增加区域投资吸引。

煤炭产业的高效运行是中国煤炭城市高质量发展的基础，所以，必须在全产业内全面深化改革，要继续改革领导体制、收入分配体制、管理体制、运行机制，深化产权和企业制度改革。要以问题为导向，在理论分析和实证检验的基础上，参考国内外的成功发展经验，精准化解限制产业高质量发展的关键问题，增强改革主体的活力。要在全国范围内着力打造体系完整、信号准确、机体健康的煤炭市场，做好产能储备工作，起到平衡供求，稳定市场的作用。

全面煤炭产业深化改革，推进中国煤炭城市转型的前提是解放和发展生产力，理顺生产关系，转变经济发展方式。要以利国利民为宗旨，不断夯实高质量经济的基础，不能搞形式主义和教条主义的改革。改革开放四十余年的经验证明了中国的改革要发挥市场的主体作用，政企分开；全面深化改革要做到系统地深化，供给侧结构性改革与需求侧改革相联系。

参考文献

[1] 王岳平．开放条件下的工业结构升级［M］．北京：经济管理出版社，2004.

[2] 保罗·A. 萨缪尔森，威廉·D. 诺德豪斯．经济学［M］．北京：商务印书馆，2011.

[3] 吴石磊．现代农业创业投资的梭形投融资机制构建及支持政策研究［M］．北京：经济科学出版社，2018.

[4] 芮明杰．产业经济学［M］．上海：上海财经大学出版社，2016.

[5] 刘志洪．当代资本的逻辑嬗变［J］．现代哲学，2019（05）.

[6] 薛雅伟，张剑．基于双标分类与要素演化的油气资源城市"资源诅咒"情景模拟［J］．中国人口·资源与环境，2019，29（09）.

[7] 芮明杰．构建现代产业体系的战略思路、目标与路径［J］．中国工业经济，2018（09）.

[8] 吴利学，贾中正．"高质量发展"中"质量"内涵的经济学解读［J］．发展研究，2019（02）.

[9] 李兰冰，刘秉镰．中国区域经济增长绩效、源泉与演化：基于要素分解视角［J］．经济研究，2015，50（08）.

[10] 任世华，李维明，李博康．新冠肺炎疫情对煤炭行业后续影响研判及对策建议［J］．煤炭经济研究，2020（05）.

[11] 王健．新冠疫情对煤炭行业的影响分析［J］．煤炭经济研究，

2020 (05).

[12] 朱洪瑞，牛楠，刘家顺，等. 基于三链协同的资源型产业链延伸研究 [J]. 商业经济研究，2016 (06).

[13] 孙大岩，张强. 煤炭价格变动对下游产业影响研究 [J]. 价格理论与实践，2018 (07).

[14] 王伟. 资源型产业链的演进、治理与升级——以铜陵市铜产业链为例 [J]. 经济地理，2017，37 (03).

[15] 谢里，曹清峰，隋杨. 公共投资与全要素生产率：基于中国省际数据的经验研究 [J]. 财经理论与实践，2011，32 (04).

[16] 武运波，高志刚. 能源价格、全要素生产率与工业能源强度关系的实证检验 [J]. 统计与决策，2019，(16).

[17] 董奋义，李梦婷. 基于永续盘存法的中部六省农业资本存量核算 [J]. 数学的实践与认识，2020，50 (04).

[18] 张维宸. 能源安全视角下煤炭大国开采政策对比 [J]. 国土资源情报，2021 (03).

[19] 于雪. 要素配置、政府边界与宏观投资效率 [J]. 上海金融，2019 (11).

[20] 卜振兴. 巴拉萨-萨缪尔森效应：一个文献综述 [J]. 上海金融，2015 (05).

[21] 冯宗宪，姜昕，赵驰. 资源诅咒传导机制之“荷兰病”——理论模型与实证研究 [J]. 当代经济科学，2010，32 (04).

[22] 郭根龙，杨静. 金融发展能缓解资源诅咒吗？——基于中国资源型区域的实证分析 [J]. 经济问题，2017 (09).

[23] 董利红，严太华. 制度质量、技术和人力资本投入与“资源诅咒”：基于我国省际面板数据的实证机理分析 [J]. 管理工程学报，2016，30 (04).

[24] 王成. 突破“资源诅咒”促进资源型地区可持续发展 [J]. 宏观经济管理，2010 (07).

[25] 陆桂贤，许承明，许凤娇．金融深化与地区资本配置效率的再检验：1999—2013 [J]. 国际金融研究，2016 (03).

[26] 孙慧，朱俏俏．中国资源型产业集聚对全要素生产率的影响研究 [J]. 中国人口·资源与环境，2016，26 (01).

[27] 李栋华，王霄．中国省际经济发展的“资源诅咒”——基于Malmquist和面板数据的分析 [J]. 暨南学报（哲学社会科学版），2010，32 (01).

[28] 张攀，吴建楠．政府干预、资源诅咒与区域创新——基于中国大陆省级面板数据的实证研究 [J]. 科研管理，2017 (01).

[29] 王嘉懿，崔娜娜．“资源诅咒”效应及传导机制研究——以中国中部36个资源型城市为例 [J]. 北京大学学报（自然科学版），2018 (06).

[30] 全国资源型城市可持续发展规划（2013—2020年）节选 [J]. 建筑机械，2013 (24).

[31] 王双明，段中会，马丽，等．西部煤炭绿色开发地质保障技术研究现状与发展趋势 [J]. 煤炭科学技术，2019，47 (02).

[32] 袁航，朱承亮．西部大开发推动产业结构转型升级了吗？—基于PSM-DID方法的检验 [J]. 中国软科学，2018 (06).

[33] 王思博，陈彦博．能源产业投资依赖性与西部地区经济增长关系研究——基于空间面板杜宾模型的实证分析 [J]. 生态经济，2018，34 (03).

[34] 董利红，严太华．制度质量、技术和人力资本投入与“资源诅咒”：基于我国省际面板数据的实证机理分析 [J]. 管理工程学报，2016，30 (04).

[35] 赵灵，张景华．我国西部资源诅咒的传导机制与路径选择 [J]. 统计与决策，2008 (21).

[36] 兰君．中国煤炭产业转型升级与空间布局优化研究 [D]. 北京：中国地质大学，2019.

[37] 王炳文. 中国煤炭产业集中度及政策研究 [D]. 北京：北京交通大学，2013.

[38] 曹利战. 中国工业化进程中能源强度变化问题研究 [D]. 哈尔滨：哈尔滨工业大学，2018.

[39] OUEDRAOGO R，MLACHILA M. Financial Development Resource Curse in Resource-Rich Countries：The Role of Commodity Price Shocks [Z]. Social Science Research Network，Working Paper，2017.